전라도 관찰사 밥상

장명수

서울대학교에서 건축과 도시계획을 전공했다. 일본 와세다대학 대학원에서 수학했으며,
도쿄대학 대학원에서 도시학으로 박사학위를 받았다. 전북대학교에서 32년간 교수로
재직하며 건축 및 도시계획을 가르쳤다.
전북대학교와 우석대학교 총장을 역임하였고, 지금은 전북대 명예총장으로 활동하고 있다.
오늘도 전북대학교에서 대학원생들을 가르치고 있으며 도시문화 형성에 대한 특강도
꾸준히 하고 있다.

전라도 관찰사 밥상

2020년 2월 25일 초판 인쇄
2020년 2월 28일 초판 발행

지은이 | 장명수
교정교열 | 정난진
펴낸이 | 이찬규
펴낸곳 | 북코리아
등록번호 | 제03-01240호
주소 | 13209 경기도 성남시 중원구 사기막골로 45번길 14
우림2차 A동 1007호
전화 | 02-704-7840
팩스 | 02-704-7848
이메일 | sunhaksa@korea.com
홈페이지 | www.북코리아.kr
ISBN | 978-89-6324-687-1(93910)

값 23,000원

전라도 관찰사 밥상

장명수 지음

북코리아

머리말

망성댁이 마루에 서서 크게 외친다.

"참기름을 나수 쳐라.

마늘을 많이 넣어야 맛이 난다.

간은 간간해야 한다."

마당에는 흰 차양이 넓게 쳐져 있다. 그 아래에는 부녀자들이 식재료를 다듬고, 전을 부치고, 떡을 찌고, 고기를 삶는 등 다들 잔치음식 준비로 분주하다.

각각의 악기 소리를 하나의 멋진 음악으로 만들어주는 오케스트라의 지휘자가 있다면, 맛이 다른 식재료를 하나의 맛있는 음식으로 만들어주는 일명 '食케스트라의 지휘자'도 있다.

망성댁은 잔칫집의 음식 맛을 책임지는 食케스트라의 지휘자다. 그리고 어린 시절부터 나에게 전주음식의 맛을 조밀하게 심어준 고모할머니다. 고모할머니는 큰 잔칫집마다 가서 지휘를 했으며, 그 모습은 글을 쓰는 내내 생각났고, 지금도 쟁쟁한 목소리다.

고모할머니는 내가 까까머리 중학교 시절부터 종종 학교 수업을 마치면 집으로 오지 말고 어느 동네의 어느 집으로 찾아오라고 했다. 그 집은 어김없이 맛있는 음식이 가득한 잔칫집이었다. 마당에는 소반이 산처럼 쌓여 있었고, 접시도 수북이 포개어져 있었다. 또 맛있는 음식 냄새가 진동을 했다.

고모할머니는 나에게 맛있는 음식만을 챙겨서 주었다. 나로서는 어렸을 때부터 먹을 복이 있는 큰 행운이었다. 1940년대부터 1950년 초까지의 일이다. 이런 가늘지만 깊게 자리 잡은 기억의 조각 하나가 '음식' 책을 쓸 수 있게 해준 원동력이었다. 또 고모할머니의 음식 솜씨는 모두 어머니의 손으로 전달되었으며, 내 혀에 정확하게 각인되었다. 모두 '전주맛'이다. 성인이 되어서는 날카로운 음식 맛 평가로 '맛 감정사'라는 별명도 얻게 되었다.

나는 음식 전공자도 아니고, 요리를 만들어본 일도 없다. 부엌에 들어가본 일도 없다. 어려서부터 남자는 부엌에 들어가면 거시기가 떨어진다는 말을 듣던 시대를 살아왔다. 그럼에도 불구하고 음식과 관련된 책을 쓴 이유는 전주음식문화에 대한 기록을 누군가는 남겨야 한다는 책임감이 있었기 때문이다.

음식과 관련된 고문헌이 없는 현실 속에서 전주음식의 원형을 알려주고자 하는 것이며, 나름대로 자료와 기록을 찾아 정리한 결과다. 전주음식의 원형은 전라감영 관찰사 밥상에서 찾는 게 맞다. 이와 관련된 내용은 2011년에 처음으로 제안했으며, 연구를 통해 2019년에야 그 결실을 맺었다. 9년 만에 본 큰 성과다. 이 정도면 책을 쓰기 위해 자료를 정리하고, 사진을 찾는 과정이 그리 짧지 않았음을 말해두고 싶다. 한마디로 잘 발효되었다고 본다.

또 《전라도 관찰사 밥상》은 책 제목대로 관찰사의 밥상부터 이야기가 시작된다. 관찰사의 등청, 음식통치, 상물림 등 흥미로운 내용으로 시작한다. 관찰사 밥상을 이어 영집 밥상, 수령 밥상, 아전 밥상, 지주 밥상, 전주 한정식으로 이어지는 전주음식 계보도 발굴했다.

전주비빔밥, 콩나물국밥, 한정식은 물론이고 요정, 요릿집, 청요릿집, 다방까지 음식의 풍성함을 보여주고자 했다. 전라도 맛과 경상도 맛을 비교하고 우리가 꼭 지켜야 할 전주의 맛까지 나열했다. 이 중에서도 '전주음식의 계보'를 그려보고자 시도했다는 점이 나로서는 매우 만족스러운 결과물이다.

내용이 다소 거칠고 부족할 수도 있다. 그러나 그것은 독자가 자신의 입맛에 맞게 부드럽게 잘 조리할 것으로 판단된다. 또 부족한 내용은 전주음식을 연구하는 요리학자들의 몫으로 남겨두고 싶다.

평생 요리라고는 해본 일이 없는 사람이 음식에 관한 글을 쓴다는 것은 결코 쉬운 일이 아니었다. 이 책을 위해 3년 넘게 옆에서 글잡이 역할을 해준 송영애 박사의 공이 크다. 내가 쓴 싱거운 글에 간간하게 간을 맞추고, 정갈하게 고명까지 얹어줘서 더욱 감사한 마음이다. 또 누구나 맛볼 수 있도록 푸짐하게 상을 차려준 북코리아 이찬규 대표와 김수진 과장에게도 고마운 마음을 전한다.

시대의 흐름에 따라 많은 것들이 변해가고 있으나, 전주에서 변하지 않는 것이 하나 있다면 바로 음식일 것이다.

예나 지금이나 전주는 음식이다.

2020년 초봄, 매화꽃 아래에서

장 명 수

차례

차례

차례

차례

I

전라감영 시대

1
전라 감사와 음식 통치

1) 허균, 맛고장 전주를 가다

(1) 전주를 찾은 까닭

조선 최초의 음식 칼럼니스트이자 혁명을 꿈꿨던 허균許筠(1569~1618)이 전주읍성으로 들어서고 있다. 1611년, 정유재란이 끝나고 아직도 전쟁의 상처가 도처에 남아 있는 스산한 가을이다. 스스로 탐식가를 자처하는 허균이 식탐을 채우려고 맛의 고장을 찾아왔다.[1]

허균이 전라도 음식 맛에 빠진 것은 오래전인 1601년의 일이다. 전라도 전운판관轉運判官(세금 거두는 관직)일 때 가는 곳마다 수령들에게 산해진미 대접을 받았다. 더구나 부안에 이르러서는 당대의 명기 매창梅窓(1573~1610)의 집에서 시를 짓고, 거문고 연주에 심취했다. 그러나 매창은 서출 출신 시인 유희경劉希慶과 정인이었고, 인조반정 공신 이귀李貴와도 깊은 관계였음을 알고 있어 남녀의 경계를 넘지는 않았다.

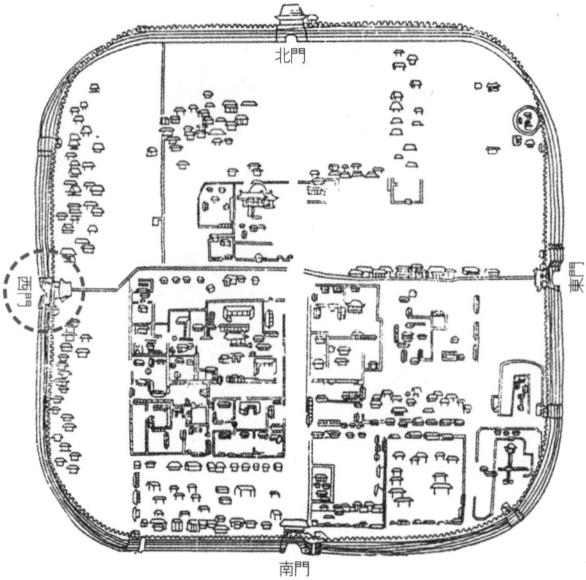

1 전주부성의 배치도와 서문

매창이 내놓은 술안주와 바지락죽(바지락, 녹두와 쌀을 함께 끓인 죽)은 늘 매혹적이었다.[2]

허균이 전라도 맛에 현혹된 계기는 또 있었다. 허균의 큰형 허성許筬(1548~1612, 재임기간: 1600. 9~1601. 8)이 전라 관찰사 부임 때(1601) 가족들과 전주에 내려왔다. 이때 함께 온 허균은 감사 환영 잔칫상에서 맛의 진수를 봤다.

그 후 허균은 맛을 찾아 남원 수령 자리에 가려고 엽관獵官운동까지 했으나 공주 목사로 가고 말았다. 조정에 복귀한 다음 조카사위의 과거시험 부정에 연루되어 탄핵과 유배의 형을 받아 전라도 함열로 귀양을 온다. 유배지 밥상은 상한 생선과 감자, 들미나리가 올라왔다. 형편없는 상차림 덕에 굶주린 채 밤을 지새기 일쑤였다.

유배살이에서 배고픔의 설움을 달래려고 팔도의 별미 음식을 소개하는《도문대작屠門大嚼》('푸줏간 문을 향해 입맛을 다시며 마음을 달랜다'는 뜻)을 펴냈다. 드디어 유배살이를 끝내고 1611년 가을, 먹을 것을 찾아 큰형 허성과 절친한 사이인 전라 감사 한덕원韓德遠(1550~1630, 재임기간: 1611. 9~1612. 3)을 찾아간다. 배를 곯았던 허균이 전주음식을 먹기 위해 큰형 친구 한덕원을 찾아 전주읍성에 들어서고 있다.[3]

(2) 저녁상을 받다

허균은 중앙의 벼슬아치도 했지만 공주 목사를 한 일도 있다. 목사牧使는 군수나 현감보다 두 수 높은 수령이다. 목사에 제수除授(임금에게 벼슬을 받음)된 후 공주로 들어오니 공주목 관속들이 허균을 수령으로 맞이하며 가마를 좌우 앞뒤로 에워싸고 깃발을 펄럭이며 권마성勸馬聲(고관이 행차할 때 위세를 더하기 위해 "물렀거라", "치웠거라" 하며 역졸들이 외치던 소리)도 요란하게 환영했다. '수령 맞이'다.

그러나 지금 허균은 유배지에서 갓 풀려난 보통 백성의 신분으로 큰형 친구 한덕원이 있는 전주로 가는 길이다. 세마貰馬(돈 주고 말을 빌리는 것으로 지금의 렌터카에 해당함)를 타고 숙식은 주막에서 하면서 늦가을 오후 전주 서문을 통과하여 부중에 닿았다. 감영 입구에서 기별을 받은 통인이 안내하여 이방吏房(감영의 우두머리 관리) 방에 머물게 된다. 이방이 근무하는 건물의 3분의 1은 온돌방이고 3분의 2는 마루다. 겨울철에는 온돌에서 근무하다가 손님이 오면 온돌인 근무처소를 숙식자리로 내주었다.

여행 중 원과 주막은 있었으나 관아에 손님을 대접하는 호텔 같

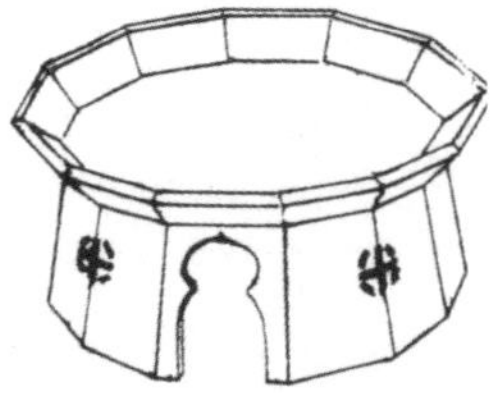

2번상. 관청에 번을 들었을 때 집에서 식사를 차려 하인을 시켜 이어 보내는 상으로, '공고상'이라고도 부른다.

은 시설은 없었다. 당상관堂上官(고급관리) 이상의 공무 출장자나 지체 높은 손님은 객사(관영 호텔 격에 해당함)에 머문다. 당하관堂下官(중급관리 이하)은 공무 출장이건 사적인 손님이건 감영 내 육방의 근무처소인 온돌이나 마루에서 숙식을 한다.

허균은 감사의 사적인 손님이기에 이방의 근무처소로 안내된다. 안내한 통인이 내일 뫼시겠다는 감사의 말을 전달하고 이후의 나머지 수발은 노비들이 담당한다.

조금 있으니 저녁 밥상이 들어온다. 오랜만에 푸짐하고 맛있는 밥상을 받고 흐뭇한 마음으로 먹는다. 여기저기 공적 · 사적 손님들이 밥을 먹는 동안 야간 근무자들도 식사를 한다. 감영 내 번番(야간 근무자)을 서는 관속들은 각자의 집에서 하인들이 번상番床을 이고 온다.

각 청에 번을 서는 숙직자에게 공고상公故床(차린 음식을 머리에 이고 먼 거리 이동이 용이한 소반. 상투 위에 수건을 비비 틀어 괴고, 성문을 출입할 수 있는 통행증인 문패를 수저집과 곁들여 옷고름에 참)이 전달된다. 저녁 식사가 끝나자 부성에는 어둠이 스멀스멀 찾아와 캄캄한 밤이 된다.

2) 성문을 닫아라

(1) 인경이 울리는 평화로운 밤

밤이 오면 백성을 편안히 잠들게 하고 왕권을 지키기 위해 야경도시가 된다. 이경二更(밤 10시)에 인경人定(풍남문 종)이 스물여덟 번(하늘의 28성좌 체계는 삼국 시대에 성립되었음) 울린다. 동서남북 4문이 닫히고 상관에 위치한 외성문인 만마관도 닫는다. 이제 성 안팎에는 통행이 금지된다.

바로 행순行巡(야간 순찰)이 개시된다. 풍남문 성벽 위 동쪽에는 수직소守直所(순찰을 서는 경찰의 대기 장소)가 있고, 성벽 위 서쪽에는 종각鐘閣(1922년 객사 서남쪽에 이축되어 현존)과 중진영中鎭營(경찰서. 학인당 남쪽)이 있다. 수직소에 소속된 40여 명이 모여 암호暗號와 나무로 만든 패쪽을 받고 야간 순찰을 돈다. 공무, 질병, 사망, 출산 등으로 부득이하게 통행이 필요한 사람들은 미리 통행증을 받아야 했고, 수직소의 보호와 안내를 받아 집으로 갈 수 있다.[4]

통행증 없이 돌아다니는 자는 경수소警守所(순찰초소)에 갇히거나 매를 맞는 경우도 있었다. 야간 순찰로 성 안팎의 평화를 지키던 야간 행정은 부성이 생긴 이후 500년간 지속되다가 1905년에 영원히 멈췄다. 일본의 침략으로 통감부가 설치되면서 조선 시대의 행정이 막을 내렸기 때문이다.

(2) 새벽 식사 준비

성안 사람들은 아침과 저녁으로 부엌에서 두 번의 밥을 짓는다. 끼니때가 되면 아궁이에 지피는 땔감으로 굴뚝에서는 뿌연 연기가 사방에 피어오른다. 매캐한 연막이 부중 전체를 뒤덮는다.

성안의 부엌뿐만 아니라 새벽부터 분주히 전라 감사에게 올릴 아침 식사를 준비하는 곳이 있다. 관의 부엌[官廚]이지만, 감영 부엌을 특별히 '영고청營庫廳'이라 했다. 감영 부엌은 색리청色吏廳(영리청을 맡아 관리하는 관청)에서 관장했다.

감영 부엌의 주빗직소[廚色直所](부엌 숙직실)에서는 총책임자가 일찍 일어나 아침 식사 준비를 지휘한다. 먼저 감사의 새벽죽을 챙긴다. 입맛에 따라 잣죽, 깨죽, 율무죽이 준비된다. 이어서 감사의 진지상進止床을 준비한다. 임금과 왕비의 식사는 수라이고, 왕세자나 비는 진지라

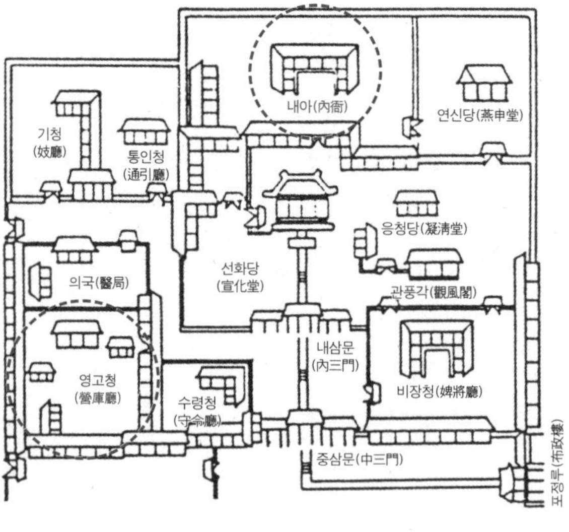

3감사의 사생활 거처인 '내아'와 감사의 식사를 준비하는 부엌인 '영고청'의 위치

했다. 양반가에서 윗분의 식사는 진지상이고, 아랫사람의 식사는 반상飯床이라 했다.

영주營廚의 주리廚吏(부엌 담당 관리)가 바삐 움직인다. 관청빗[官廳色](부엌 책임자. 색은 '빗'으로 읽으며 직책을 가리킴) 한 명, 별관청빗[別官廳色](부책임자) 한 명으로 도합 두 명이 번갈아 지휘한다. 주노廚奴(부엌의 아래 종사자)들은 일사불란하게 일을 처리한다. 창고지기 관청고자官廳庫子는 창고에서 부엌으로 식재료를 나른다.

주노에는 채소 담당 원노園奴와 고기 담당 백정白丁이 따로 있고, 여러 명의 밥 짓는 반빗아치[飯婢]는 쌀을 씻어 솥에 안친다. 무자이[水汲]는 물을 긷고 불을 때며 이것저것 거든다. 요리는 칼자이[刀尺]가 한다. 칼자이는 칼을 잡고 고기를 썰며 채소를 다듬고 자르는 요리사다.[5]

3) 성문을 열어라

5경五更(새벽 3~5시)이 되어 파루罷漏 종소리가 서른세 번(우주 33천에 기원을 둠) 울리면 통행금지가 풀린다. 서서히 동이 트고 해가 솟아난다. 산 넘어 어둠을 살라먹으면서 4대 성문이 열리면 드디어 전라도가 깨어난다. 사람들이 분주히 오간다. 성안 일을 돕기 위해 반석리半石里(서학동)에 사는 노비들이 우르르 몰려 들어온다.[6]

그중 영주營廚에서 심부름을 하거나 감사 처소와 각 관청을 돌봐야 할 관노비들이 성내로 들어온다. 거꾸로 성내의 사노비私奴婢(아전과 부유층의 개인 노비)들은 주인의 성 밖 농사를 돕거나 잔심부름을 하거나 땔감을 준비하러 바삐 성문을 빠져나간다. 성내 사람들도 관혼상제나 집안의 크고 작은 행사를 위해 새벽길을 재촉하며 성 밖으로 총총히 사라진다. 조금 더 있으면 성안 사람들의 아침 식사용 식재료를 대주기 위해 장사꾼들이 밀려 들어온다. 맨 먼저 죽장사가 들어오며 "죽 사려~ 죽 사려~" 하고 외친다.

새벽죽은 아침 식사용으로 꼭 필요한 음식의 하나였다. 집에서 미처 아침 식사를 준비하지 못하면 집안 어른이나 환자들을 위해 죽을 사 먹는다. 반찬으로는 소금, 젓갈, 채소, 달걀 등을 파는 장사치들이 골목마다 외치며 돌아다닌다. 오전에는 보부상도 들어온다. 짚신, 옹기, 어레미, 체, 고물, 박물 등을 파는 장수가 뒤따르고 엿, 떡, 꿀 등을 파는 장수도 들어와 성안을 돌아다닌다.

4두부장수

5채소장수

4) 감사의 거처 내아

임금이 생활하는 궁을 구중궁궐이라 한다. 관찰사의 처소인 내아도 깊숙한 곳에 자리하고 있다. 4대문이 있는 높은 성벽 안에 다시 감영의 높은 담벽이 둘러쳐 있다. 감영에 들어가는 정문인 포정문(팔달문)에 들어서면 중삼문이 열리고, 다시 내삼문을 지나 선화당을 건너 행랑채에 출입문이 있고 내아에 이른다. 구중 내아다.[7]

내아는 높은 담으로 둘러쳐져 있고, 남쪽 행랑채 출입문으로만 드나들 수 있다. 동쪽 옆문을 통해야 연신당燕申堂(감사의 별도 처소)에 들어갈 수 있다. 연신당 출입문 앞에는 응청당凝淸堂(감사의 내아만 담당하는 비서실장 격인 예방비장 사무실)이 있으며, 이곳에서 감사의 공적 · 사적 생활을 총지휘한다.

내아는 대청마루를 가운데 두고 동서 양쪽에 방이 두 개 있다. 한 방은 내방객을 맞이하는 응접실이고 하나는 침실로 사용한다.

응접실에는 화문석이 깔려 있고 아랫목에 보료가 깔린다. 책상이 놓이고 위에는 붓, 먹, 벼루와 책이 놓인다. 책상 앞에는 화로, 촛대, 담배꽂이가 있으며 손님을 위한 방석이 몇 개 놓인다. 윗목에는 사방탁자가 있고 그 위에 난초가 놓여 있다.

내아 남쪽에는 행랑채가 있으며 노비들이 대기하는 곳이다. 대기소에는 수노首奴(우두머리로, 지휘도 하고 물건 등 일상용품을 사들이는 노비), 방노房奴(방청소와 불때고 변소 관리를 하는 노비), 구노廐奴(마구간의 말을 관리하며, 말을 탈 때 고삐를 잡고 끌거나 뒤에서 따르는 노비), 공노工奴(집을 수리하고 물건을 만드는 노비), 시노侍奴(뜰에서 하루종일 시중을 드는 노비)들이 행랑채 방에서 대기하고 있다가 식사 때, 잠자리 때, 거동할 때, 등청할 때 재빨리 뒷바라지를 하고 행차 때는 수행한다.

내아 행랑채에서 대기하던 감사의 시중을 드는 시종이 내아 마루 앞 댓돌 양옆에 기립하고 대령하고 있다. 감사가 기침을 하고 일어나 요령搖鈴(방울)을 흔들어 일어났음을 알린다.

대령하던 통인, 시종들은 바로 "나으리, 밤새 무고하셨나이까?"라고 여쭌다.

시종은 감사의 기상을 확인한 후 세숫물을 준비한다. 바로 "세숫물을 떠왔사옵니다"라고 고한다.

마루에는 양치 소금, 세숫물이 담긴 놋대야, 조두澡豆(팥, 녹두, 쌀겨 등의 분말로 얼굴을 씻을 때 사용하며, 날곡식의 비린내는 향수를 뿌려 없앤다)가 놓이고 시종이 수건을 들고 서 있다. 방 밖으로 나온 감사는 세수를 마치고 수건으로 얼굴을 닦으며 다시 내아 방으로 들어간다.

5) 감사의 밥상

감사가 방안으로 들어가 정좌하면 새벽죽상이 따라 들어간다. 죽은 건강을 위한 식이요법의 하나이며, 어엿한 한 끼 식사다. 중국에서는 당나라 말기부터 소화계통의 치료약이 발달하기 전에 약과 음식의 결합으로 죽을 식치食治로 먹어왔다. 죽은 대체로 새벽에 먹는다.

우리나라도 세종대왕 때 간행된 《태산집요胎産集要》라는 의학서에 죽 치료법이 나온다. 죽은 보양식, 치료식, 별미식이자 주식이다. 죽은 오래전부터 왕으로부터 백성에 이르기까지 아침 일찍 먹는 식사로 자리 잡고 있었으며, 주로 율무죽이 애용되었다.

조선 시대의 백성은 아침, 저녁 두 끼가 식사의 표준이었다. 양반이나 부유층은 아침죽을 먹고 나서 아침밥, 점심밥, 저녁밥, 야식까지 다섯 끼를 먹었다. 새벽 6시 전후에 죽을 먹고 난 다음 오전 9시 전후가 되면 아침 밥상을 올린다. 이때는 예방비장禮房裨將(비서실장 격)이 감사를 보필하기 위해 댓돌 옆에 서 있는 통인通引(잔심부름꾼)과 시종들을 지휘한다.

예방비장이 음식을 준비하는 영고청을 향하여 크게 외친다.

"가져오너라."

이때 통인이 따라서 반복하며 외친다.

"가져오너라."

주노들이 새벽부터 영주에서 조리한 밥상을 들고 내아 마루에 다다른다. "올려라" 하고 비장이 외친다. 그러면 통인이 "올려라" 하고 반복한다. 이처럼 관아에서는 명령을 반복하여 외친다.

왕이나 대신들의 행차를 알리는 소리 등이 높고 격렬한 어조로 반복된다. 훗날 한 외국인은 이를 관습이라 소개하기도 했다.[8]

"들여라."

감사의 영이 떨어지면 곧바로 장지문이 스르르 열린다. 시종이 원반 독상과 작은 곁상을 각각 들고 들어간다. 둥근 원반은 밥과 반찬이 놓인 진지상이고, 협반(곁반)은 주전자와 술잔, 마른안주, 상에 놓이지 못한 반찬 몇 가지 등이 놓인 둥근 소반이다. 진지가 끝나면 누룽지에 물을 붓고 끓인 숭늉이 올려진다.

조선 시대의 밥상 구성은 신분이나 계급 질서에 따라 달랐다. 19세기 말에 편찬된 요리서인 《시의전서是議全書》에는 9첩 반상 그리고

7첩, 5첩, 3첩이 그림으로 그려져 있다. 모두 계급에 따른 밥상 차림이다. 노비들은 바가지에 잡곡밥과 국, 채소 반찬을 담아 한 끼를 때웠다.

감사의 밥상은 사대부에 해당하는 9첩 상차림이다. 하지만 어디에도 감사의 밥상에 관한 기록은 없다. 사대부가 일상생활에서 먹었던 찬과 요리를 기본으로 추정하는 수밖에 없다.

9첩 찬으로는 생채, 나물, 구이, 조림, 전, 장과, 마른찬, 젓갈, 회(또는 편육)이다. 물론 구체적인 음식은 계절과 조석에 따라 달라진다.[9]

2019년 전라감영 관찰사 음식 기초 자료조사에 의하면 18개의 고문헌에서 전라도(전주)의 식재료 및 음식을 찾았다. 이를 바탕으로 전라감영 관찰사 밥상의 9첩 찬으로는 무생채, 미나리나물, 숭어구이, 생치조림, 양하적, 죽순장아찌, 쇠고기자반, 새우젓, 어채로 구성하여 연구결과로 제시된 바 있다.[10]

감사의 식사가 끝나 비장이 "물려라" 하고 외치면, 통인이 "물려라" 하고 크게 따라 복창한다. 시종이 상을 방에서 마루로 내오고 주노들이 영주로 들고 가면 아침 식사는 끝난다.

바로 이어 감사는 공무에 들어간다. 지방에서 임금을 대행하는 정무를 보려면 의관衣冠(옷과 갓)부터 바로잡아야 한다. 기녀가 관복을 준비하여 대령한다. 평소 입던 바지저고리에 단령團領(집무할 때 입는 옷)을 걸치고, 사모관대紗帽冠帶(정사에 쓰는 양쪽에 뿔이 달린 모자와 벼슬 높이에 따라 재료를 달리한 넓은 허리띠)를 하고 마루에 올라선다. 노비가 신발을 가져와 대령한다.[11]

감사의 가족은 주로 한양이나 고향의 본가에서 생활하고 혼자 전라도 관아에 부임하여 생활하는 게 대부분이다. 따라서 이와 같은 일상생활은 기녀와 노비들이 돕게 된다.

6전라감영 관찰사 밥상. 사진은 2019 전주비빔밥축제 기간에 전시된 밥상이다.

6) 외국인 접대상 — 아침밥상, 주안상

전라 감사의 식사는 관주방에서 어떤 식자재로 어떻게 만들었으며 밥상의 반찬과 식사 방법이 어땠는지에 관한 기록은 어디에도 없다.

그런데 미국인으로 1885년 주한미국공사관 대리공사였던 조지 클레이튼 포크(G. C. Foulk, 1856~1893, 공사 재임기간: 1885~1886)가 당시 최고 권력자인 민영익의 후원으로 탐사차 한반도를 여행한 일기가 유일하게 남아 있어 감영의 음식문화를 알 수 있다. 포크는 1884년 11월 10일부터 2박 3일간 전주에 머물렀다. 당시 감사는 김성근이었다.

포크는 11월 11일, 객사에서 취침을 하고 아침밥상을 받았다. 포크는 아침밥상을 그림으로 기록했다. 음식은 총 17가지가 놓였으나 반찬은 9첩으로 감사의 밥상 수준을 넘지는 않았다.

밥, 국, 김치 2종, 나물 1종, 젓갈 3종, 구이 3종, 전 1종, 찌개 2종, 장 2종 등으로 구성되어 있다.

육류 요리가 무려 8종(소고기무국, 닭구이, 돼지고기구이, 육전, 쇠고기수육, 오리탕, 꿩탕, 불고기)이다. 젓갈은 3종(조개젓, 굴젓, 생선젓)이고, 식재료에 무가 들어간 음식이 무려 4종이다.

밤에는 기생이 주안상을 들고 들어왔다. 국수와 떡이 있고, 떡은 꿀에 찍어 먹었다. 음식으로는 색색의 과자와 고기 더미가 있었다. 높이는 1피트(30cm)로 고임이 몇 개나 놓여 있다. 고배상이다. 한 접시는 열 사람이 먹을 만큼의 양이었다. 기생이 포크 앞에 무릎을 꿇고 큰 소리로 합창을 했다.

"Ta-chap-susso!"(다-잡-수소!)

포크는 큰 감동을 받아 "오늘은 환상적인 날"이라 했고, 감영을

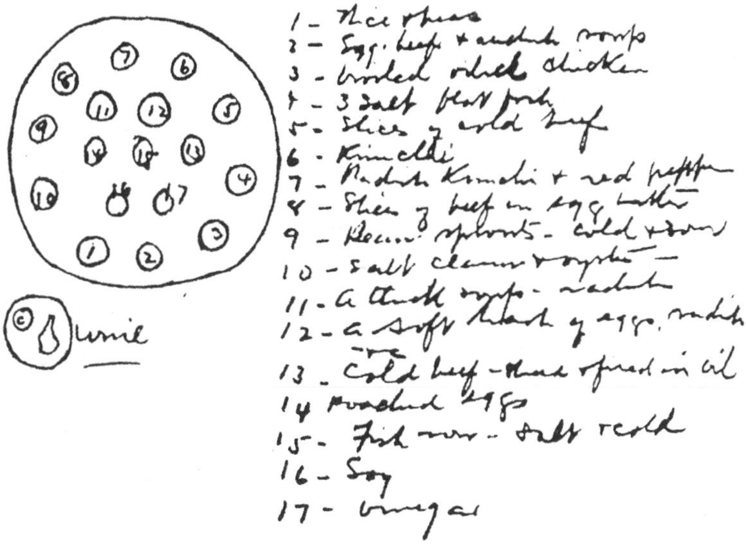

[7]포크가 기록해둔 전라감영의 아침밥상 그림. 전라감영의 음식문화를 알 수 있는 귀한 자료다.

[8]전라감영을 방문한 포크에게 1884년 11월 11일 아침에 전라 감사가 특별하게 차려준 밥상을 송영애 박사가 2019년 7월에 완벽하게 재현하여 발표했다.

[9]전라감영의 감사가 미국 외교관 포크를 맞이하여 연회를 베푼 자리에서 관기가 북춤을 추고 있다.

두고 '작은 왕국'이라고 표현했다. 심지어 "감영의 모든 소리와 유흥은 내가 중국에서 본 어떤 것보다도 웅장했다"고 하여 그 규모를 짐작하게 한다.[12]

7) 감사의 등청

감사가 정무를 보는 선화당으로 가기 위해 댓돌 밑으로 내려온다. 예방비장이 대기하고 있다가 "나가신다" 하고 외치면 통인이 괴성에 곡을 붙여 "나가신다"를 외친다. 좌기坐起(감사가 출근하여 집무를 봄)에는 절차가 따랐다. 관청의 장이 좌기할 때는 일정한 예의와 법도를 갖추었다.

먼저 감영 정문인 팔달문에 숙정패肅靜牌(감사의 조회가 시작되니 모두 엄숙한 분위기를 가지라고 알리는 패)를 단다. 내아에서 선화당까지는 지척간이지만, 좌기취坐起吹(감사의 출근을 알리기 위해 북을 치고 나팔을 붊)가 앞장서서 간다. 육방 관속이 미리 나와 선화당 입구와 내부에 품계대로 열을 서서 대기한다.

이어 육방 관속의 지영祗迎(출근 시 올리는 예법)이 시작된다. 감사가 도착하면 모두 부복俯伏(바닥에 엎드림)하고 반쯤 일어나 궤배跪拜(무릎 꿇고 절함)한 후 다시 일어나 국궁鞠躬(몸을 굽히고 두 손을 마주 잡고 선 자세)을 취한다. 사령使令(감영 심부름꾼)은 길가에 엎드리고, 서리胥吏(감영 말직)는 대문 바깥에, 6품 이상은 중문 바깥에, 7품 이하는 중문 안에 모두 엎드린다.[13]

육방 관속이 다 모여 점고點考(여러 일을 챙김)를 시작한다. 첫째는 군사에 관한 것, 둘째는 농사나 호적 등에 관한 것, 셋째는 재판에 관한 것 등이다. 긴급한 일부터 처리하고, 집무가 끝나면 파좌취破坐吹(일이 끝났음을 알리기 위해 북과 나팔을 붊)를 행하고 팔달문에 회피패回避牌(집무가 끝났음을 알리는 패)를 단다. 그러면 각 청의 관리들은 모두 제자리로 물러난다.[14]

관찰사가 등청하여 정무를 보던 선화당의 동쪽은 온돌방이고 서쪽은 대청마루다. 온돌방의 비품과 소품을 보면 북쪽으로 병풍이 쳐지고 보료가 깔린다.

등 뒤에는 벽에 붙여 편하게 기대어 앉을 수 있게 한 안석案席이 놓여 있다.

감사의 보료 우편에는 팔을 얹고 옆으로 기댈 수 있는 장침長枕이 있으며 좌편에는 팔만 기댈 방침이 있다.

보료 앞의 책상 위에 요령이 놓이고 옆에는 경대가 있다. 그 앞에

[10]조선조 말 감영의 감사와 육방 관속. 뒤에 통인들이 서 있다. 중앙에 앉아 있는 사람이 김성근(1883~1884) 관찰사다. 이후에 법무대신, 탁지부대신을 역임했다. 1910년 한일강제병합 때 일제에 의해 자작을 받았으며, 1919년에 죽자 조선총독부에서 일금 50원을 조의금으로 보냈다.

는 연상硯床(벼루와 붓, 먹 등을 넣고 아래칸에 종이를 둔 상자)이 있다.

연상 옆에는 화로와 담뱃대꽂이가 있고 덧버선(실내화)이 놓여 있다. 그 앞에는 결제받는 육방이 앉을 방석이 줄지어 놓여 있다. 동쪽 벽 쪽에는 행리行李(갈아입을 실내복과 외출용 행장을 걸어놓는 옷걸이)와 책을 놓아 둔 책장이 있다.

새벽부터 격무에 시달린 감사는 점심을 먹고 식곤증이 들면 낮잠을 잔다. 담요가 준비돼 있다.

잠에서 깬 원기 왕성한 감사가 앉으면 전라도가 꿈틀거리고 백성의 역동적 활동을 다시 확인한다.[15]

8) 감사의 음식 통치

(1) 감사의 부임 모습

허성이 전라 관찰사로 부임할 때의 모습이다. 벌써 서울 집에는 부임을 수행하는 환영 영리 수십 명이 들이닥쳐 기치창검으로 가마를 에워싸며 거대한 행렬로 나아간다.

"예라, 들리셨다. 나이거라."

권마성勸馬聲이 요란하다. 1601년의 일이다.[16]

남대문, 과천, 수원, 공주를 거쳐 내려오는 중간에도 도중 문안이 계속된다. 전라도 입구 여산에 도착하니 수령 70여 명이 역시나 문안을 드린다. 감사는 삼례에서 점심을 먹고, 전주로 입성한다. 전주 판관判官(시장)이 반 마장이나 나와 환영과 문안으로 맞이한다. 나팔 불고 북

11 감사가 부임하는 전주 서문 근처에서 나팔 불고 북 치며 환영 검무가 벌어진다.

치는 소리로 천지가 시끄럽고 천오天吳(바다귀신춤), 상학翔鶴(학춤) 등의 춤판이 벌어진다. 잡희로는 줄타기, 쌍간雙竿(쌍줄타기 또는 솟대타기), 희환戲丸(방울받기), 대면大面(가면희), 귀검鬼臉(귀신 가면) 등이 망라되어 나오며 각종 악기 소리가 천지에 진동한다. 감사의 행차를 구경하려는 백성이 사방에서 몰려든다.[17]

구경거리라고는 무당 푸닥거리가 고작일 때였으니 이는 실로 엄청난 볼거리이고, 오늘날로 치자면 카니발과 같은 셈이다. 인산인해를 이룬 인파가 가마를 에워싸고 신기한 듯 쳐다본다. 부임하는 감사는 백성이 가마에 가까이 다가와도 저지하지 않고 그들과 첫 대면을 한다. 이것이 바로 백성과 소통하는 통치의 시작이다.

(2) 망궐례

감사가 부임하면 향교와 경기전에서는 의례를 치른다. 집무가 시작되면 매달 초하루와 보름에는 분향례焚香禮를 치르고, 매년 정월초하루에는 다례를 올린다.

객사에서는 망궐례望闕禮를 행한다. 망궐례는 왕이나 왕비의 탄신일을 비롯하여 명절날에 왕과 왕비, 세자의 만수무강을 기원하면서 근무지에서 궁궐을 향해 절을 한다. 궁궐이 멀리 있어서 직접 궁궐에 가지 못하고 왕을 배알하지 못해 멀리서나마 마음을 담아 임금에게 예를 행하는 것이다. 망궐례는 새벽에 올린다.

망궐례의 실제 상황은 《완영일록完營日錄》에서 찾아볼 수 있다. 1833년 5월 1일 이른 아침, 서유구 감사가 가마를 타고 객사에 나아가 망궐례를 한다. 감영 참모 중군, 중영장, 판관, 검률과 전주에 와서 머무르고 있던 순천 부사, 김제 군수, 정읍 현감, 화순 현감, 태인 현감, 삼례 찰방까지 함께 참례하고 감영으로 돌아온다.[18] 객사의 동서 방향으로 양쪽에 위치한 방들은 지금의 국립호텔인 셈이다. 객사의 중앙부에는 왕을 상징하는 전패殿牌와 궁궐을 상징하는 궐패闕牌를 모시고 있다. 각 지방에서는 왕을 직접 알현할 수 없으므로 왕에게 올리는 의례를 모두 전패 앞에서 올렸다.

그날 참석할 수 있는 인근 수령도 감사와 함께 전패 앞으로 나아간다. 전패를 향하여 네 번 절하고, 궁궐을 향하여 세 번 예를 표하고, 고두叩頭(머리를 조아림)를 세 번 한다. 천세를 외치고 재차 천천세를 외치고 다시 네 번 절하는 것으로 망궐례를 마친다.[19] 망궐례를 행하는 음식차림은 객사에 딸린 관의 부엌에서 준비한다.

(3) 감사의 나들이 잔치

① 한벽당 잔치

감사는 매일 정무가 많고 바쁘다. 그런 와중에도 유림儒林, 시인, 묵객을 초대하여 유람 나들이를 한다. 관행적으로 한벽당寒碧堂(1404년 최담이 건립한 누정으로, 전주천 상류 절벽 위에 위치함)에 자리를 편다.[20]

교방敎坊(기생에게 가무를 가르치던 교육기관)에서 기생과 악공을 동반하고, 음식은 감영 부엌을 관리하던 연고청에서 준비하여 가자架子(음식물을 나르는 들것으로, 장정 두 사람이 앞뒤에서 듦)에 싣고 간다. 감사가 고을 안팎을 시찰 또는 유람하는 곳마다 가자에 밥상을 실어 내어갔고, 단거리

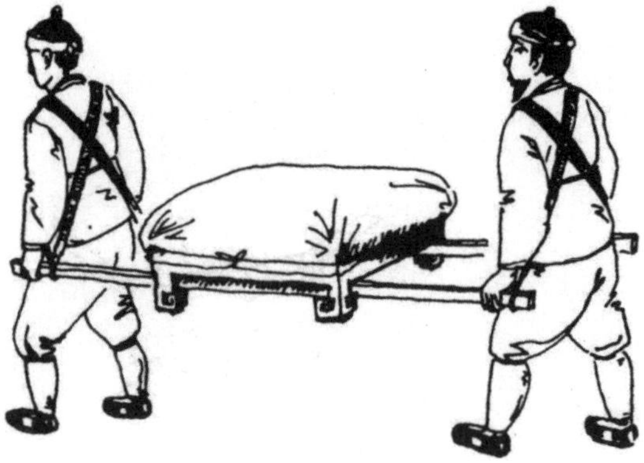

12가자. 음식을 실어 나르는 들것

유람이나 화전놀이에는 관청빗[官庁色](주방관리)이 직접 동행하여 현지에서 식사를 준비했다.

악공이 풍악을 울리면 기생의 검무가 벌어진다. 전주검무는 독창적이고 새로운 흐름을 드러낸다. 검무를 출 때는 전립을 쓰고 전복과 전대의복을 갖춘다. 한데 특이하게도 남장을 하고 춤을 추었다. 흔히 검무 하면 진주 기생을 떠올리지만, 남장 검무는 전주에만 기록이 남아 있어 독창적이었다고 할 수 있다.[21]

한벽당 벼랑 밑으로는 전주천이 흐르는데, 이는 전주 8경의 하나인 '한벽청연寒碧晴烟(주변의 청아한 풍정)'이다. 흐르는 물에 춤추는 그림자의 모습이 비칠 정도로 역동적인 춤사위에 기생의 노랫소리까지 흥겹게 들린다. 춤과 노래, 시로 한바탕 놀이가 벌어진다. 한벽당에서 열리는 잔치는 술과 노래 선물로 감사의 위력을 보여주는 통치 기술 중 하나였다.

② 화전놀이

음력 3월 3일, 삼짇날에는 화전놀이가 있다. 한식이 지나면 기린

13감사가 전주 오목대에서 화전놀이하는 모습. 천막과 가자도 보인다.

봉, 간납대, 오목대 일대는 진달래꽃으로 화사하게 물든다. 추운 겨울을 보내고 따스한 봄의 즐거움을 함께 나누는 날이다. 감사가 기생과 악공을 부르고 선비와 한량, 음객들을 모은다. 감영 주방관리가 칼자이를 데리고 와 천막을 설치하고 임시주방을 만든다. 온 천지에 핀 진달래꽃을 따다가 화전을 부친다. 맛있는 음식을 차려 함께 나누며 기생의 노래와 춤을 감상한다. 즐거운 봄날 화전 유람이다.[22]

③ 덕진 연꽃놀이

계절이 바뀌어 산천의 경치가 화려한 수를 놓으면 풍경을 따라 유람을 간다. 유람이라고 하면 마치 놀러 가는 것처럼 비치지만, 관찰사의 향연이나 유람은 공무의 연장이었다. 가까운 덕진 연못의 연꽃이 필 무렵 연꽃 향취로 덮여 있는 호수에 배를 띄워 풍류를 즐겼다. 오목대와 덕진은 조선왕조의 발상지로서 태조 이성계와 밀접한 관련이 있는 곳이다. 감사의 연꽃 나들이와 잔치는 각별한 의미가 있는 행사였다.[23]

(4) 이완용의 국화꽃 유람

감사의 계절 나들이 중 대표적 사례가 있다. 매국노였던 이완용의 이야기다. 이완용은 전라 관찰사(1898~1900)를 지낼 때 11월 가을 국화꽃을 감상할 겸 민정시찰에 나선다. 이 내용은 1898년 11월 17일《황성신문》기사에 실렸다. 간 곳은 남원, 순창, 정읍, 장성, 부안 다섯 군이다.

깃발을 수십 개 앞세운 순력巡歷(이동 감영, 감사 시찰) 행차가 시작되었다. 취타대가 북을 치고 나팔을 불며 선도한다. 수십 명의 기마병이 감사의 가마 앞뒤를 에워싸고, 감영 관리 수십 명과 기생 49명이 뒤따랐다. 인마人馬 합해서 많을 때는 600여 명, 적을 때는 100여 명의 행렬이 민정도 시찰하고 명산대천의 단풍과 해넘이도 감상한다. 당시 신문 기사에 부안군에서는 나졸들의 행패로 백성이 시달리고 있다는 내용이 실려 이완용의 국화꽃 유람과는 비교되는 부분이다. 예전부터 감사의 순력에는 잡음이 뒤따랐으니 한말의 부패한 사회상에서 볼 때 충분히 있음직한 일이다.

이후 한일강제병합으로 국운이 기울어가던 시기이기는 하지만, 감사의 나들이 잔치는 위력과 권위를 앞세운 통치 수단이었다. 감영에서 나들이를 위한 준비를 충분히 해간다 해도 100여 명의 손님을 치러야 하는 여러 군현의 수령과 향리들은 시달리기 마련이다.

이는 때로 억울한 백성의 민원을 풀어주기 위한 감사의 행차이기도 했다. 또 구경거리가 워낙 없던 시절이라 감사의 행차 자체만으로도 큰 볼거리였다.[24]

(5) 감영 7월연宴날놀이

7월연宴은 고종 황제의 탄신을 축하하기 위한 경축놀이다. 감영에서 국가적 행사를 치른 격이다. 홍현식(1997)은 구한말에 참관한 목격자의 구술을 토대로 《전주시사》에 기록했다. 감사가 선화당 앞 중앙에 자리한다. 좌우에 통인이 큰 부채로 부채질을 하고, 양쪽에 기생이 늘어서 있으며, 그 앞에는 수령들이 둘러앉아 있다. 수령들의 부인을 비롯하여 선비, 음객, 일반 백성까지 운집했다.

경연에는 판소리, 고전무용, 줄타기 등이 선보였다. 실력 있는 명창광대名唱廣大(소리꾼과 줄타기 등 재주꾼)를 널리 물색하여 무대에 세웠다. 남원, 광주, 정읍 등의 교방에서 명기를 선발하여 출연시켰는데, 가인전목단무, 화관무, 포구락무가 주였다.

연날놀이의 절정은 판소리 명창이다. 이날치, 박만순, 김세종 등 거장이 출연하여 한의 소리와 해학적 열창이 이어진다. 야간에는 큰 등불을 매달아 대낮같이 훤하게 밝히고 밤늦게까지 광대의 판소리를 감상한다. 명창광대들의 공연이 끝나면 행하行下(보수와 위로금)가 지급되었는데, 비단과 거대한 금액이 내려졌다.[25]

(6) 대사습놀이

판소리 중 큰 행사는 소리꾼 장원을 뽑는 대사습대회다. 판소리는 조선 숙종(1661~1720) 때부터 시작되었다는 것이 통설이다. 대사습놀이는 동지 팥죽제와 동반해서 열렸다. 감영 통인청通引廳과 전주부 통인청 양쪽에서 경쟁적으로 하다가 격년제 개최로 굳어졌다.

전국적으로 통인들은 성황제, 입춘제, 별신제, 단오제, 동지제와 탈춤행사 등을 관장해왔다. 전주는 동지제, 판소리 행사가 크게 성행했고, 타 군현은 탈춤 행사가 우세했다. 판소리가 전라도에서 발생하여 대사습대회로 발전하면서 어느 잔치놀이보다 큰 행사로 성장한 데는 몇 가지 요인이 있었다.

감영 관속들의 지원을 받았고 후에는 대원군의 후원을 받아 크게 성장하게 된다. 단초는 감영의 이방이던 백진수白晋洙의 역할이 컸다. 백진수는 대원군이 집권하기 전의 불우한 시대에 후원자였다. 또 백진수는 경복궁 건립에 거액을 기부했는데, 이러한 연고로 후에 대원군은 판소리의 후견자가 되었다.

대원군이 심혈을 기울인 1865년 경복궁 준공식에 신재효申在孝(1812~1884. 판소리 중흥자)가 길러낸 최초의 여류 소리꾼 진채선이 〈아리랑〉을 불렀다. 대원군의 후원에 힘입어 백진수가 명창 권삼득을 선화당에서 공연을 시킨다. 대사습대회에는 각 고을 수령과 한량들이 감사의 후원으로 후원금을 보내고 참여했다. 대사습대회 날 통인청 마당에는 횃불이 켜지고 무대가 만들어져 소리꾼들의 열창이 이어진다. 동짓날 개최되기 때문에 팥죽 한 그릇씩 나누어지며 흥겨운 날을 보낸다.[26]

(7) 음식 통치 수단

① 음식정치

임금은 만백성의 어버이다. 임금의 시혜가 널리 고루 퍼질 수 있도록 각 고을에서 감사와 수령들이 대행하여 먹을거리를 나누어준다. 음식뿐 아니라 담배, 한지, 바늘 등의 물품도 있다. 감사는 공무를 하는 틈틈이 사적인 손님을 접대하고, 관리와 백성에게 향연을 베풀고, 계절에 따라 유람을 다니는 것도 중요한 통치 수단이었다.

② 공무적 음식 접대

국가적 경축일이나 특별한 날에는 관속들에게 영주의 음식을 제공했다. 임금의 덕화를 널리 퍼지게 하고 음식 접대를 통치의 기술로 활용했다.

첫째, 임금이나 왕비, 세자의 회갑, 생신 등 왕실의 경사가 있으면 위아래 관속들에게 음식을 대접한다. 감사와 부인, 모친 등의 생일이나 경사에도 음식을 챙긴다. 이때는 인근의 수령들을 불러서 잔치를 여는데 쌀밥, 고깃국, 떡, 국수 등이 차려진다.

둘째, 세시 잔치를 벌인다. 일 년 중 철에 따라 챙겨야 하는 명절이나 풍속이 있다. 그중에서도 설날, 정월대보름날, 단옷날, 복날, 동짓날, 섣달그믐날 등은 필수적으로 챙긴다. 설날에는 신년 하례를 하고, 감사는 육방의 문안을 받으며 한 해를 맞이한다.

특히 복날은 초복, 중복, 말복 세 번을 챙긴다. 찌는 듯한 삼복더위를 건강히 이겨내기 위해 개를 잡아 보신탕을 끓이고 영계, 떡, 콩죽 등을 제공했다. 동짓날은 팥죽을 끓였다. 섣달그믐날은 한 해를 잘 보낸

기념으로 영내 각 청에 비빔밥과 술동이, 대구 몇 마리를 고루 나누어 준다. 해마다 관례로 하리들이 모여 음악과 푸닥거리로 과세를 한다.[27]

③ 경로잔치

《경국대전經國大典》(조선왕조의 통치 기본 법전)에 의거, 나이가 80세 이상이면 신분을 가릴 것 없이 벼슬을 내리고 벼슬이 있는 사람은 한 계급 올려주었다. 임금의 교지敎旨(사령장)를 내리고 지팡이와 나무의자를 하사했다. 유교사상에 입각하여 노인을 섬기고 건강을 기원하는 제도다. 한양에서도 80세 이상 노인을 초청하여 잔치를 했고, 각 지방 고을에서도 양로연을 시행했다. 신분을 불문하고 여성과 천민도 함께 참여시켰다. 연회는 내청과 외청으로 남녀를 구분하여 공간을 따로 마련하고, 불편한 부모를 모시고 온 자제들도 같이 독상으로 대접했다. 감영에서도 인근 노인을 선발하여 양로연을 베풀었다. 감영 기록이 없어

14양로연. 노인을 모시고 푸짐한 음식과 춤과 노래로 대접했다.

고성 군수 오횡묵(1834~1906)의 《총쇄록叢瑣錄》에서 엿본다.

청사 위에 노인을 모시고 통죽通竹(담뱃대)을 드리고 술과 안주로 대접한다. 기생의 노래와 춤이 벌어지고, 바로 음식이 나온다. 국수, 떡, 익힌 고기, 생과, 유과, 전유어, 채소, 술, 나물, 초장, 꿀[白淸] 등이다. 반쯤 먹고 나머지는 기름종이에 싸서 가져간다. 현청의 하급 관솔들도 모두 똑같이 나누어주었다.[28]

양로연은 국가 시책으로 임금의 시혜를 널리 알리는 동시에 수령들도 백성에게 후덕함을 베푼 음식 통치 수단의 하나였다.

9) 감사의 밥상물림

감사는 혼자 또는 가족과 관사인 내아에서 일상생활을 영위한다. 국가적인 축하나 제례 행사가 끝나면 아랫사람들에게 밥상을 물려주어 맛있는 식사를 제공한다. 행사가 끝나면 육방 관속을 선화당에 모이도록 한다. 감사의 식사가 끝난 터라 감영 주방에서는 미리 풍족하게 만들어놓은 음식물을 각자 독상에 차려 앉은 사람 앞에 내놓았다. 이른바 '감사의 상물림'이다.

먼저 육방 우두머리들이 먹고, 영리營吏들이 먹고, 통인들이 먹고, 마지막으로 영주방에서 부엌을 관장하는 하급관리들이 먹고, 칼자이 등 부엌데기들과 일하는 모든 이들이 함께 나누어 먹는다. 상물림으로 먹는 시간이 대개 4시간가량 걸렸다고 전해진다. 잔치가 끝나고 남은 음식은 기름종이에 싸가도록 한다.[29]

감영에서 싸가지고 간 음식은 모방과 재창조를 거쳐 영집에서 해 먹고, 다시 부유층으로 요리법이 내려갔는데 이것이 전주 맛있는 음식의 뿌리이고 원류다. 궁중의 수랏상을 아래로 물려주는 봉송은 양반집 음식에도 영향을 주었다. 양반집들이 중인이나 이웃 간을 불러 아래로 밥상을 내려주는 꾸러미가 서민층에 영향을 주어 궁중에서 양반집으로, 다시 중인집으로 내려간 요리와 반찬들이 오늘날 서울음식의 뿌리이고 원류다.[30]

전주 한식은 감사의 밥상물림으로, 다시 영집으로, 후에 지주집으로, 현재의 한정식으로 계승되었다. 감사의 상물림은 전주 한정식의 원형이라 할 것이다.

10) 감사와 기생 술자리

(1) 연회장의 구성

객사는 고려 시대에는 '객관'이라 불리던 곳으로, 고급관리들이 묵은 국립 호텔이었다. 조선 시대에도 각 고을에 있었고, 숙소 외에 국왕을 모신 공간이 있었다.

객사에는 중앙대청에 궐패가 모셔져 있고, 양쪽 방에는 왕명으로 내려온 벼슬아치가 묵었다. 전주객사의 당호는 '풍패지관豊沛之館'이다. 초하루와 보름에는 감사가 휘하 관원을 대동하고 국왕에게 드리는 망궐례를 올린다. 국가의 애 · 경사가 있을 때마다 감사 이하 관민들이

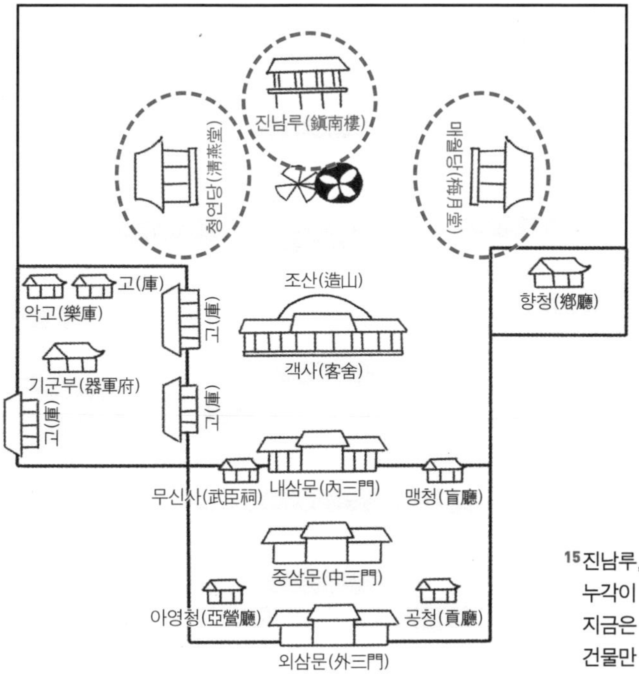

15 진남루, 매월당, 청연당의 누각이 연회 공간이었다. 지금은 모두 소멸되고 객사 건물만 남아 있다.

모여 성대한 의식을 거행했다.

객사 뒤뜰에는 진남루鎭南樓, 매월당梅月堂, 청연당淸燕堂 등의 누각이 있었는데, 손님을 접대하는 연회 공간이었다. 객사 동남쪽에는 교방이 있었고, 객사를 관리하는 객사빗이 있었으며, 식사와 안주를 준비하는 객사 주방이 있었다. 묵어가는 벼슬아치의 식사가 준비되고 연회가 벌어지면 술상과 안주가 마련된다.

(2) 술자리 마련

객사 뒤뜰 연회 공간에서는 감사가 주최하는 잔치가 자주 열렸다. 감사의 일상생활과 전주객사 연회가 미암 유희춘眉巖 柳希春(1513~1577)의 《미암일기》(1567년부터 1577년까지 11년간 기록한 일기)에 기록되어 있다.

미암 유희춘이 서울 손님을 대동하고 객사 동북쪽에 묵었는데, 첫날은 매월당에 둘째 날은 진남루에 올랐다. 넓어서 백수십 명이 족히 앉을 만했다. 누각 처마 끝에는 흰 차일이 쳐져 있고 누각 앞에는 기생과 악공이 기다리고 있었다. 미암이 손님과 함께 첫날 매월당에 오르니 기녀들이 무릎을 굽혀 공손히 맞이한다. 그들은 입술을 칠하고 분을 발라 화장을 했으며, 노랗고 붉은 화려한 옷을 입고 있었다.[31]

미암 일행은 주안 술상을 가운데에 두고 미리 깔아둔 방석에 동서로 마주 보고 앉았다. 기녀들이 손님 사이에 사뿐히 앉고 난 후 각자 자기소개를 한다. 이화월梨花月에 이향梨香이요, 두견杜鵑 홍도紅桃에 영산홍映山紅이요, 지지춘심枝枝春心이요, 만점홍滿点紅이요, 별호 4자와 기명 2자다. 감영 기생은 31명인데, 이날도 미모와 노래로 뽑혀온 기생들이었다.[32]

술은 소주가 올려지고 술자리 분위기는 행수기녀(기녀의 우두머리)가 이끈다. 술은 조그만 잔에 조금씩 돌려가며 따르고 노래는 낮은 소리로 불렀다. 음악 총지휘는 악사樂師가 하고 아악雅樂(궁중음악)은 악생樂生이, 속악俗樂(민속음악)은 악공樂工이 연주했으나 일반적으로 통틀어 '악공'이라 했다.

악기는 거문고, 해금, 비파, 피리, 장고 등으로 구성된다. 주악酒樂에는 〈금강성곡金剛城曲〉, 〈오관산五冠山〉, 〈자하동紫霞洞〉, 〈진작만기眞勺

16기생들이 검무를 추고 있다.

慢機〉, 〈횡살문橫殺門〉, 〈가록명歌鹿鳴〉, 〈권농가勸農歌〉 등이 불러진다. 〈금강성곡〉은 고려에서 계승된 가요로, 백성이 즐거울 때 부르던 노래다. 〈오관산〉도 고려 때부터 불러온 노래이고, 〈자하동〉은 개성 근처의 고을 이름으로 신선이 좋아하던 무리를 칭송하는 노래다. 자하주도 있었다.[33] 그 외에 불린 노래와 연주는 가사歌辭(고려 말기와 조선 초기에 발생한 시가 형식)나 가곡歌曲[우리의 전통적인 성악곡의 한 갈래로, 조선 시대 상류사회에서 애창된 시조 및 가사와 함께 불린 정가(正歌)]이었다. 기녀가 잡가와 판소리를 부르기 시작한 것은 20세기 초엽 권번이 생긴 이후의 일이다.

(3) 기생 술자리

연회에는 궁중 연회와 사대부들의 연회가 있다. 궁중 연회는 연향식宴享式(궁중의 국빈 대접이나 잔치에 관한 규정)에 따라 일정한 격식과 규정으로 행해져왔다. 사대부의 공적 · 사적 연회도 규정과 법도가 있었다. 《증보문헌비고增補文獻備考》(1770년 왕명으로 처음 편찬했으나 여러 번 보완되어 1903년에 고대부터 대한제국까지의 문물제도를 망라하여 간행한 책)에 기록되어 있는 사대부의 술자리 법도에 따라 술자리 격식을 정리해보기로 한다.

술자리가 정돈되자 안주가 나왔다. 행과行果(술잔이 돌아갈 때마다 나오는 안주와 음식을 뜻함)라 한다.[34]

초미初味(첫 안주)에서 종미終味(마무리 안주)까지 유쾌하게 진행된다. 초미가 소원반에 담아 제공된다. 국수, 생선적, 김치가 놓인다. 이어서 첫 잔을 권한다.

"그럼 나부터 술을 치겠소."

감사 미암이 서울 손님에게 권하자 두루 술잔이 따라진다. 이때 행수기녀 죽영매가 권주가 한 곡조를 뽑는다.

"잡수시오. 이 술 한 잔 잡수시오. 이 술 한 잔 잡수시면 천년만년이나 사오리다."[35]

첫 잔을 비우자 술잔이 한 잔 더 돌아간다. ['행주(行酒)'라 해서 술잔을 돌린다.] 초미에 두 잔을 마신다. 안주를 챙긴다.

첫 안주와 술 두 잔이 돌아가자 두 번째 안주[2味]가 들어온다. 2미(2味)는 생선탕과 닭고기적이다. 2미에는 술이 석 잔 돌아간다.

세 번째 안주[3味]는 찐만두, 회, 겨자장이고 술은 넉 잔이 돌아간다.

네 번째 안주[4味]는 전복탕, 떡국, 녹두지짐이고 술은 다섯 잔이 돌아간다.

다섯 번째 안주[5味]는 과자를 제공하고 술은 여섯 잔이 돌아간다.

종미終味인 과일을 먹으며 일곱 번째 잔이 돌아간다.[36]

음악은 흥이 나는 사이사이에 연주되고 춤도 곁들여진다. 술이 거나해져가는 사이에 기생과 대화를 나눈다. 서울 손님이 한 기녀에게 말을 건넨다.

"너는 연산홍이라 했겠다. 네 나이가 몇이더냐?"

"열여섯이옵니다."

"무슨 재주를 가지고 있느냐?"

"춤과 노래를 조금 하옵니다."

"그럼 여기서 한 곡조 불러주겠느냐?"

연산홍은 "예이" 대답하고 목청을 떨어뜨려 노래를 부른다. 서울 손님은 특별히 술잔을 들어 건네주며 술을 따라준다.

풍악이 울리고 번갈아 술을 권한다. 흥이 도도히 흐르자 날랜 장고 장단에 빠른 춤을 추느라 쉴 줄을 모른다. 요즘으로 말하자면 리듬이 탱고에서 차차차로, 재즈로 옮겨가는 모양새다. 취객은 춤추는 기녀의 손목을 잡고 덩실덩실 같이 춤을 춘다. 잔치는 날이 완전히 저문 뒤에야 파했다.

안주로는 술, 고기, 탕, 과자 등 온갖 음식이 마련되었고 작은 잔에 마셨다 해도 초미에서 종미까지 22잔이다. 오늘날의 소주 한 병은 작은 잔으로 7잔이다. 그렇다면 소주 3병을 마신 셈이다. 반잔씩만 따랐다고 해도 한 병 반이다. 더구나 지금의 소주 도수는 잘해야 17~24도 정도인데, 당시 소주는 45도 내외로 볼 수 있다. 그러니 지금도 대주가가 아니면 마시지 못할 주량이다. 독한 술이다. 조금씩 마셨다 해도 술이 센 사람도 취하는데, 보통 이하는 취해 쓰러지기도 한다. 미암이 소주 몇 잔을 마시고 크게 취했다고 했으니 손님들도 거나함을 넘어 많이 취했을 것이다.

2
감영에 딸린 관료와 성 안팎 음식

1) 전주부 판관의 숙식

전라도 56개 군현 중에서 가장 큰 고을이 바로 전주부다. 지역으로 보면 남으로 슬치재(임실군 경계로 전주천 발원지임)에서 북은 여산이고, 동은 고산에서 서는 금구까지다. 고산현, 금구현, 여산현이 관할이다. 감영이 중심에 있어 감사가 부윤을 겸한다.

전라도 전체는 감사가 직접 정치 · 행정을 수행하고 전주부도 부윤 자격으로 행정을 직할한다. 다만 전주부 행정 업무는 '판관判官'이라는 행정관을 따로 둔다. 판관은 전주읍성과 3현(여산현, 고산현, 금구현)을 동시에 위임받아 행정을 수행한다.

판관은 '음직蔭職'이라 해서 국가시험에 급제하지 않아도 양반 자제 중에서 감사가 추천하여 임명한다. 하지만 감영을 둘러싼 중요한 행정구역인지라 판관의 권한은 막대하다. 판관은 축소된 감사 대우를 받는다. 감영 동쪽에 전주부 행정기관과 청사가 따로 있고, 그 안에 관

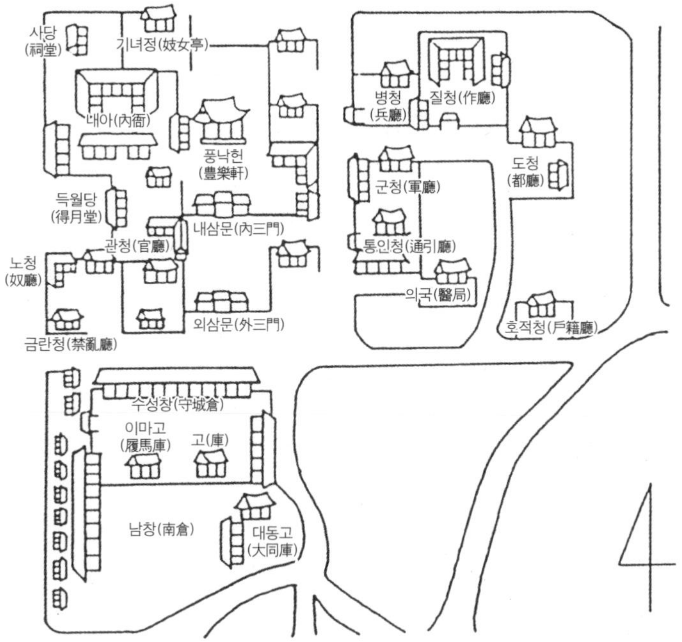

1 전주부를 다스리는 판관의 거처 내아 밑에서 식사를 준비하는 주방[官廳]

아인 내아와 식사를 돕는 관 주방[官廳]이 따로 있어 극진한 대접을 받는다.[1]

판관의 밥상은 시중도 같은 대우이나 품계로는 7첩 반상을 받는다. 판관은 전주읍성에 오는 많은 손님을 접대해야 한다. 감영이나 전주부는 항상 사람이 붐비는 장소다. 이속과 관노비들이 분주하게 움직이고, 고을 백성이 수시로 찾아오며, 하루가 멀다 하고 공적 · 사적 손님들이 거쳐 가는 공간이다. 공적으로 출장 온 관리, 판관의 친척이나 친지 등이 끊임없이 드나든다. 또한 왕실의 축일과 본인, 가족의 생일에도 쌀밥, 떡, 고깃국 등을 대접했다.[2]

설날, 그믐날, 복날, 동짓날 등 세시풍속 행사에는 육방 관속에게 떡이나 죽을 먹이고 쇠고기 등을 선물했다. 이름난 효자 · 효부를 찾아 음식을 보내고, 마을 선비들을 동헌에 초대하여 푸짐한 상을 차리고, 시회詩會마다 비빔밥, 술안주를 보냈다. 선비들은 행사가 있을 때 단자單子(지원 편지)를 보내 요청하면 기생과 악공을 보내주었다. 가을철에는 경로잔치를 벌였다. 기우제, 성황제에 제사음식을 보내고 제관 노릇도 했다. 수령도 봄꽃놀이, 단풍놀이 등을 할 때 선비들을 부르고 가자상까지 운반해와 악공과 기생을 동반하여 한바탕 놀았다.[3]

2) 지방관의 관사 밥상

8도의 감사를 돕고 지방 행정을 펴나가기 위해 중앙에서 지방에 파견한 관리가 지방관이다. 향리인 아전은 세습제여서 한 곳에서 대대손손 살아간다. 하지만 감사는 임기 2년으로, 2년 이상 하는 경우는 드물고 평균 1년 정도 만에 물러나는 나그네 벼슬이다.

감사가 부임하면서 도사都事(부지사급 보좌관), 중군中軍(군사 업무 보좌), 심약審藥(의료 보좌), 검률檢律(법률 보좌), 비장裨將(행정 업무 보좌) 등이 중앙에서 발령 받아 함께 부임한다. 비서격인 비장 7~8명을 동반한다. 이들은 외지에서 와서 근무하기 때문에 숙식할 처소가 마련되어야 할 사람들이다.

그중에서도 중군은 정3품 당상무관으로 감사의 군사 업무를 보좌하고 감사의 직속 부대를 총지휘하는 무관이다. 중군청은 선화당 남서쪽에 자리하고, 중군의 관사인 내아와 식사를 돕는 중군 전용 관 주방이 별도로 있어 숙식이 도모되었다. 감영 내에는 감사의 식사를 준비하는 큰 주방과 중군의 식사를 준비하는 작은 주방이 있었다.

주요 보좌관인 도사, 심약, 검률, 비장 등은 감영 밖 성내에 별도의 관사가 마련되어 숙식을 했다. 이들이 숙식하는 관사의 이름은 도사가 댁, 심약가 댁 등으로 불렀고 감영의 지원으로 운영했다. 이들은 가족을 동반하기도 했지만 혼자 내려오기도 한다. 이들의 식사는 관사 부엌에서 담당한다. 각각의 부엌마다 주노들이 있었다. 칼자이, 반빗아치, 무자이 등이 방아 찧기, 땔나무 해오기, 물 긷기 등을 담당하여 밥 짓기, 반찬 만들기, 상 차리기를 분담했다.

이들은 성내의 상류 지배계급이고 맛있는 밥상을 차려 먹는 소수층이다. 이들의 식사에 연계된 식자재, 조리 솜씨, 음식 맛 등은 전주 음식의 원류로 볼 수 있다.

3) 영집의 밥상

(1) 수령의 숙식

각 고을의 수령들이 감영에 출장을 오거나 한양에 출장을 오갈 때 전주부성에 와서 머물러야 한다. 이때 수령이 머무르며 숙식을 하는 집이 '영집'이다. 영이란 군대가 주둔하는 '영문'의 준말이다. 감사나 수령은 행정권과 군사권을 동시에 행사하므로 '감영', '고산영', '곡성영' 등이라 했다. 영집을 '영저營邸'라 하기도 했다.[4]

[2]구례 영집이었는데, 1891년 천주교 본당 건물로 사용하다가 1904년 철거되고 전동성당이 건립되었다.

각 고을의 수령이 숙식하는 전주의 관사는 '영문'이라는 뜻으로 '영집'이라 했다. 영집은 제주군현 세 곳과 전주에 가까운 군현 서너 곳을 빼놓고 고을 수대로 50여 곳이 있었다. 영집은 퇴직한 이족들이 자기 집에서 반관반민으로 경영했고, 각 고을에서 일정한 보수(역가)를 받았다. 경영을 원하는 자가 많아서 치열한 경쟁이 벌어졌고, 때로는 암암리에 매매도 이루어졌다. 영집 위치 중 알려진 것으로는 현 전동성당 터가 구례 영집 자리였다.[5]

영집은 감영과 군현 사이에 오가는 문서 연락을 담당하는 기관이었고, 때로는 수령들이 진상물, 세금, 환금 등을 취급했다. 영집의 공문서는 비장청에서 영청, 질청을 거쳐 영저리청으로 전달된다. 영저리청은 남문에서 감영으로 50미터쯤 지나면 오른편에 있었다. 현 행원싸롱이 위치한 곳이다. 영저리청은 연읍저청(평야부), 산군저청(산간부)으로 구분되고 감영 소속 수저리가 관리했다.

(2) 문서 수발

영집의 주인 영저리營邸吏가 아침에 영저리청에 가서 공문서를 받아 각 고을에서 온 군현의 사령에게 전달하면 그들은 잽싸게 말을 달려 각 고을의 수령에게 전달한다. 파발罷撥이다.

1833년 전라 감사 서유구徐有榘(재임기간: 1833. 4~1834. 12)가 21개월간 재임하는 동안《완영일록完營日錄》을 남겨 문서 수발 내용이 자세히 기록되어 있다.

문서의 유형은 상행문서, 평행문서, 하행문서, 제결문서의 네 가지 유형으로 구분되고 재임 시 총 2,449건이 발송되었다. 상행문서는 국왕과 중앙 관아에 올리는 공문서이고, 하행문서는 각 고을에 보내는 공문서다. 공문서는 관문關門(사후 보고가 필요한 공문서)이 268건이고, 감결甘決(일방적 지시사항)이 94건이었다. 공문서 수발은 영저리가 하는데 매일매일 이루어졌다. 아침에 보내고 오후에 받아서 다시 감영에 전달했다.[6]

(3) 영집 밥상

각 고을의 영문에는 관 주방이 따로 있고 수령들은 식사 대접을 받았다. 감영으로 출장을 와 영집에 머무를 때도 영집 부엌에서 관 주방 이상의 음식 대접을 받았다. 영집은 수령이 머무는 것 외에도 각 고을에 공적으로 출장 온 사람, 수령의 친척이나 친지가 빈번하게 머물렀다. 그리고 매일 문서 수발을 하는 통인, 사령이 숙식하는 곳이 있었다. 영집에는 밥상을 차리는 찬방도 따로 있었다. 찬방과 부엌에는 주노(부엌 노비)들이 있었는데 칼자이, 반빗아치, 무자이, 허드렛일을 하는 여종들이다.

영집에서는 각 고을 수령들에게 올릴 3탕 7첩이 차려졌고 진귀한 음식을 장만해서 대접에 힘썼다. 때로는 각 고을 수령들의 까다로운 입맛을 맞추기도 해야 했다. 하급 관료들의 음식에 대한 불평불만도 잠재워야 한다. 다른 영집과 비교되어 이러쿵저러쿵 잔소리들이 나온다. 맛있는 음식을 만들기 위해 진미 개발에 열을 올렸고 딴 영집보다 맛있게 만들기 위한 경쟁이 치열했다. 가끔은 음식솜씨 좋은 타 영집 칼자이의 스카우트 경쟁도 심했다. 이것이 결국 전주 음식 특유의 맛 문화에 큰 영향을 주었다.[7]

영집은 맛있는 전주 음식이 형성되는 데 큰 역할을 했다. 이러한 음식 맛이 계승되어 전주 음식의 원류가 되었다고 할 수 있을 것이다.

4) 경집의 숙식

(1) 경주인의 수령 뒷바라지

전주에는 각 고을 군현에서 감영의 회의 등 공무 출장 때 머물기 위한 영집이 있었다. 또한 한양에도 고을과 중앙을 연계하고 수령이 머무는 집이 있었다.

조선 초기에는 '경재소京在所'가 있었으나 폐단이 많아 임진왜란

이후인 1603년에 영구 폐지되었다. 대신 경집[경저, 京邸]이 있어 아전층에서 경영하고 대가로 고을로부터 보수를 받았다. 경집에는 경주인京主人이 있었다.

경집은 지방과 중앙의 공문서 전달 역할을 하는 곳이다. 전라 감사 서유구가 남긴 《완영일록》에 따르면 21개월간 중앙에 보낸 문서는 총 186건이다. 그중 국왕에게 올린 장계狀啓는 150건, 중앙 관아에 올린 보첩이 150건에 달한다. 국왕과 왕비의 탄생일에 보내는 축하 전문箋文이 7건이다. 그 외 경집은 세금을 챙기고, 지방 특산품(공물, 貢物)을 납부하는 등의 대행을 했는데, 경주인을 '경저리京邸吏'라 했다.

경주인은 고을 감사나 수령이 발령을 받아 부임하면 바로 뒷바라지를 한다. 수령이 고향을 떠나 한양에 와서 중앙 관아에 인사하고 고을에 부임할 때까지의 뒷바라지다. 제수 받은 수령이 국왕의 은혜에 보답하는 의례(사은숙배, 謝恩肅拜)를 올리고 추천해준 고관들에게 답례(사조, 辭朝)와 함께 각 관청에 얼마간의 찬조금(참알가, 參謁價)을 지급했다.[8]

답례비와 찬조금, 체재비용 등은 수령이 부임한 후에 청구하여 받는 것이 관례였다. 답례와 찬조금은 관행적이었다. 뇌물이라기보다는 보답품의 성격이다. 허나 폐단이 심했고 차차 매관매직으로 이어진 조선왕조의 적폐였다. 경집은 고리대와 협작으로 치부한 부패의 온상이었다. 각 고을에서 올라와 유숙한 감사와 수령들, 그리고 따라온 하급 관료들의 체류 숙식비를 경집에 지급해야 했다.

기타 뒷바라지와 잔심부름의 사례비도 지급한다. 대신 경주인은 감사나 수령들의 잠자리를 편하게 하고 맛있는 식사를 준비해야 한다.

수령은 여러 지방 출신들이 부임하고 내려간다. 따라서 그 지방에 맞는 음식을 준비하지만, 하급관리들은 전라도 사람들이기 때문에 맛있는 전라도 밥상을 항상 준비해야 한다.

(2) 경집은 행정 대행소이자 적폐 기관

왕실과 중앙 관아는 국가와 백성을 다스리는 근간이다. 이것을 법으로 정해놓은 것이 《경국대전》이다. 이를 보면 국가를 운영하기 위해 세금을 걷고 일정한 부역을 부과하는 것은 인정된다. 궁중이나 관청의 각종 수요를 충당하기 위해 각종 물품을 강요하여 바치게 하는 것까지도 양해가 된다. 그럼에도 지방 행정 지원에 대해서는 별도 규정이 없고 오히려 지방이 중앙을 도와야 하는 항목만 있다.

그중에서도 의무적인 규례를 보면 다음과 같다.

각 고을의 호장戶長(지방 관리의 맨 윗자리)은 왕실에 자주 문안을 드려야 한다. 매년 설날 원단숙배元旦肅拜(설날 국왕에게 드리는 세배)와 왕실의 경조사가 있을 때는 수시로 숙배를 해야 한다. 먼저, 매년 설날을 기해 각 고을 호장은 군현을 대표하여 세배를 하러 간다. 호장이 경집에 유숙했다가 지정된 시각에 궐문 밖에 집합하여 자신의 성명과 세계世系(집안 내력)를 보고하면 더러는 불러들여 지방 사정을 묻기도 한다. 국왕은 그들의 하례를 받고 어사주御賜酒(임금이 내리는 술)를 내리기도 한다.[9]

문제는 그다음에 있다. 호장은 일정한 예물을 갖고 상경해야 한다. 먼저 예조禮曹(학교와 과거시험 등을 관장한 중앙 부처의 하나)에 납부할 예물을 비롯하여 그 고을 출신의 재경 관료, 각 고을과 관계되는 중앙 각 부처에 보낼 예물, 심지어 기름과 과일까지 준비해야 했다. 이 비용은 고스란히 각 고을에서 부담해야 했는데, 이는 적폐가 아닐 수 없다.

아전도 한양에 올려 보내야 했다. 전라도 아전 50명당 1명(전국적으로는 332명)을 해마다 돌림차례로 한양에 올려 보내고 그들을 여러 관청에 배치해 숯과 땔나무를 대게 한다. 예를 들면 선공감繕工監(토목을 맡아보는 관청)에는 아전 99명이 배치되고 한 사람이 매일 숯 5말 5되를 바쳐야 한다. 아전이 직접 올라가지 못할 때는 대신 한 달에 무명 5필을 받쳐야 한다. 노비도 뽑아 올려 보냈는데, 관노비를 7개의 번으로 나누어 서로 교대해가면서 한양에 올려 보냈다.[10]

기생도 올려[選上] 보낸다. 3년마다 한 번씩 기생 150명, 연화대蓮花臺(궁중의 춤으로 구성된 가무극) 10명, 여의女醫(약방 기생) 70명을 여러 고을로부터 젊은 여종으로만 뽑아서 올린다.[11]

수령이 발령을 받으면 추천해준 고관들에게 답례하고 관계 관청에 찬조금을 낸다. 지방 아전도 설날이나 왕실 경조사에 상경할 때마다 관계 관청, 관계 관리에게 답례를 한다. 각 고을은 관계 관청에 숯과 땔나무를 대주어야 한다. 이 같은 상황의 연락과 뒷바라지는 모두 경집이 도맡아서 해왔다.

경집은 지방 행정의 서울 주재 연락사무소이자 대행소였다. 좋은 의미로 보면 후원기관이지만 인사나 금전과 관계되면서 폐단이 생기고 부패의 온상이 되어 조선 시대 적폐의 하나였음을 알 수 있다.

3
성 안팎 사람들의 음식

1) 성안 향리의 가정식

(1) 전라도 아전의 형성

전라도 수부인 전주에는 향리鄕吏(고을 관리)가 많았다. 향리는 '아전衙前'이라 불렸다. 관아에서 일하고 관아 앞에서 살고 있어서 붙여진 이름이다.

감영에는 영리營吏(감영 관리) 831명, 전주부 향리 515명, 중영진의 군경 1,931명이 있었다. 아전은 경기전, 향교에서도 근무했다.

감영과 전주부에서는 감사를 비롯하여 9품 이상의 경관京官(서울에서 내려온 관리)층이 행정을 장악했고, 영 · 향리층은 실무를 담당했으며, 노역은 천민인 노비가 담당했다.[1]

아전인 영 · 향리는 고을의 벼슬아치인 육방六房(여섯 개의 부서)의 책임자까지는 사환使喚(어린 급사)과 통인을 거쳐 진급할 수 있었다. 그러나 중앙으로는 진출할 수 없었으며, 양반 계급에도 진입할 수 없었다. 아전은 세습제이며 무보수였다. 이들은 지방 인심과 사정을 잘 알고 있기 때문에 잠시 부임했다가 떠나는 감사나 수령의 의사를 백성에게 전달하고 백성의 민원을 상달上達하는 조정자였다.

무보수로 인해 큰 문제도 뒤따랐다. 감영과 전주부, 각 고을의 향리가 전부 보수 없이 일하면서 어떻게 먹고살았느냐의 문제다. 영집, 경집에서 일부의 수수료를 받는 아전은 수가 적은 반면, 많은 아전들은 무보수자로 일하다 보니 탐욕스러운 상급자에게 편승할 수밖에 없다. 살아가야 하니 이곳저곳에서 몇 곱을 빼먹을 수밖에 없는 처지다. 더구나 조선 말기에는 관리직을 매관매직하던 부패 속에서 백성을 등치는 간교한 하수인이 되었다.[2]

그로 인해 백성의 원성과 함께 민란의 표적이 되어 나라는 망해갔다. 일찍이 이수광李睟光(1563~1628)은 "아전 망국"이라 했고, 정약용丁若鏞(1762~1836)도 《목민심서牧民心書》에서 "아전이 나라를 망친다"고 했다. 급기야 1860년부터는 곳곳에서 민란이 터졌는데 표적은 수령과 아전이었고, 이는 1894년 동학혁명으로 표출된다.[3]

대원군은 집권하자마자 서원, 평양기생, 전라도 아전을 3대 적폐로 지적하고 척결에 나섰다.

(2) 아전의 밥상

서울에서 내려온 지방관들은 지방 사정에 어둡다. 아전은 대대로 토박이로 살아왔고, 그 지방을 제일 잘 알고 있는 최고의 권력자이자 지배자였다. 그들은 합법적 · 비합법적 방법으로 상당한 부를 축적했고 호사스러운 생활을 누렸다. 음식만 해도 감사는 감영 주방에서 9첩의 밥상을 차렸고, 감사 휘하 지방관들은 각기 관사에서 7첩의 음식을 대접받았다.

향리는 영집을 경영하며 각 고을의 수령에게 정갈하고 맛있는 음식을 대접하면서 정당하게 큰 보수를 받았다. 향리들이 김치가닥에 밥 한 그릇 먹고 살지는 않았다는 것을 알 수 있다. 원칙으로 5첩 반상쯤이 맞지만 부엌에서 수령 밥상을 차리면서 영집 주인 영저리들도 이 정도는 먹었을 것으로 판단된다. 이로 미루어보면 신분계급에 의한 사회적 제약이 있기는 했지만 영집 주인도 수령만큼 잘 먹고 살았을 것이다. 신분을 벗어나 잘 차려 먹고 있다고 해서 누가 검사를 하는 것도 아닌 시대였다.[4]

당연히 향리인 영저리들은 눈치를 보면서도 화려한 옷을 입고, 밥상은 감사나 수령들 못지않게 맛있고 고급스러우며 다양하게 차려 먹었다. 아전의 위치는 낮은 계급이라 해도 중인에 속했다. 지금으로 말하면 중산층 정도 된다. 특히 서울의 중인은 궁중에서 하사된 식자재, 임금이 내려준 고급스러운 음식, 사대부들이 친척을 불러서 나눠준 음식 등의 영향으로 평상시 음식도 고급스러웠다.[5]

아전이 사대부들로부터 천시를 받고, 경아전京衙前(서울 아전)마저 하급시하는 속에서도 전주의 아전만큼은 외관(중앙에서 발령받은 상급 벼슬아치)들을 빼놓고 지방에서만큼은 상위층 벼슬이었다. 전주 아전들이 즐긴 푸짐하고 맛깔스러운 밥상은 전주 특유의 한식으로 발전 계승되는 원류가 되었다고 본다.

2) 성 밖 백성의 음식

(1) 상민의 밥상

조선 시대에는 사농공상士農工商의 엄격한 신분과 계급이 있었으며, 상민은 중간계층으로 자유로운 신분이었다. 이들이 거주한 곳은 성 밖 동남쪽이었다. 북쪽은 논밭이고 서쪽은 전주천과 다가산이 막혀 있어 고개 넘어 화산동에 거주했다. 동쪽으로는 지금의 노송동, 남쪽으로는 교동에 살았으며 완산동은 상인의 동리였다.

성 밖 백성은 대부분 농업에 종사했다. 조선사회는 시장경제가 발달하지 못했고 생활용품이 제작 · 유통되지 않아 각 가정에서 자급자족해야 했다.

각 가정에서는 농사를 지어 기초식량을 마련했다. 채소는 텃밭에서 재배하고 집의 앞뒤에는 과일나무를 심어 철철이 앵두, 살구, 자두, 감, 모과, 석류 등의 과일을 따 먹었다. 또한 가축을 길러 닭고기, 돼지

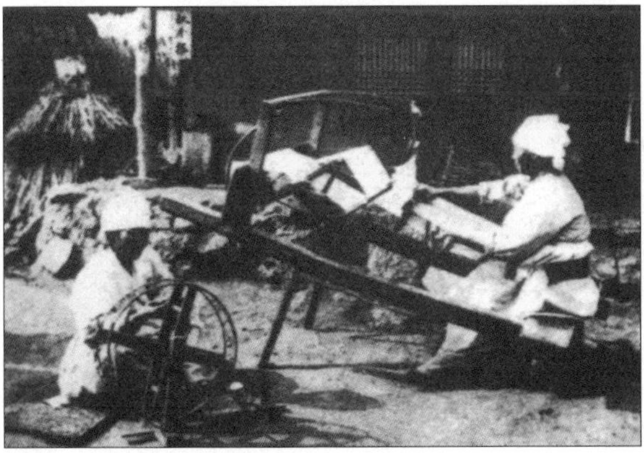

1 베틀에서 무명베를 짰다.

고기, 토끼고기, 개고기 등으로 단백질을 조달했다. 무명(면직물), 삼베, 모시, 명주 등을 짜서 옷을 해 입었다. 막걸리를 빚어서 걸러 청주를 마시고, 소주를 내렸다. 이처럼 농장, 과수원, 목장, 방직공장, 양조장, 쑥뜸, 침을 맞는 의료원 등을 각 가정이 지니고 산 셈이다.[6]

밥상은 화려하지도 않았지만 부족하지도 않아 영양학적으로 우수한 편이었다. 가정 내 위계질서가 뚜렷했기 때문에 여자는 대개 부엌의 부뚜막에서 밥을 먹었다.

계절에 따라 세시풍속과 명절이 다달이 여러 번 있었고 그때마다 문화행사와 음식 차림이 뒤따랐다. 정월 설날에는 차례상을 올렸고 대보름날에는 오곡밥을 해 먹었다. 2월 영등절, 3월 삼짇날, 5월 단옷날, 8월 추석, 11월 동짓날, 12월 그믐날 등에도 음식을 장만해서 먹고 마시고 흥을 돋우었다. 이처럼 계절마다 자연에서 나는 먹거리로 행사를 치렀다. 이로써 음식의 맛도 발달할 수 있었으며, 몸에도 유익한 영양분을 공급받아 건강할 수 있었다.[7]

(2) 반석리 노비촌 집밥

노비에는 사노비와 공노비가 있었다. 노비는 세습제였다. 심지어 매매, 상속, 양도가 가능한 계층이었다. 사노비는 개인노비로 양반집에 속해서 노역을 제공했다. 사노비 중에는 솔거노비와 외거노비 두 가지가 있다. 솔거노비는 주인집에서 침식을 같이하며 일을 도왔다. 외거노비는 주인집 밖에서 거주하며 일가를 이룬 가족단위로 생활하면서 주인에게 일정한 대가를 지급하고 나머지 시간은 자영업으로 돈을 벌었

다. 농사를 짓기도 하고 장사, 양잠을 하며 질병이나 기근에 대비해서 부지런히 일하고 축재했다.[8]

공노비는 감영과 전주부, 기타 부속기관에 딸려 있었다. 감영에는 영노비가 72명, 전주부 향노비가 54명 있었다. 부속기관인 향교에는 30명, 반석리역(전주 남문에서 말을 타고 출발하여 여수로 가는 호남대로의 첫 역으로, 지금의 서학동에 위치) 40명, 중진영, 경기전, 조경묘에도 공노비가 있었다. 기생도 노비였으며 감영에 34명, 전주부에 31명 등이 있었다.[9]

공노비는 성 밖에 거주하는 외거노비가 70% 이상을 차지했다. 외거노비들은 반석리(현재의 서학동)에서 쟁이나 상인과 섞여 살았다. 전주천 홍수로 돌이 휩쓸려 내려와 마을 절반이 돌이라 해서 '반석리'라 했다. 전주천 홍수를 피해 서학동 남고산, 학산 등 산 아래에 수백 호가 노비촌을 이루고 살았다. 집이라 해봐야 달팽이 껍질, 게딱지같았다고 한다. 새벽에 집을 나와 성안 관아에서 하루벌이 일을 하고 저녁 때 전주천 싸전다리(현재의 전주교)에서 쌀 한 되나 한 말을 사가지고 돌아갔다. 당시 싸전다리에는 징검다리가 있었고 싸전이 늘어서 있었다.

18세기에 이르면 신분제 해체가 두드러져 노비가 도망을 가기도 하고 생활 향상을 기하면서 신분이 상인과 같은 수준으로 변해갔다. 소득이 향상됨에 따라 밥상도 호화스러워졌다. 재산이 있는 노비들은 눈치 볼 것 없이 잘 먹고 잘살게 되었다. 노비의 밥상은 상민의 밥상 수준으로 격상되어갔다.[10]

일상생활에서도 노비 신분에서 금한 수준을 벗어나 호사스러운 양상이 벌어졌다. 향리들이 꾸짖자 노비들이 분개하여 일제히 저항하면서 민란으로 번졌다. 바로 1889년 전주에서 일어난 기축년 사건이다. 노비들은 죽창을 들고 감영에 쳐들어갔고, 이속들은 무기를 들고 반석리의 노비 집을 불태우고 수십 명을 죽였다. 그 후 1894년 동학농민혁명이 일어났는데, 일부 노비가 합세하면서 혼란이 가중되었다.[11]

3) 남밖장의 음식

(1) 남밖장의 형성

조선이 건국되어 한양에 천도하면서 상업을 억제하는 정책을 폈는데, 관설시장인 육의전六矣廛(여섯 가지 물건 판매, 궁중 · 관 수요품 취급)을 열고 지방에는 시장을 금했다. 농사가 천하지대본인데 장사로 사람이 모이면 농민 수가 감소하고 게으른 자의 집합소가 되거나 민중이 모이면 반항 집단이 될 수 있다는 생각에 엄히 단속했다. 하지만 흉년이 빈번해지자 자발적으로 농산물을 가지고 거래하는 농민들까지 막을 수는 없었다. 어찌할 수 없이 1525년 시장이 허용되면서 전주, 나주 성문 밖에 장터가 생겼다. 오늘날의 전주 남부시장은 이때부터 역사가 시작되었다. '남밖장'을 소리나는 대로 '남밧장'이라 불렀으며, 1960년대부터 '남부시장'이 되었다.[12]

오늘날 북한의 장마당이 자생적으로 형성되는 과정은 조선 시대 중엽과 꼭 닮았다. 과거 북한은 배급제였다. '피눈물의 해'라고 일컬어진 1994년부터 시작된 흉년과 대기근으로 수십만 명이 굶어 죽었다. '고난의 행진'이라 했는데, 이때 북한의 배급 제도는 무너졌다. 농민들은 약간의 곡식을 가지고 거리로 나왔고 거래가 시작되면서 장터가 생

2남밖장이 서면 많은 사람들이 모였다.

졌다. 금지하고 단속했으나 장마당은 점점 커져서 약 440개소(2018)가 되었고, 이로써 자연적으로 시장경제가 형성되었다. 이것이 오늘날의 북한 경제를 지탱하는 기둥이 되었고, 공무원과 군인밖에 없던 사회에 상인이 생겼다. 현재 북한의 경제활동인구는 1,100만 명인데, 그중 10%인 100만 명이 상인이다.

조선 시대 중엽에 자생적으로 형성된 시장은 18세기 중반이 되자 전국적으로 1,061개의 장시場市가 있었는데, 호남에 214개의 장시가 있었으며 이 가운데 대표적인 15개의 큰 장시가 있었다. 그중 하나가 전주읍내 큰 장인 남밖장이다.

(2) 보부상과 주막 밥상

1722년 이하곤李夏坤(1677~1724)이 풍남문에 올라 시장을 바라보니 수만 인이 모여서 종로거리와 같았고, 상품이 산적해 있었다고 기술했다. 바로 장날이다.[13]

매달 여섯 차례에 걸쳐 닷새 만에 하루 30~50리 거리에서도 중복되지 않게 장시망이 구성되어 있었다. 남밖장은 2일과 7일이다. 장터를 돌아다니는 장꾼이 있었으니 봇짐장수(보상, 褓商)와 등짐장수(부상, 負

³장터 가는 길, 소 · 말 한 마리씩을 앞세우고 보부상들이 다리를 건너고 있다.

⁴밥, 국수, 술을 파는 음식점. 차양 밑에 걸려 있는 것은 국수 가닥을 의미하는 간판이다.

商)인 장돌뱅이였다. 보부상은 행상으로 관아에서 통행증(노인, 路引)을 발급받고 장세를 냈다.[14]

다음 장에 갈 준비를 하고 나서 큰 장사꾼(소 · 말 · 달구지 등을 취급하던 상인)은 객주客主(상품 거간과 숙식을 하던 곳) 집으로, 보부상(보행 위주)은 주막에서 침식을 했다. 장돌뱅이(보부상, 보행 위주)도 주막에서 침식을 했다. 주막은 지저분하기 짝이 없었는데, 방에 들어가면 주인이 빗자루로 먼지를 털어 구석으로 쓸어낸다. 끼니때가 되면 주막 밥상이 들어온다. 프랑스 신부 샤를르 달레가 1874년 발간한 《조선교회》에 기록된 주막 밥상을 보자.

> 밥상은 둥그스름한 독상으로, 거친 사기그릇과 수저가 있다.
>
> 음식의 기본은 쌀과 고추, 채소다. 채소는 무와 배추, 질경이 잎, 고사리자반(소금, 깨, 아주까리, 박하기름으로 요리함)에 더러 고기를 먹지만 쇠고기는 구하기 힘들고 개고기를 먹는다.[15] 1908년에 선교사 호러스 뉴턴 알렌Horace Newton Allen(1858~1932)이 쓴 조선의 이야깃거리에 음식에 관한 기록이 있다. 쌀밥에 국물, 생선이 있고 소금에 절인 무와 배추, 즉 김치가 있다. 밥 이외에 콩가루나 밀가루로 만든 국수를 먹는다.[16]

1894년부터 1897년까지 구한말 조선을 답사한 영국의 지리학자 비숍이 묘사한 주막 밥상은 이렇다.

> 밥, 달걀, 채소 등의 국, 국수, 미역, 밀가루로 부친 자반 등이 올라온다. 별도로 닭이나 꿩고기를 사 먹을 수 있었으며 봄철에는 개

고기, 돼지고기도 사 먹을 수 있었다. 우물은 오수가 스며든 곳에 위치하여 물은 끓여 먹어야 했다. 물론 차 같은 것은 없었다.[17]

(3) 남밖 장터 음식

남밖 장날은 거대한 교역 공간이다. 보부상이 좌판에 상품 진열을 하면 농촌에서 잉여 농산물을 팔러 나온 농민과 생활필수품을 사러 나온 사람들이 뒤엉킨다. 해가 중천에 떠오르면 너도나도 음식점을 찾는다. 고정 식당과 간이 식당이 있다. 모래밭에 말뚝을 박고 지붕만 씌운 가게에 아궁이와 부뚜막과 황토흙으로 만든 탁자가 있는데, 평상시에는 가마솥을 떼어갔다가 장날만 설치하여 음식을 파는 곳이 고정 식당이다.

간이 식당은 장터 변두리에 차양을 치고 솥을 걸어 불을 때며 음식을 만들어 파는 곳이다. 장터 음식은 장국밥, 소머리국밥, 곰국, 콩나물국, 시래기국 등이다. 막걸리만 파는 목로주점도 국물을 안주로 내놓았다. 남밖장 음식은 토속 음식이었다. 산채를 비롯하여 젓갈, 생선회 등이 나오고 고기 굽는 냄새가 물씬 풍기는 가운데 동동주를 들이켜며 비빔밥으로 미각을 채웠다.

남밖 장터는 풍남문만 우뚝한 곳에 천변 자갈과 모래밭에 말뚝과 허름한 지붕을 씌운 가게가 있었다. 장날에 장꾼, 장보러 온 사람, 습관적으로 모이는 사람들 사이에 호객, 흥정, 고함이 요란하다가 장이 파하면 텅 비어 허시墟市가 된다. 그러다가 1936년 전주천 방천이 쌓이고 홍수를 피하면서 상설시장이 된 후 면모가 갖춰지게 된다. 1950년대까지 옹기점, 대장간, 바느질집, 식당 등이 상설로 들어섰다. 출입구 통로와 중심부에는 가게가 찼으나 변방의 가게는 텅텅 비어 있었다. 역시 장날만 붐볐다.[18]

장터 음식점은 장꾼 사이에는 인기가 있어 붐볐으나 시중 사람들이 먹으러 갈 정도는 아니었다. 도시는 도보 반경이라 집밥을 챙겨 먹었지 외식이 선호되지 않았다. 점차 장터 음식이 싸고 맛있다는 소문과 외식객이나 선술집객이 늘어나면서 장터 음식은 진화되고 전주 음식의 중심이 되어갔다. 시간이 흐르면서 장터 음식이 전주 음식의 원류가 되었다.

(4) 원류가 된 장터 음식

남밖장에는 출입문이 네 군데 있었는데 동쪽 입구가 가장 번화했다. 상당한 인구가 동, 남, 북에 살고 있었기 때문이다. 동문에 들어가기 전부터 길 양쪽에는 토정비결을 봐주는 사람, 점쟁이, 사주쟁이가 자리를 잡고 앉아 있고 이어서 번데기, 우뭇가사리, 해삼, 부침개 등의 좌판상이 장사진을 친다. 광주리에 담긴 삶은 고구마, 옥수수 등을 파는 아낙네들이 손님을 부른다.[19]

먹자골목을 지나 시장 안에는 1950년대 이후부터 상설 식당이 입주해 있었다. 콩나물국밥집, 비빔밥집, 장국밥집 등이다. 특히 '해장국'이라 불린 콩나물국밥이 성장하여 전주 명물집의 뿌리가 되었다. 시장 안에는 해방관, 한일관, 그리고 1970년대에 생긴 현대옥 등이 있다. 한일관은 일찍이 고사동으로 나와 행정적 지원 아래 콩나물국밥 명물집이 되었다. 현대옥은 서울을 비롯하여 전국적 규모의 콩나물국밥 체인점을 갖추고 있다.

2000년대 전후로 전주의 음식 맛이 소문 나고 한옥마을이 전국적인 관광지로 뜨면서 남부시장의 음식은 더욱 진화하게 된다. 유명한 집은 이미 허물을 벗고 새롭게 밖으로 나가 명물이 되었지만 시장 안은 아직도 유명 · 무명 콩나물국밥집, 비빔밥집, 한정식집, 순댓국집,

5남밖장 청년 창업자들의 청년몰이 성업 중이다.

6시장 안은 아직도 유 · 무명의 맛집들이 많다.

국수집 등의 맛집이 즐비하게 늘어서 있다.

특히 남부시장에 청년 창업자들이 주축이 되어 만든 청년몰과 야시장의 맛집들은 관광객의 필수 순회 코스로 자리 잡고 있다. 남부시장의 오랜 음식 맛이 모태가 되고 다시 외부로 발산된 맛들이 시장 내부로 응결되어 남부시장만의 독특한 음식을 생성시켜놓았다. 이제 남부시장은 전주 음식의 원류라 해도 아무도 부정하지 않는다.

II

식민지 근대화 시대

4
지주의 밥상

1) 지주층의 형성

1910년 한일강제병합으로 조선왕조가 멸망했다. 이어 구체제의 붕괴와 신체제의 친일 세력이 구축된다. 신체제는 이른바 신관료와 신흥지주를 말한다.

지주제는 고려 후기에 정착하여 조선왕조로 이어지다가 18세기 이후 특권 세력의 수탈적 지주로 형성된다. 1910년 이후 일제는 기존 지주제를 옹호하고 일제 적응 세력을 규합하여 다수의 지주계층을 육성했다.

1899년 군산이 개항하고, 1904년 러일전쟁 전후 일본 자본이 호남평야의 농지를 매입하여 1908년 동척東拓(일본의 한국침략 거점인 농장관리회사)을 시작으로 대농장이 20개소에 이른다. 1912년에는 조선총독부가 토지조사와 등기제도를 실시하여 지주계급을 엄호했다. 농민의 토지를 불리하게 기재하고 지주계급에게 유리한 토지정책을 구축했다.[1]

지주제 확대정책을 뒷받침하는 토지정책자금 등 금융 특혜를 실시하여 1918년 토지조사사업이 완료된 후에는 조선의 토지주, 일본인 지주의 성장이 두드러져 식민지적 농업구조에 지각변동이 일어났다. 1913년 50정보(1정보는 3,000평) 이상의 지주가 전국에 1,899명이었고 전북은 191명이었는데, 1930년에는 전국 2,790명에 전북이 289명(1개 군당 19명)으로 늘어났다. 전북에 신흥지주가 많아 '전북형 지주'라고 했다.[2]

1945년경 전주에는 만 석, 천 석 이상의 지주가 68명에 달한다. 자세히 살펴보면 천 석에 가까운 지주가 26명, 천석꾼 이상 28명, 2천 석 이상 10명, 3천 석 이상 3명, 만석꾼은 1명이었다.

만석꾼은 지금의 소위 재벌이고 천석꾼은 대기업에 비유할 수 있다. 일제의 후원 아래 형성되었다고 해서 모든 지주가 친일파는 아니다. 호남의 만석꾼은 학교를 설립하는 교육사업에도 참여했다. 고창의 십만석꾼 김성수는 고려대학교와 동아일보를 세웠고, 순천 만석꾼인 우석 김종익은 고려대 의대(경성 여의전)를 세웠다. 목포 문태고, 순천고, 전북의 고창고, 순창고 등도 그 지방 출신 만석꾼들이 세웠다. 익산 남성고는 전주 만석꾼인 백씨 집안에서 세운 명문고다.[3]

2) 다가동 지주 한옥마을

만석꾼은 학교를 세웠지만 천석꾼은 한옥과 한식을 남겼다. "말 타면 경마 잡히고 싶다"는 말과 같이 부자가 되면 본능적으로 집, 옷, 음식에 사치를 부린다. 조선 시대에는 신분계급에 따라 주택의 규모나 재료 등이 규제되었다. 관아 건물인 감영 등의 건물만 규모가 크고 기와지붕이었다. 감영 주변에 사는 아전과 백성의 집은 규모도 작고 기와를 쓰면 안 되어 모두 초가집이다. 성 안팎의 초가집은 현재 보존된 것이 한 채도 없다.

1894년 갑오경장으로 만민이 평등해지고 가사규제家舍規制도 풀리게 된다. 계급과 상관없이 돈이 있는 부자라면 큰 집을 지을 수 있게 되었다. 19세기 말이 되자 돈이 있는 지주들은 앞 다투어 다가동에 큰 기와집을 짓는다. 구한말 처음으로 만들어진 가옥 대장에는 건물 기록이 나온다. 1894년 대지면적, 건축면적, 건립 연도가 기록된 건물은 3동이다. 1897년에는 떠돌이 일본인 2명이 다가동 천변에 움막을 짓고 행상을 시작한다.[4]

1907년에 서문과 서반부 성벽이 철거되고 신식 가로와 상점이 개설된다. 1909년에는 일본인 가구 320호에 821명이 살게 된다. 일본인을 보호하기 위한 파출소가 설치되고, 일본인 아이들을 위한 초등학교도 신설되는 등 하루가 다르게 신시가지로 변모해갔다.[5] 신흥지주들은 번화해지고 치안이 확보된 신시가지에 집을 짓기 시작했다. 만석꾼 박기순, 천석꾼 김인철, 인창환, 김성모, 정현모, 박순남 등이 그들이다.

지금은 그 흔적이 하나도 남아 있지 않으나 전영래(2009)의 구술에 의존한다. 다가동 개골목 쪽에 있던 김인철의 집은 광대했고, 집 앞 국기 게양대에는 일장기가 휘날렸다고 한다. 인창환(후에 전북일보 사주) 집 앞에는 전주천 물을 인공수로로 끌어와 가동한 물방아가 돌아갔고, 수로 양편에는 벚꽃을 심어 아름다웠다고 했다. 김성모의 집은 한 블록을 차지할 만큼 거대 저택이었다.

3) 지주 한옥의 주방 기능

19세기 말부터 다가동 일대에는 지주 한옥이 건립되기 시작했다. 1912년에는 토지조사와 등기제도로 지주 계층을 더욱 육성하게 되었으며, 1930년대에 들어서자 지주 한옥이 거의 완성되었다. 지주들에게 큰 한옥 건물을 짓도록 촉진한 것은 학인당이다.

수원백씨 집안에서 1905년에 시작하여 1908년에 건립한 학인당은 대지가 2천 평(현재는 520평만 남아 있음)에 달하며, 백두산에서 두만강을 건너온 소나무로 지었다. 또 일류 목수를 초빙하여 지은 거대한 집이다.[6]

이 무렵 이후 신흥지주들은 학인당을 본받아 우람한 한옥을 짓기 시작한다. 지금까지 전라 감사 이외에는 아무도 살아보지 못한 큰 살림집을 지은 후에 풍족한 생활을 하게 된다. 그리고 이는 음식에도 반영된다. 지금까지 아무도 먹어보지 못한 음식과 요리를 먹게 되는 것이다. 식사와 잔치 준비를 위해서는 큰 주방이 준비되어야 한다. 이들은 본시 주택 규제 때문에 아무도 가져보지 못했지만 잘사는 사대부들의 주거 구성을 알고 있었다.

기본적으로 안채, 사랑채, 행랑채, 곳간, 사당이 구비되어야 한다. 그런데 식구가 많고 사랑방 손님이 빈번하게 드나들면 안채에 붙어 있는 부엌은 좁기 마련이다. 이 때문에 뒤채에 별당을 지어 별도의 공간을 마련했다. 이곳에서는 반찬을 만들고 상차림이 이루어지는 공간이며 바느질하는 침모, 식사를 꾸리는 찬모의 기거 장소이자 과년한 딸들이 살림을 배우는 곳이다. 지주 한옥도 부엌 옆에 찬방을 배치하고 찬방 건너, 대청 건너 안방으로 통하는 구조다.

유일하게 성 밖의 경기전 동남쪽에 1700년에 지어진 이 감사댁이 있었다. 황해도 감사 이기경이 두 아들을 위해 천 평의 규모로 각각 집을 마련해주었다.

큰아들은 감사댁을 물려받았고, 작은아들은 따로 집을 지어 안주인 택호로 '원주댁'이라고 했다. 20세기 초엽에 와서 서자 하나가 감사댁을 팔고 도망가서 원주댁만 남았다. 하지만 이 집을 '이 감사댁'이라 불러왔다. 이 감사댁은 부엌 서쪽에 허청이 있고, 뒤쪽에는 뒷방이 딸려 찬방으로 활용되었다.[7] 이 감사댁도 규모는 컸으나 초가집이었고 그나마도 가세가 점점 기울어 1960년대 이후 택지 개발로 영원히 사라지고 말았다.

4) 지주의 밥상

지주는 상류사회의 구성원이다. 안주인은 요리를 직접 하지 않고 관리만 했다. 주방에는 여러 명의 일꾼이 있다. 주방에서 밥 짓는 반모, 찬방에서 반찬 만드는 찬모, 불 때고 식기를 씻는 식모, 우물에서 물 짓는 통지기 등이다. 전문 요리인들은 고용이 승계되었다. 1910년 이전에 관 주방이나 영집 주방에서 일하던 사람들은 일자리를 모두 잃은 상태였다. 지주집 주방의 규모가 커지고 사람을 구하자 이들에게도 자리가 생겼다. 본인의 일자리뿐 아니라 온 가족이 기타 일꾼자리를 꿰차고 한 집에 모두 취업이 되어 행랑채에서 함께 기거했다.

이는 부엌 일꾼의 재취업이자 구체제 전문 요리인의 승계라고 할 수 있다. 따라서 지주집의 식단과 식사는 감사의 상물림이자 영집의 맛있는 음식이 그대로 계승되었다. '7첩 반상'이다. 7첩이면 수령의 밥상을 의미한다. 영집이 각 영으로부터 역가를 받는 고급 하숙집에 비유한다면 천석꾼은 풍부한 경제력으로 살아가는 대기업의 총수다. 이로써 지주 밥상은 전주 한식의 새로운 전개과정이자 전통의 계승이면서 맛의 뿌리가 된다.

지주집에서 베푼 큰 잔치에는 고배 음식이 등장했다. 고배는 과일이나 과자류를 30~90cm에 이르게 높이 쌓아놓은 음식인데, 높게 쌓을수록 효심이 많음과 부를 자랑하게 되니 너도나도 화려하게 쌓아갔다. 따지고 보면 지방의 아전과 상민은 감히 할 수 없는 상차림이 등장한 것이다. 고배 상차림은 왕실의 것이었고 사대부집으로 전수되었다. 지주집의 고배 상차림은 그 자체가 서민에게는 볼거리였고 지주에게는 큰 자랑거리였다.

지주집 잔치에는 고배상이 등장하고, 7첩 밥상으로 영양이 풍부했

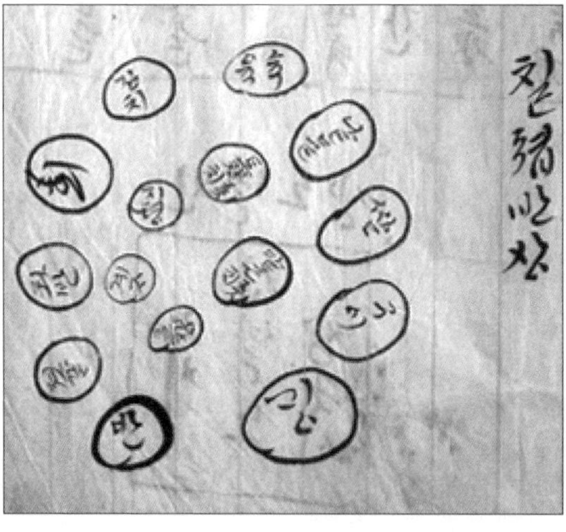

ㅣ7첩 반상도로, 지주집의 밥상이다.

으며, 맛있고 호화로운 식사였다. 궁중에서 봉송되어 사대부집으로 이어진 요리 솜씨가 서울의 전통 음식이 되었고, 감영의 음식은 영집과 아전 집으로 흘러간다. 이는 다시 지주집과 신흥관료의 집으로 흘러들어가 전주 음식을 만들었다. 이른바 7첩 밥상은 전주 근대 음식의 원류인 셈이다.

5) 손님 접대와 잔칫상

(1) 전문 조리사 초빙

신흥 부잣집은 분주하다. 손님들이 빈번하게 방문하고 농업 경영과 재산 관리를 위한 관리집사와 지주를 대신하여 소작권을 관리해주는 마름[舍音] 등 상시 고용되어 있는 사람들로 붐빈다. 외부 손님과 관리인, 끊임없이 찾아오는 친척, 식구까지 많은 사람들이 식사를 해야 하고 손님 접대가 끊임없다. 가족단위의 식사와 접대는 반모와 찬모가 준비하면 된다. 그러나 대소사의 큰잔치를 걸판지게 치르려면 부엌의 찬모만으로는 역부족이다.

이때 객원 조리사를 초대한다. 넉넉하게 잘 살다가 홀로 된 분이나 여유 있으며 한가한 분들로 시내 안팎으로 음식 솜씨가 알려진 유명한 분들을 초대한다.

이들은 '택호'로 불린다. 예를 들어 '망성댁', '새터댁'이다. 이들과는 잔치 날짜에 맞춰 미리 약속해서 초빙한다. 잔칫날이 가까워지면 몇 명의 보조 조리사를 대동하고 나타난다. 마당에 차일(차양)을 치고 한쪽에 임시 조리작업대를 만들어 조리 기구를 준비한다. 몇백 명분의 식자재를 미리 사두면 식재료를 선택하고 요리 레시피를 짜서 음식 준비에 착수한다.

망성댁은 안채마루에 자리를 잡고 토방에 서서 지휘한다. 양념은 고춧가루, 후추, 파, 마늘 등과 깨 서 말을 짠 참기름이 다섯 병 정도 확보되어 있다. 쌀 서 말, 녹두 한 말을 종일 맷돌에 갈고 한쪽에서는 전을 부치기 시작한다.

망성댁은 일하는 사람들을 향해 큰소리로 당부한다.

"참기름을 나수 쳐라. 마늘을 많이 넣어야 맛이 난다. 간은 간간해야 한다."

마치 오케스트라 지휘자처럼 손으로 가리키고, 아무개야 이름을 부르며 당부하고 솜씨를 돋운다. 그날의 잔치 맛은 망성댁의 지휘와 보조 조리사들의 정성과 솜씨로 빛나게 된다.[8]

잔치가 끝나고 며칠이 지나면 망성댁 집으로 잔치를 치른 집의 하인이 색보자기 하나를 머리에 이고 들어온다. 색보자기 안에는 음식과 함께 봉투가 들어 있다.

(2) 잔칫상과 기생 공연

부잣집은 잔치가 많다. 관혼상제가 첫째이고 주인 부모, 주인 내외의 생일잔치를 성대히 치른다. 잔치는 주변사람들에게 일종의 선심과 인심을 베푸는 도구로 활용되었다. 특히 회갑잔치와 혼인잔치는 중히

여겼다. 잔치는 베푸는 의식이기 때문에 음식도 푸짐하게 대접한다. 잔칫날에는 음식의 맛과 솜씨도 중요하지만 부잣집으로서 주변에 얼마나 인심을 얻었는지 알 수 있는 공개적인 평가가 있기도 한다. 소문은 널리 오래 떠다닌다. 이러한 평가 결과는 이후에 이룰 친교와 사회활동에 지대한 영향을 주기도 한다.

본격적으로 잔치가 시작하면 요리 작업을 하는 차일 옆에 또 하나의 차일이 쳐진다. 음식 접대는 손님이 오는 대로 독상으로 차린다. 그래서 수백 명분의 개다리소반과 접시, 그릇이 있어야 한다. 이 많은 집기들을 집에 모두 보관하기는 어렵다. 세기집貰器—이 따로 있어 독상과 그릇을 빌려온다. 손님이 오면 한 상씩 배식하는데 상에는 국수, 김치, 전, 고기편이 올라간다. 식후에는 과일, 떡 등을 유지에 싸서 선물로 준다. 부잣집 마나님은 만들고 차리는 것보다 나누어 싸주는 게 더

2 환갑잔칫상의 고배 음식이 낮은 것으로 보아 20세기 초의 일인 것 같고, 술을 신식으로 구비하여 술병이 이채롭다.

힘들다고 하소연한다. 음식 가짓수, 솜씨가 아니라 얼마나 푸짐하게 차리고 싸주느냐가 인심이 있고 없음의 기준이다.

잔치는 첫째가 음식이지만, 굿마당이 뒤따라야 칭송을 크게 얻고 좋은 소문으로 이어진다. 볼거리가 별로 없었던 폐쇄 사회에서 굿마당은 큰 볼거리였다. 안채 마루 앞 토방에 멍석이 깔리고 임시 무대가 설치된다. 기생 공연이다. 기녀 수는 3인으로 구성되고 북, 소리, 춤으로 구성된다. 시중에 이름난 기생, 즉 스타가 참여할수록 인기 만점이다. 주변 마당이 인산인해가 된다. 북장단이 어울리고 판소리 〈춘향전〉이 펼쳐지면서 사뿐한 기생춤이 너울거리면 가파르게 흥이 치솟는다. '얼씨구 좋다' 소리가 절로 나온다. 막걸리 잔이 돌아가고 취객이 덩달아 춤을 추면 잔치는 최고조에 달한다.

다가동 부잣집 잔치는 풍성하고 볼거리가 많았다. 손님들은 집으로 돌아가면서 주인에 대한 감사함과 칭찬이 줄을 잇는다.[9]

(3) 상여 위 기녀와 최후의 만찬

부잣집 장례일수록 조문객도 많다. 상여 앞뒤의 기폭旗幅과 장례행렬이 장관을 이룬다. 상여 앞에는 명정銘旌(누구의 장의임을 표시한 흰 베로 만든 깃발)과 공포功布(하관 시 관 위를 닦는 흰 베로 된 깃발)가 맨 앞에 서고 뒤로는 상여가 따른다. 상여 앞에 하얀 소복을 입은 기생이 올라탄다. 상여 뒤로는 만장輓章(고인의 업적을 찬양하는 비단 깃발)이 수도 없이 물결친다. 울긋불긋한 만장 수백 개가 따라간다. 만장 수의 다과多寡로 호상 여부와 생전의 공과 여부를 매긴다. 만장은 거지가 들고 가는데, 모여든 거지로 감당하지 못하는 경우는 이웃 거지들을 불러들여 합류시키기도 한다.

상여에 올라탄 기생은 요령을 흔들고 향두가香頭歌를 부르며 상여를 지휘한다. 상여를 옆으로 흔들기도 하면서 진행과 정지를 명하기도 한다.

똥그랑땅, 똥그랑땅.

요령을 흔들며 기생이 선창하면 상두꾼이 후창을 한다.

메김: 북망산천에 나는 가네, 지금 가면 언제 오나.

받음: 어해, 어해, 어어허 어어허 어해.

메김: 못 가겠네, 못 가겠네, 눈물겨워 못 가겠네.

받음: 어해, 어해, 어어허 어어허 어해.

3 호화 상여. 상여 앞에 상두꾼이 탔다. 부잣집은 기생이 타고 향두가를 불렀다.

중간중간에 거리제를 지낸다. 가는 도중에 길거리에서 제례상을 차리고 제사를 지낸다. 고인이 쉬엄쉬엄 잘 가시라고 후손의 마지막 정성을 차린다. 무거운 관을 메느라 힘들었던 상두꾼들은 막걸리와 안주로 목을 축이고 원기를 회복한다. 장례행렬 참석자들도 최후의 만찬을 하고 고인과 작별을 나눈다. 다시 움직여야 하는데, 상두꾼이 끄떡도 하지 않고 앉아서 쉬고 있다. 아! 노자가 모자라는구나. 상여줄에 노잣돈을 후하게 매단다. 구슬픈 상여 소리가 허공에 맴돌며 고인에 대한 평가와 더불어 상여는 아기작아기작 묘지를 향해 떠난다. 이제 상여는 먼 길을 떠난다.[10]

(4) 거지왕 거두리 참봉

거지는 동서고금을 막론하고 있어왔다. 빈부격차가 심해 거지가 많았던 15세기경 독일의 도시에서는 거지증명서를 발행하기도 했다. 증서를 가진 거지들만이 정해진 구역과 시간대에 구걸할 수 있었다. 이른바 거지의 구걸 질서다. 1920년대 전주 시내에도 거지가 200~300명이 있었다고 당시 신문기사가 말해준다.

관혼상제가 있는 집이면 거지 몇십 명이 떼로 몰려든다. 거지 대장에게 일정한 금품을 건네고 떼거지에게는 음식대접을 해야 한다. 거지도 손님이므로 대접을 잘해야 한다. 손님대접이 부족해서 인심이 박하다는 소문이 나면 다음에는 이 집의 빨래를 모조리 걷어가는 등의 보복을 하기 때문이다.

거지떼 대장 중에 거두리 참봉이 있었다. 오늘날에는 기독교계에서 성자로 추앙받는다. 거두리의 본명은 이보한李普漢(1872~1931)이다. 괜찮은 집안에서 태어났으나 서손 출신으로 천시당하면서 자랐다. 일찍이 독실한 신자가 되어 거리 선교를 위해 찬송가 496장 〈새벽부터 우리〉를 부르고 다녀 '거두리'라는 별명이 붙었다.

> 나중 예수께서 칭찬하시리니
> 기쁨으로 단을 거두리로다
> 거두리로다 거두리로다
> 기쁨으로 단을 거두리로다
> 거두리로다 거두리로다
> 기쁨으로 단을 거두리로다

의로운 일을 하니 경기전 참봉쯤 되리라 여겨 '거두리 참봉'이 되었다. 3 · 1운동 때 독립만세를 부르다가 왜경에게 붙잡혀 가혹한 고문을 당했다. 풀려난 후에는 짐짓 미치광이 노릇을 했다.

이보한은 부자들의 사랑방에 드나들며 식량, 의복 등의 구호물품을 걷어다가 굶주린 사람이나 걸인들에게 나누어주었다. 부잣집 잔치에는 으레 거지들을 몰고 갔다. 초대받아 간 잔치처럼 베푸는 자리로 마련하여 질서를 잡아주었다. 거꾸로 박덕하다고 소문난 집에는 거지들을 몽땅 데려가 소란을 피우거나 골탕을 먹이기도 했다. 지주 부자들은 불과 20여 년 전 동학혁명 때 토호들이 혼쭐이 난 사실을 경험했고 전해 들어 잘 알고 있었다. 주변에서 인심을 잃으면 파멸할 것을 알고 있어 거지에게도 후덕했고 대장 거두리 참봉을 우대했다. 부잣집에서 식모가 "거지 왔어요" 하면, 마나님은 "손님 오셨다고 해라"라고 한다. 거지가 오지 않는 집에는 천사도 오지 않는다.

1931년 거두리 참봉 이보한은 60세로 생을 마감한다. 당시 부중 장례로 만석꾼 박기순과 거두리의 출상이 가장 성대했다고 한다. 만석꾼은 재력과 권세로 호화판이었다면 거두리 장례는 사랑과 눈물과 인정이 빚어낸 성황이었다.

날품팔이, 지게꾼 거지들이 너도나도 상여줄을 메고 갔다.

유지였던 작촌 조병희(2001)는 회고록에 "어홍 어홍 에야 어홍" 소리가 충천衝天했다고 썼다.[11]

5
일본 요정

1) 한일 교류 음식

한말에 일본 요정이 들어오면서 일본 요리가 처음으로 소개되었지만, 그전에도 한일 간에는 요리 교류가 있어왔다. 첫 번째가 조선통신사가 일본에 가서 일본요리를 대접받았고, 후에는 왜관倭館(부산 주재 일본 통상관)에서 사신이 대접받았고 우리도 일본 사신을 대접했다. 조선통신사는 임진왜란이 끝난 후 1609년부터 1811년까지 200여 년간 12차례 파견되었다. '조선통신사에 관한 기록'은 한일 양국에서 공동으로 추진하여 2017년 유네스코 세계기록유산으로 등재되었다.

통신사의 식사는 지위에 따라 달랐다. 정사에게는 아침, 저녁 일곱 가지, 다섯 가지, 세 가지 요리가 순서대로 나오는 7 · 5 · 3선膳의 일본요리를 차렸다. 점심은 5 · 5 · 3선을 준비했다. 수백 명에 달하는 하급 종사자는 조선에서 따라간 칼자이 7명이 별도로 만들어 먹었다. 고기를 안 먹는 일본 사찰의 주방에서 닭, 꿩, 염소 등을 잡아먹는 식습관을

보고 야만시하는 경향도 있었다.[1]

1678년부터 1872년까지 약 200년간 부산 초량에 있던 10만 평의 왜관은 한일 양국의 문화교류지점이다. 왜관에 온 일본 사신에게는 조선에서 준비한 조선식 향응요리 15종이 올려졌다. 조선 사신이 가면 사절단 정사에게는 호화스러운 접대 요리가 나왔다. 정식요리(혼젠요리, 本膳料理: 한국의 한정식 같은 상차림)가 나왔고, 사절단 종사자 23명에게는 별실에서 각자 1즙 3채의 요리가 제공되었다.[2]

왜관에서 인기를 독차지한 요리가 '스기야키杉燒'다. 스기야키는 일본 어디서나 먹는 가정식이다. 스기나무는 제재하면 향내가 난다. 이 나무판자로 상자를 만들어 육고기, 해물, 채소를 넣고 쪄먹었다. 후에는 나베(냄비)에 식재료를 넣고 왜된장과 설탕을 풀어 달콤한 찌개를 만들어 먹었다. 스기야키는 한양으로 올라와 사대부는 물론이고 가정집에도 번졌다. 그러다가 드디어 궁중요리 반열에까지 올랐다. 스기야키는 일본과 조선요리의 장점이 결합하여 교차된 요리다. 전골과 비슷

1오른쪽 위가 스기야키 요리.
일본에서 먹던 음식을 왜관에 초대된 조선사람들이 그 맛에 감동했다. 후에 승기악탕이 되었다.

해 우리가 후에 본뜬 듯하다. 스기야키는 '승기악탕勝妓樂湯'이 되었는데, 기생과 음악보다 더한 즐거움을 준다는 뜻이다.[3]

1616~1717년에는 왜관을 통해 담배, 고추, 호박 등이 전해졌다. 고구마는 1764년 통신사들이 가져와 19, 20세기의 기근을 이겨냈다. 왜관이 우리 식재료에 끼친 공로는 매우 컸다.

2) 일본 요정의 조선 진출

왜관의 식사 교류는 우리에게 많은 영향을 끼쳤다. 조선통신사가 왕래하면서 일본요리를 대접받고 먹었지만 우리나라의 식생활에 끼친 영향은 거의 없다. 승기악탕은 보편화된 요리로 정착했고 근대적 식자재를 보급했다. 하지만 일본요리를 특수하게 생각하던 19세기 말 에 일본요리를 파는 일본 요정을 통해 조선에 음식이 상륙한다. 요정料亭은 일본어로는 '료테이りょうてい'라고 하는데, 한국 발음 '요정'으로 입국하게 된다.

일본에서 요정의 탄생 과정을 보면 자연발생적이었다. 유럽은 기독교인의 의무사항이라 할 성지순례가 있다. 일본도 불교국가로 신도의 사찰순례가 있다. 우리나라도 초파일에 절간 세 군데를 들르면 운이 대통한다고 했다. 유명 사찰 앞에는 순례자들이 묵는 여관, 차를 마시며 쉬는 다옥茶屋, 요리를 전문으로 하는 요리옥 등이 도처에 있다. 요리옥은 '다정茶亭', '주정酒亭'이라 했으며 '요정料亭'으로도 불렀다. 요정의 역사는 꽤 오래되었고 지금도 200~300년 된 요정이 성업을 하고 있는데, 대표적으로 1642년에 창업하여 370년의 역사를 자랑하는 나가사키의 요정 '화월花月'이 있다.[4]

1854년 메이지유신의 도화선이 된 미국 페리 제독을 접대한 요정 백천百川이 있다. 500명의 미국 해군 장병을 정식 일본요리로 대접했다. 미국인이 얼마나 놀랐을까? 90종의 요리를 15종의 도자기, 칠기 등을 사용하여 접대했다. 일본의 문명개화는 요정에서 시작되었다. 요정은 조선의 개항을 계기로 일본의 침략기지로 한반도에 진출한다.[5]

구한말의 정세는 험악했다. 1882년 임오군란과 1884년 갑신정변이 있었고, 그것을 계기로 청군 3천 명과 일본군 7천 명이 서울에 진주하여 전투적 대결을 했다. 군대를 따라 민간인이 거주하기 시작했고, 청인淸人 2천 명과 일인日人 100여 명으로 불어나기 시작했다. 일인이 계속 불어나면서 일본 최초의 요정인 '정문루井門樓'라는 고급요정이 1887년 한양에 문을 연다.

청일전쟁이 일본의 승리로 끝난 1897년 이후에는 '국취루菊翠樓', '목야루牧野樓' 등이 개업한다. 일본의 게이샤(기녀)가 들어오면서 요정이 7~8군데로 늘어났고, 경부선이 착공된 1901년경에는 요정 11개, 음식점 28개, 게이샤 52명, 접대부 65명으로 불어났다.[6]

국권을 빼앗아간 통감부가 설치되고, 1906년 초대 통감 이토 히로부미의 어마어마한 부임 행렬 속에는 4명의 게이샤가 섞여 들어왔다. 이후로 조선총독부 시대가 되면서 일본 요정의 전성기가 열린다.[7]

3) 군산에 들어온 요정

일본이 침략한 곳 도처에 일본 요정이 들어서고 음식이 퍼져간다. 1876년 부산이 최초로 개항되고 이어서 원산, 인천 3개 항과 목포, 진남포, 마산 그리고 1899년 군산 순으로 개항되었다. 개항지에는 일본인 전용 거류지를 만든다. 군산은 572,000m^2(약 17만 3천 평)의 거류지에 구한말 정부에 지급할 원가를 정해놓고 경쟁 입찰에 부친다. 바둑판 속 부지의 원가는 30전인데 실제 경매 액수는 10~20원이었기 때문에 많은 잉여금을 토지 정리, 도로, 상하수도 등 거류지 내 공공시설에 대담하게 투자한다.[8]

한편으로 거대한 토지자본이 군산 주변에 대농장을 개설한다. 청일전쟁 이전인 1903년 오쿠라大倉, 1904년 호소카와細川(일본 전 수상 호소카와의 조부), 1905년 가와자키川崎, 1908년 이와자키岩崎(일본 최대 재벌 미

2 1906년 군산에 입식한 최초의 일본인들

쓰비시 창업자) 등 1909년이 되면 광작 농사 경영자가 200명이나 된다. 일본 자본을 앞세운 대농장 경영은 침략전진기지이고 일본의 쌀 부족을 보충하기 위해서였다.[9]

3 군산항에 쌀이 선적되어 일본으로 실려 갔다.

조선 개항은 일본으로 쌀 수송이 주목적이었다. 당시 일본은 생산량이 연평균 5,800만 석이었는데, 쌀 소비량이 6,500만 석으로 약 700만 석이 부족했다. 부족한 쌀은 호남평야의 군산과 목포항에서 반출되었다. 1906년에는 이미 군산항에 쌀 수송선박 281척이 정박하고 있었다. 정미를 위해 1908년에는 정미소에 석유 발동기가 설치되었는데, 조선 최초의 동력 생산시설로서 군산 공업화의 첫 시도였다.[10]

군산항 구축, 부두공사, 도로공사, 상하수도, 세관, 금융기관, 우편국 등의 신축이 뒤따랐다. 오늘날 군산의 근대문화유산이라는 것이 이때부터 지어진 것인데 무슨 근대문화인가? 사실 부끄러운 식민지 근대문화였다. 군산은 일본인이 계속 증가하여 1901년 505명, 1906년 3,474명, 1911년 4,620명이 득실거렸고 이들에게는 큰 자본이 있었다. 항만건설업자, 건물시공업자, 농장주 등 식민지에서 일확천금한 자들은 돈 쓸 곳이 필요했고, 술이 필요했다. 그로 인해 요정이 물밀듯 생겨났다. 1899년 개항하자마자 들어선 요정이 일본정日本亭, 동양관東洋館, 풍주루豊州樓였고, 풍주루에는 100인 이상 들어가는 연회장도 있었다.

1904년부터 1907년까지 금수루錦水樓, 화월花月, 어다복於多福, 파화월巴花月 등이 있었고, 정양헌精養軒, 삼양정三養亭 등의 양식점도 있었다. 일본 게이샤 40명, 조선 기생 30명이 접대했다. 카페 17개소에 접대부 백수십 명이 있었으니 한촌이고 어촌이었던 군산은 일본인 때문에 날로 번창했다. 큰 규모의 일본 여관도 다섯 군데나 개업했다.[11]

1945년까지 존속한 화월, 신월, 부사정, 가마쿠라가家, 고정, 대大요시, 미도리 등의 요정이 끝까지 성업했다.[12]

4) 전주의 일본 요정

군산이 개항되기 전인 1897년 전주에는 일본인 형제 두 사람이 행상과 잡화상을 하면서 정착했다. 그 후 또 다른 일본인이 합류한다. 대개 일확천금을 한 자이거나 건달로 내륙을 누비고 다녔다. 일본인의 빈번한 내왕으로 숙박시설이 필요해졌다. 그때까지만 해도 여행이 자유롭지 못했고, 성 밖에 살아야 했다. 1904년이 되자 내왕자를 위해 간

[4]군산과 전주에 나타난 일본인 행상들

[5]조선 시대 목로주점 간판에 '쥬店, 酒점'이라 쓰인 처마에 매단 등불과 지붕 위에 솟아 올린 등이 있고, 지붕 위에 용수를 올려놓아 술집임을 알렸다.

이식당과 숙박을 겸업하는 곳이 생겼다.

전주관全州館, 호남관湖南館, 상반관商磐館, 쌍엽관雙葉館은 요리점 겸 하숙집이었다. 조금 지나면 일본 가옥을 신축하여 대화여관大和旅館을 연다. 술집 문에는 한지나 베 조각에 '주酒'라 써 붙여 간판 역할을 했다.[13]

그즈음 조선인은 보지도 듣지도 못했던 헌등軒燈이 나타났다. 석유 등잔이 놓인 램프였는데, 요릿집과 여관 마당에 기둥을 세우고 등을 달았다. 등에는 상호나 옥호를 써 넣었다. 매일 밤 점등업자(일인)가 불을 켰고, 1917년 전깃불이 출현할 때까지 계속되었다.[14] 일인은 성안에 들어가기도 어렵고 성 밖에 살아야 했는데, 드디어 1907년 성벽이 철거된다. 풍남문에서 서문까지 헐어낸 자리에 도로를 개설하고 전군도로에 연결된다. 일본 가옥이 다투어 건립되고 파출소가 개설된다. 이제 전주는 전국 제일의 화려한 거리가 되었다.[15]

풍남문에서 시작된 길은 일본인의 근본이고 뿌리 같은 길이라 해서 '본정本町'이라 이름 붙여 '본정통'이 되었다. 서문에서 동문까지 동쪽 성내로 직선으로 뻗어간 길은 일본 대정 천황의 이름을 붙여 '대정정통大正町通'이라 명명했다. 오늘날의 중앙로다.

본격적인 요정은 1911년에 생긴 '이엽二葉', 1916년 '미희未喜', 1919년 '박다옥博多屋', 1926년 '소부사小富士', 1928년 '길견옥吉見屋', '규기옥圭岐屋', 1934년 '약지정若之井', '아라토(거친 숫돌이라는 뜻)[규기옥과 아라토는 1931년에 발행된 〈전주안내도〉에서 추출] 등 10여 개소다.[16]

일본 요정의 등불을 달았던 돌기둥이 지금도 남아 있다. 1930년대에 건축된 것으로 추정되며, 요정 건물은 없어졌지만 등불 기둥만은 반듯하게 서 있다.[17]

[6] 1930년대 일본 요정인 미희(未喜) 건물. 일본 요정은 반듯한 독채 가옥과 정원으로 꾸며졌다.

[7] 요정 선전 등불을 매달았던 두 개의 돌기둥이 지금도 다가동 골목 어귀에 남아 있다.

지금도 건물이 남아 있는 박다옥(대한민국 근대문화유산 173호)은 당시 요정과 고급식당을 겸했다. 큰 홀이 구비되어 100여 명의 회식이 가능했다. 박다옥 식당부에서는 소바와 우동을 팔았다. 맛은 관동식關東式(동경식)이 아니라 규슈(관서, 關西)의 하카다식(지금의 후쿠오카)이어서 우리 입맛에도 맞았다. 지금 전주 시내의 메밀국수 맛은 박다옥에서 배운 솜씨가 연면히 흐르고 있다. 박다옥은 주문배달을 했는데, 자전거를

[8]우동, 소바 등의 음식을 어깨에 얹고 한 손으로 잡은 채 자전거로 배달하는 모습. 일본에서는 1950년대까지 이런 진풍경을 볼 수 있었다.

타고 한쪽 손에 10여 개의 상자를 얹어놓고 달려갔다. 아슬아슬한 서커스 같은 묘기였다.[18]

우리는 지금도 일본 음식으로 우동, 소바, 스시, 오뎅, 스기야키, 돈부리, 돈가스, 카레, 라면 등을 많이 먹고 있다. 거꾸로 그들은 우리 음식으로 김치, 냉면, 순두부, 삼겹살, 불고기 등을 가져갔다. 일본에서 야키니쿠점燒肉店은 불고기집이다. 제2차 세계대전 이후 극심한 식량 부족으로 먹을 것이 없던 시절 재일교포들이 도축장에 내버린 내장, 곱창, 천엽 등을 주워다가 불고기로 구워서 팔았다. 1946년 도쿄의 명월관明月館, 오사카의 식도원食道園이 효시가 되어 일본화된 야키니쿠燒肉, 즉 일본 불고기집이 탄생했다.[19] 갈비, 간, 혀, 곱창을 구워먹는 야키

9 우리 음식이 일본화된 야키니쿠

니쿠와 갈비국밥, 육회 등은 이미 일본화된 우리 음식들이다.

중국에서도 연변 조선족을 중심으로 서서히 불고기를 즐기게 되면서 베이징, 상하이 등 대도시에 불고기집이 등장했다. 1970년대까지만 해도 불고기집은 없었으며, 1980년대 중반으로 접어들면서 불고기를 파는 음식점이 생겨났다.

6
조선 요릿집

1) 달라지는 조선의 술집

술은 동서고금을 막론하고 필요악이었다. 조선 시대에도 술을 마셨고 술집을 즐겨 찾았다. 하지만 만성 식량부족에 시달리던 그 시절에는 곡식으로 술을 빚어서는 안 되었다. 나라에서 수시로 금주령을 발동했다. 이른바 '주금酒禁'이다. 술은 곡물을 축내는 주범으로 빚어서도 안 되고 마셔도 안 된다. 그러다가 흐지부지되어 주당들이 술을 빚어 마시다가도 흉년이 들면 엄한 금주령이 내려져 처벌한다.

따라서 조선 전기에는 술에 대한 기록은 있으나 술집 기록은 없다. 술도가가 있었으나 병술을 파는 집에 불과했다. 술집은 조선 후기에 나타난다. 정조 때는 서울 시내에 큰 술집이 골목에 들어차고 작은 술집이 처마를 잇대었다고 한다. 조금은 과장된 듯하나 술집이 폭발적으로 늘어나고 있었다.[1]

18세기에는 술집과 기방이 번창하고 도박이 성행한다. 기방은 각

종 춤과 기악, 성악, 성적 서비스가 제공되었고 돈 많은 자들과 벼슬아치가 출입하던 곳이다.

보통 술집에는 상인이나 잡배들이 드나들었다. 술집은 목로木壚주점 위주였으나 사발 막걸리집, 내외內外술집, 모주母酒집, 색주가色酒家 등이 있었다.[2]

목로주점은 선술집이다. 주인 곁의 목판에는 너비아니, 날돼지고기, 산적, 생선 등이 놓여 있다. 술꾼은 긴 젓가락을 들고 먹고 싶은 안주를 석쇠 위에 얹는다. 중노미가 구워주면 술 한 잔과 술국을 받아 마신다. 요즘 우리나라에는 목로집이 없어졌다. 그런데 일본 교토 원도심에는 목로집이 생생히 살아있어 술꾼들로 붐빈다. 교토 중심시가지 폰토쵸先斗町는 약 500m 길이의 돌로 포장된 골목이다. 요정, 차야茶屋(차만 파는 미즈차야, 요리를 파는 료리차야가 있고 게이샤가 서비스함), 여관, 목로술집 등이 즐비하고 목판에 있는 안주를 긴 젓가락으로 집어오면 바로 구워준다.

내외술집은 목로집보다 격이 높고 몰락한 양반 마나님이 먹고 살 길이 없어 낸 술집으로, 양반체통을 깍듯이 지키는 곳이다. "술상 보내시라 여쭈어라" 하고 술상이 방문 밖에 놓이면 가져다 마신다.

색주가는 여자 포주를 '왈패'라고 부른다. 분 바르고 잡가 부르며 유객을 하는 곳이다.

격변 속에서 술집도 변한다. 1894년 청일전쟁이 일본의 승리로 끝나자 일인의 내왕이 빈번해지면서 일본 요정이 급속도로 불어난다. 조선도 갑오개혁으로 노비가 타파되고 교방과 관기가 해산된다.

2) 조선 요릿집의 탄생

일본 요정이 화제가 되면서 조선 요정의 필요성이 제기된다. 1903년 청풍명월淸風明月에서 따온 명월관明月館이 개업한다. 조선 최초의 요정이다. 일본 요정과 구별하기 위해 '요릿집'이라 불렀다. 문을 연 사람은 왕실요리를 관장하던 사옹원司饔院 요리장 안순환이다.

이곳에는 평소 동경하며 감히 먹지 못했던 음식들이 등장한다. 왕실 연회음식의 기본인 궁중요리, 스기야키(승기악탕, 勝妓樂湯), 신선로 등이다. 매란국죽 그림이 그려진 병풍 아래 주단 방석에 앉아서 기생의 소리와 장구가 통탕거리며 함께했다. 돈 있고 권력 있는 자, 신특권계급, 왈짜(왈패)에 이르기까지 먹고 마시고 뽐내고 과시하려는 자들이 애

1명월관은 회관 같은 양식 건물이었다.

용했다.[3]

조선 요릿집은 일본 원조 요정 속에서 일본으로도 번져 나간다. 1905년 도쿄에는 한산루韓山樓가 개업한다. 개화기에 신소설《귀의성》을 쓴 이인직李人稙이 경영했다고 전해진다. 당시 재일교포는 없고 조선 정부가 돈을 대준 관비官費(국가장학생) 유학생 303명이 있을 무렵이다. 일본 극우 깡패단체이자 한국 침략에 뒷공작을 하고 앞장섰던 흑룡회黑龍會, 천우협天佑俠 등이 음모를 꾸미거나 조선 기생들을 끼고 희희낙락하던 곳이다.[4]

도쿄에도 명월관이 있었다. 서울 명월관과의 관계는 알 수 없으나, 평양 기생 노경원이 개업했다고 알려져 있다. 소설가 춘원 이광수와 일본에 볼모로 가 있던 조선왕실의 마지막 황태자 이은李垠(1897~1970)도 애용했다. 조선총독부 관료들과 친일관료, 친일재벌들의 친목과 송별식, 환영식에 활용되었다. 조선총독부 인사가 이루어지기도 한 조선 식민통치도 도쿄 밀실정치에서 시작되었다.[5]

3) 권번과 기생

일본에는 '유곽遊廓'이라는 특수한 공창公娼(정부가 허용한 매춘) 제도가 있었다. 매춘제도는 중세 서양에도 있었으며, 14세기 말에는 '여성의 집'이라는 매춘장소도 있었다.

시에서 직접 매춘부를 고용하여 성을 팔아 세수를 올렸다. 매춘부는 하층민이 대부분이었지만, 공창은 로마에도 있었고 중세에도 있

2 요시와라 유곽은 에도 최고의 유흥장이고 환락가였다.

었다.[6] 일본의 옛 수도인 에도江戶에도 요시와라 유곽吉原遊郭이 있어 2~4천 명의 창녀가 입주해 있었다.[7]

공창이라 하여 요시와라를 어둡게 생각하기 쉬우나 술과 요리, 게이샤 문화가 만발한 유행의 최첨단을 걷던 화려한 곳이었다. 1894년 청일전쟁으로 일본 군대가 주둔하면서 한양에도 일본 유곽이 설치된다.

1877년 일본에서 공창해방령이 내려지자 생계를 위해 일본 창기들이 밀선을 타고 조선에 몰려들었다. 때마침 조선에도 관기가 폐지되고 유흥가가 문란해지자 이들의 조직관리가 필요하게 되었다. 1908년 기생들의 유숙과 영업관리를 위해 기생조합이 세 군데 생기고, 1915년을 기점으로 권번券番으로 개편된다. 이 권번에 500명의 기생이 소속된다.[8]

1902년 최초의 극장 협률사協律社가 문을 열고 전국의 기생, 명인,

[3]명월관 특설무대에서 기생이 군무를 추고 있다. '여흥'이라 불렀고 일본 요정에서 전래했다.

명창 170여 명을 모았다. 1908년에는 원각사, 광무대, 단성사에 기생들의 참여 무대가 생긴다. 기생은 권번에서 노래와 악기를 배웠기 때문에 특별한 훈련 없이도 스타급 가수로 출현했다. 레코드 회사가 배출한 가수 왕수복, 선우일선, 김복희는 1935년 월간잡지 《삼천리》의 10대 가수 순위 여자 1, 2, 3위다. 그 외 최명주, 이호자 등은 기생 출신인 유명한 대중가요 가수다.[9]

기생으로 떠들썩한 곳이 요릿집 명월관이었다. 기생을 끼고 궁중요리에다 노래와 춤, 술을 마시며 양반 대접을 받는 곳이었다. 1919년에는 명월관을 경영하던 안순환이 식도원食道園을 개업한다. 그 외에도 유명한 요릿집으로는 송죽원, 백양루, 부벽루, 열빈부, 태서관, 국일관 등을 들 수 있다. 이들 요릿집은 기생을 조달하고 지원했다.[10]

4) 전라도의 권번 발족

권번은 조선 시대 교방에서 계승되었다. 다만 교방은 조선 시대 관아가 관리했고, 권번은 일제강점기 민간인이 관리했다. 권번 출신 기생은 주무대가 요릿집이지만, 조선 시대 교방에서 육성된 관기는 관아에서 활동해왔다. 전라도 관기를 보면 전라 감영 41명, 전주부 34명, 무주 26명, 남원 6명, 순창 30명, 남도는 영광 23명, 전라 좌수영 15명, 진도 4명 등이었다. 충청도는 북도 182명, 남도 72명이었다.

1907년 관기가 폐지되면서 254명의 기생이 타의로 흩어진다. 그들은 이런 상황에서 서울의 기생조합과 권번 소식을 듣고 큰 관심을 보이며 활동을 재개한다. 1915년 전주예기조합에 이어서 1917년 전주퇴기조합을 결성한다. 관기 폐지 후 10여 년이 지난 세월이어서 퇴기도 있었겠으나 동기童妓 출신은 아직 청춘들이었다.[11]

20세기 초만 해도 지방도시는 경제활동이 미약하고 기생 수요가 많지 않을 때라 1917년 서울의 한남권번에 동시 가입한다. 한남권번은 한강 이남의 전라도, 경상도 기생들의 집합체이고 대동권번은 평양 기생들의 단체다.[12]

본격적인 전라도 권번은 전라도 중심이었던 전주에서 먼저 태동한다. 전주권번이 발족된 것이 1923년의 일이다. 이어서 군산, 정읍, 익산, 남원 등의 순으로 신흥 도시에 설립된다. 군산은 군산권번 외에 소화권번이 개소되었다. 광작 지주가 많아지고 소상공인의 소득 증가, 식민지 경제향상 등 부자 계급이 늘어나면서 권번도 번창했다.[13]

요릿집과 유흥상업 증설로 기생 수요가 늘어나고 기생양성기관인 권번이 활발해진다. 권번은 두 가지 기능을 가지고 있다. 첫째는 예능

⁴서예를 익히는 기생. 명기는 시가서화(詩歌書畵)에 능해야 한다.

교육기관이고, 둘째는 기생 공급기관으로 지금의 연예기획사와 같다.

12~13세 정도로 어릴 때 입번하여 소리, 춤, 서화 등 예기 교육을 받는다. 특히 전라도 권번은 판소리 전수기관으로서 후에 많은 명창이 배출된다. 요릿집과 잔칫집(생일과 환갑 등의 잔치와 관혼상제 등의 행사에 출장) 등의 요청에 따라 기생을 공급해준다. 소리, 장단, 춤을 묶어 3명이 한 조가 되어 나간다.

5) 전주권번의 탄생

1908년 서울에 기생조합이 생기고 1915년에는 권번으로 개편된다. 전주도 1915년 기예조합, 1917년 퇴기조합에서 1923년 전주권번이 탄생했고, 1939년에는 주식회사로 설립되었다. 전주권번은 관동지진으로 피해를 입은 교포 위문, 국내의 각종 공연, 수재 의연금 출연 등 오늘날의 탤런트 같은 활동을 했다.[14]

전주권번은 기생학습과 기생의 대외활동을 뒷받침해왔다. 1939년에는 이리방송국(KBS 전주방송총국의 전신) 개국 축하 연주회와 남원의 춘향 영정 봉안식에 권번장 이하 기생들도 참여한 바 있다.[15] 그러나 시국은 일본의 침략전쟁으로 극도로 악화되어갔다. 1937년 중국을 침략하고 1938년에는 국가 총동원령을 공포하여 인적 · 물적 자원을 통제하고 조선인을 강제 징병, 징용으로 전쟁에 끌고 갔으며, 양곡 징발과 식량 배급을 실시하여 굶주림에 시달렸다. 1942년에는 강압정책으로 권번이 해체되고 요릿집도 문을 닫았다. 열었다 한들 먹거리도 없고 갈 사람도 없었다. 이로써 전주권번은 영원히 역사의 뒤안길로 사라졌다.

1923년에 설립된 전주권번은 1942년 문을 닫은 후 1949년 천주교재단에 팔렸고, 일제강점기 편안의원 자리에 가톨릭병원이 개원되었다가 대건신협으로 전환되어 오늘에 이르고 있다. 전주권번은 한 시대의 기생문화를 열었고, 1942년 영원히 사라졌다.

6) 국악원과 판소리 학원

1945년 해방이 되었다. 대한독립만세를 외치고 자유가 찾아오자 없던 물자도 풍성하게 나오고 너도나도 먹고 마시며 기뻐했다. 식당과 요정이 만발하고 소리꾼을 육성하는 학원인 전주국악원도 생겨나 전동성당 서쪽 골목 안에 문을 열었다(후에 팔달로가 성당 담벼락 밑으로 확장되어 골목은 없어짐). 과거 권번에 있었던 소리, 춤, 서화 선생이 전부 모였다. 기생 수업은 물론이고 어린 꼬마부터 성인까지 교양을 갖추기 위해 모여서 배웠다.

성당 옆에 있던 전주국악원은 1961년에 현 전주시청(당시는 전주역) 앞 여관 이층으로 이전하여 축소되어 운영하다가 소멸되었다. 1964년에는 전북국악협회 지부장이던 오명순(전북일보 부사장, 후에 예총 회장)이 완산동 청학루에 전북국악원을 개설했다. 후에 국악원마저 부실해져 국악고등학교로 전환됨으로써 국악원은 영원히 사라졌다.

해방되자마자 과거 요정과 새로 문을 연 요정이 우후죽순처럼 생겨났다. 그중 1938년에 개업한 낙원의 주인은 한태수에서 1946년 정태국으로 넘어왔다.[16] 정태국은 1947년 건물을 확장하고 국악사설학원을 열었다. 시민은 국악소리가 나고 여자가 출입하니 '국악원'이라는 이름도 생소하거니와 시간이 지남에 따라 성당골목 국악원은 '전동권번'이고 낙원요정의 사설학원은 '낙원권번'이라 말하면서 흘러왔다.

그럼에도 전동권번은 현재 행원이 있는 자리라고 했다. 3대째 행원을 운영하고 있는 명창 성준숙(예명 민소완)마저 전동권번이 이 자리에 있었다고 전해 들었다는 증언을 하고 있다(2018년 9월 구술). 낙원의 2대 경영주인 정태국의 조카 정규용(85세)은 소리학원 바로 옆에 전동 동사무소가 있었고 숙부 정태국이 동장을 겸하고 있었기에 아마도 전동권번으로 전언된 것 같다고 증언하고 있다. 전동권번과 낙원권번은 원래 없었다. 전주국악원과 낙원사설국악학원이 자연스럽게 권번으로 전해 내려온 것뿐이다.

그럼에도 낙원권번과 전동권번에 대해서는 황미연의 논문에 게재되어 있다. 논문에는 전주권번을 비롯해 낙원권번, 전동권번 등도 있었으며, 전동권번은 현재 요릿집 행원이 있는 자리라 했다. 전주권번은 남문 옆에 있었다. 계속해서 "전주권번을 제외하고는 낙원권번과 전동

권번의 구체적인 모습을 찾을 수가 없다"라고 기술했다.[17]

그런데 이 두 권번의 존재에 대한 서술에서는 국립문화재연구소에서 발표한 〈입춤, 한량무, 검무〉 무형문화재보고서(1996)를 인용했다. 문화재연구소에서는 현장조사를 하여 문헌이나 구술 등에 근거를 두고 기록했을 것이다. 권위 있는 연구소의 보고서이니 황미연이 이들 권번의 존재를 인정할 수밖에 없었을 것이다. 그럼에도 양 권번의 모습은 모르겠다는 것이다. 어찌된 일일까?

전동성당 서쪽 골목에 전주국악원이 있었고, 행원 자리에 있던 요정 낙원에 사설 국악학원이 있었다. 국악 소리가 나고 여자들 출입이 많다 보니 시간이 흐르면서 권번과 구별하지 못하고 전동권번, 낙원권번으로 구전되어왔다. 전동권번과 낙원권번은 본래 없었다. 권번은 1942년에 폐지되고 나서 부활한 적이 없다.

7) 전주 기생의 명성

역사적으로 지역 기생에 대한 평가가 있다. 전주 예기藝妓, 평양 미기美妓, 진주 의기義妓가 그것이다. 전주 예기의 원류는 부안의 매창이었다. 황진이와 더불어 조선의 명기다. 한말에는 대원군이 사랑했던 진채선이 있다. 판소리의 아버지라 할 신재효가 길러낸 최초의 여자 소리꾼이다.

교방 관기는 동지, 대사습놀이, 성황제, 7월연宴날놀이(고종의 생신잔치) 사정射亭(활쏘기) 대회 등에 참관했다. 관찰사나 판관(오늘날 전주 시장)

행차 때와 한량들의 시회나 모임 때 동반했다. 당시로는 연예계 스타여서 대중에게 널리 알려졌다. 그중에서 선월仙月, 동정월洞庭月, 양대운 등이 뛰어났다. 미모와 풍류에서 한량들을 황홀케 했다.[18]

기생들의 가무와 소리의 역사 전통은 권번 시대로 이어진다. 이들은 양장과 단발로 신여성이 되어 서양음악까지 선보이는 선구적 활약을 한다. 1915년 조선총독부가 조선물산공진회를 개최한다. 식민지화하자마자 일본의 자본주의 생산품을 뽐내려는 전시회였다. 공진회의 특설무대에 전주예기조합에 소속된 12명의 기생이 출연하여 가무와 춤을 선보였다.

1923년 관동대지진이 일어난 후 전주권번 기생 20여 명이 도쿄를 방문하여 자선과 위문 공연을 하고 귀국했다. 많은 찬사가 있었다. 1931년에는 전주 공회당(시민회관, 현 전북예술회관 터)에서 전주권번 기생들이 총출연하여 시민을 위한 공연을 하여 큰 호응을 얻었다. 이 행사 외에도 타 지역 권번과 연합 공연을 열었고, 광주와 목포에서는 대명창이던 송만갑 등과 합동 공연도 열었다.[19]

무엇보다 권번은 인간문화재인 여류 명창을 배출한 큰 공을 빼놓을 수 없다. 김소희가 광주권번 출신이다.

1933년 일본 빅타 음반에 〈춘향전〉 녹음을 필두로 하여 1972년에는 뉴욕 카네기홀 공연을 통해 세계 최고 성악가로 인정받는다. 박초월 명창은 남원권번 출신이다. 김여란 명창은 고창 성내 출신이고, 박녹주 명창은 정정렬과 김정문의 소리를 이어갔다.

8) 전주의 요릿집 식도원

1923년 전주권번이 탄생한다. 언제인가는 확실히 알 수 없으나 요릿집 식도원食道園이 개설된다. 서울에서는 최초의 요릿집인 명월관을 개업한 안순환이 1919년 식도원을 개업한다. 그 이후 지방 곳곳에 명월관과 식도원의 이름을 건 요릿집이 생겨난다. 모방한 상호가 도처에 나타났고 전주에도 식도원이 생겼다. 식도원은 오랜 시간이 흐른 후에 허산옥이 요정 '행원'을 열어 전국적으로 유명해진다. 조선 시대에는 영저리청營邸吏庁으로, 감영의 공문서를 배포하면 각 군에서 가져가고 각 군의 공문서가 수납되던 곳이다. 1910년 국권이 상실되고 10여 년이 지난 후 요정 식도원이 된다.[20]

일본 요정도 1911년 이엽二葉이 개업하고 후속 요정들이 착착 자리를 잡는다. 이 무렵 1915년 최초의 일본 여관이 들어서고 7~8군데 문을 연다. 조선 여관도 1921년 최초로 문을 열면서 7~8군데 뒤따른

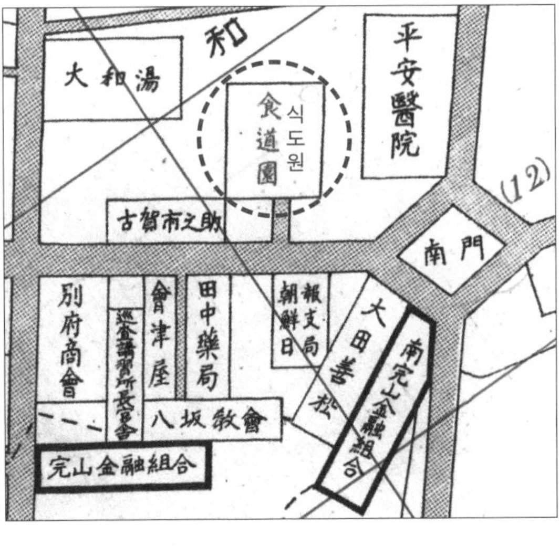

[5]전주 식도원은 기록과 사진은 없으나 지도에 기재되어 있다.

다. 일본인 요정이 먼저 문을 열고 조선인 여관은 4~5년 후에 열었다. 그런데 일본 여관은 요리 여관으로 숙박을 하지 않고 식사만 하러 가는 손님들도 많았다. 이처럼 일본 여관은 외식시설의 하나였다.[21]

우리나라에도 주막이 있었지만 숙박이 주였다. 도시에 진입한 주막에서도 숙식을 했지만 분업화되지는 않은 상태였다. 일본 여관을 본떠 술과 숙박을 겸한 관館과 옥屋이 개업한다. 전주에서도 1923년 노송관老松館을 비롯하여 1925년 진완옥鎭完屋, 1933년 신풍옥新豊屋, 백운관白雲館, 1938년 서천옥西川屋, 남창옥南昌屋, 일신옥日新屋 등이 문을 열었다.[22]

일류 요릿집은 일찍이 식도원부터 시작하여 1932년 청풍관淸豊館, 이어서 1933년 전풍관全豊館, 1935년 전일관全一館, 1938년 낙원樂園 순으로 이어진다. 요릿집 술시중이나 외부 관혼상제 행사에 따라 기생 수요가 늘어났다. 권번의 입소 교육은 보통 3년이나 특수한 곳은 4년도 있고 진급 때는 매번 시험을 봤다. 교육은 가무와 서화 외에도 걸음새, 앉음새 등의 예의범절도 가르친다. 이런 과정을 거쳐 예기를 길러냈다.[23]

미모의 예기를 '일패一牌'라 했다. 첩이나 은근짜는 '이패二牌', 매음과 창기는 '삼패三牌'라 했다. 기생이라 함은 일패이고, 요정에서 권번에 요청한다. 보수는 현찰거래가 아닌 전표만 받는다. 놀음차[花債]는 요정이 권번에 지급하고 기생은 권번을 통해 전달받는다. 계산은 보름이나 한 달에 한 번씩 한다. 권번장(권번 우두머리)이 요릿집을 돌면서 기강을 잡는다. 밤늦게까지 소속 기생들이 술에 취해 비틀거리며 치맛말기가 내려와 있지는 않은지 순찰한다.[24]

9) 요릿집과 인력거

일본 요정은 번화한 거리에 자리 잡고 있었다. 본정통本町通(다가동 거리), 대정정통大正町通(중앙동 거리) 등 교통이 편리한 도심의 땅값이 비싼 곳에 있었다. 반면 조선 요릿집은 남문 부근의 골목 깊숙이 땅값이 싼 곳에 있었다.

안주상은 깔끔하게 차렸다. 요리에 대해 남긴 기록은 없고 전해 내려온 것만을 종합한다. 신선로, 전골, 갈비찜, 홍어회, 화전, 밤조란, 곶감쌈, 문어오림, 만나지, 잣사지, 약과, 수정과 등이었다.

기생들의 교통수단으로는 인력거人力車가 이용되었다. 20세기 초엽까지 부잣집 마나님들은 나들이 때 교자轎子(뚜껑 없는 가마, 1909년까지 6개소 영업)를 불러 이용했으나, 인력거에 밀려 사라졌다.[25] 인력거는 메

[6]유명 배우들이 인력거를 타고 시민의 환호 속에 손을 흔들며 지나간다. 극단 이름과 악극 내용이 적힌 깃발을 들고 나팔을 불고 북을 치며 앞서간다. 일본의 유명 가부키 배우들이 인력거를 타고 가는 현대의 도시 홍보(마치마와리) 모습을 보며 참고할 수 있다(2014년 도쿄 시부야).

이지유신 이후 1869년에 만들어진 일본의 첫 발명품이다. 서양마차를 본따서 한 명의 차부가 끌고 달렸다. 서울에는 1894년 일본인이 10대를 수입하여 영업했고, 전주는 1899년 일본 여관이 구입하여 끌었다.[26]

시민용 인력거방은 고사동에 있었고, 후에는 짱골목 입구 은행나무 쪽 가각에도 있었다. 노약자, 부자들의 나들이 때나 의사들의 왕진용으로도 이용되었다. 순회공연하던 악극단이 오면 유명극단 배우들이 인력거를 타고 시내를 돌았다. 시내를 일주하는 광고 행위였다.

앞에는 극단 이름과 악극 내용이 적힌 깃발을 여러 개 들고, 나팔을 불고 북을 치면서 광고지를 나눠준다. 그 뒤를 당대의 유명 탤런트들이 인력거를 타고 손을 흔들며 시민의 환호를 받으며 지나간다. 유명 탤런트들이란 전옥全玉, 김정구金貞九, 김승호金勝鎬, 이난영李蘭影, 박단마朴丹馬 등이다. 극단은 조선악극단 백조, 현대 등이다.[27]

인력거는 기생들이 애용했다. 전주권번이 있던 풍남문 동북쪽에 인력거가 항시 대기하고 있었다. 일본 게이샤 25명은 요정 소속이어서 이동할 필요가 없는 반면에 조선 기생 35명은 권번에서 각 요정으로 가거나 외부공연(그들은 외출이라 함) 때 타고 간다. 특히 요정으로 출퇴근 시 집에서 권번까지 오간다. 하얀 한복을 입고 지나가면 청장년층이 황홀하게 감상했다.

인력거를 끄는 인력거꾼은 일본 옷인 핫피はっぴ를 입고, 등에는 상호를 달고 달린다. 현대에도 일본의 고도 교토 등에는 관광용 인력거가 달리고 있다. 서울에도 가회동의 북촌 한옥마을 거리에 관광용으로 인력거가 나타났다.

당시의 인력거는 오늘날의 콜택시와 같다. 1960년대에 택시가 대중화되면서 인력거는 영원히 사라졌다.

10) 조선 요릿집의 소멸

일본은 1936년 만주를 침략하고, 1941년에는 태평양전쟁을 일으킨다. 조선 청년을 징병, 징용으로 전쟁터에 내몰았다. 이러한 사회적 혼란의 분위기 속에서 1942년 일본의 행정명령이 떨어지자 전국적으로 권번은 해체되고 요릿집도 문을 닫는다. 조선 요릿집은 식자재가 궁핍해지고 손님이 줄어들자 문을 닫을 수밖에 없는 처지가 된다. 공출로 수탈당한 농민은 기아선상에서 헤매고, 각 가정은 식량을 배급받았으며, 안남미(월남쌀. '남방쌀'이라는 뜻)라고 해서 찰기 없이 펴슬거리는 밥을 겨우 얻어먹었다. 만주에서 콩기름을 짠 후 나온 찌꺼기인 콩깻묵도 먹었다. 이것도 수송 도중에 반절은 부패하여 썩은 것이다.

초등학교 어린이는 의복, 신발, 과자, 떡을 월 1~2회 배급 받았다. 가정집에서는 식량, 술, 담배도 배급표를 받아서 타다 썼다. 술집도 식당도 팔 것이 없어 모두 문을 닫았으니, 강토는 숨을 멈추고 백성은 흐느적거리며 생사의 기로에 놓여 있었다.

7
청요릿집

1) 서양식 건물과 중국 목수

어느 나라나 차이나타운이 있다. 우리나라는 인천, 서울 등에 있었다. 1883년 인천이 개항하면서 1884년 청의 치외법권治外法權 지역으로 설정되었다. 1905년에는 공화춘이 개업을 하고 중국인으로 북적거리는 지역이었다.

1967년 '외국인 토지소유권 제한조치'가 실행되어 장사하기 힘들어진 중국인이 해외로 떠나 위축되었다. 지금의 인천차이나타운은 1992년 한중수교의 영향으로 다시 활기를 되찾은 모습이다.

전주도 서문밖에 형성되어 있었으나 규모가 작아 중국 상가 거리 정도다. 여기에서 중국음식이 보급되기 시작했다. 중국거리가 형성된 배경에는 세 번의 계기가 있었다. 화산동 선교사촌이 건설되고 중국 목공이 들어오면서 시작된다.

1893년 은송리(완산동) 산중턱에 최초의 초가집 예배당이 마련되

1중국 목수들이 지은 선교사 사택과 최초의 예수병원(1903년 서원 넘어)

었으나 전라감영이 보이는 곳이라 하여 화산동 일대로 강제이주 당했다. 1902년부터 시작된 화산동 선교사촌과 예수병원, 기전 · 신흥학교, 서문교회 등 서양 건물을 짓는데 조선은 양옥구조를 축조한 경험이 없었다. 이미 1850년 홍콩의 서양집, 러시아 도시 하얼빈, 다롄, 독일 도시를 모방한 칭다오青島 등을 건설할 때 유럽의 토목과 건축 기술을 습득한 중국 기술자들이 전주에 들어와서 화산동 일대에 놀랍고 아름다운 서양식 건물을 지었다.[1]

가톨릭은 1908년부터 1914년까지 남문밖 치명자순교장에 로마네스크 양식Romanesque style의 거대한 성당을 지었다. 1898년 명동성당을 준공한 지 10년 후 일이다. 명동성당 건축을 마무리한 위돌 박Victor Loyis Poisnel, 朴道行 신부가 설계에 참여했고, 공사는 중국인에게 청부를 주었다. 중국인 약 100명이 벽돌을 굽고 석공, 벽돌공, 미장공이 성당

을 쌓았다.[2]

1922년에는 만경강 상류인 동상면에 대아저수지 공사가 시작된다. 면적 1.42km^{2}의 저수지로 거대한 댐을 막아 만경평야 일대 일본인 농장 천수답에 수리시설을 지원하는 큰 토목공사여서 중국의 철근과 콘크리트공 수백 명이 동원된다.

1920년 이후 한반도에는 산둥성 쿠리苦力(노동자)들이 도시 등 모든 지역의 토목과 건축공사에 종사했고, 그 수는 매년 2만 명 이상이었다. 이들을 '화공華工'이라 했는데, 대아댐 화공들의 근거지는 전주였다.

2) 중국거리와 중국식당

우리나라는 목조 문화권이다. 1902년부터 화산동 선교사촌을 필두로 서양식 벽돌 건축물을 지으면서 조선에는 벽돌공이 없었기 때문에 중국에서 기술자를 데려왔다. 중국 기술자와 노동자들은 서문밖시장 옆 자갈밭에 임시 막사를 치고 기거하기 시작한다. 1907년 성벽의 서반부가 헐리고 가로가 정비되면서 일본인 상가가 들어섰다. 일본 사람들이 입식되면서 일본 주택을 짓는 일본 목공들이 대거 들어왔고, 중국인 노동자들이 터를 잡자 서문밖은 일본인과 중국인이 혼재하기 시작한다. 후에 거대한 일본인촌과 소수의 중국인촌이 형성된다.

1902년부터 화산동 선교사 사택을 위시하여 1906년부터 서문교회, 신흥학교, 기전학교 등이 건립되었다. 1908년 전동성당, 1920년 대아저수지 댐 건설에 종사했던 중국인 기술자와 노동자들은 공사가 끝난 후 대부분 돌아갔다. 하지만 일부 사람이 남아서 보따리장사와 중국식당을 경영하며 중국인 특유의 근면으로 축재를 한다. 1930년대에 접어들면서 부가 더욱 축적되어 중국에서 직거래하는 비단장사를 시작한다.

지금 중앙동 1가에 위치한 중국 상가가 있는 곳은 일제강점기 때 '본정통'이라 해서 명동 1번지같이 번화한 일본인 상가였다. 더구나 최고로 비싼 땅과 일본인 고급주택 밀집 지역의 거리에서 중국음식을 파는 상가를 지었다. 목재는 만주에서 실어오고 벽돌은 일제강점기 때 형무소(현, 물왕멀 뒤)에서 구운 것을 가져다가 사용했다.

길가에는 부잣집 혼수에서 빼놓을 수 없는 비단가게와 고급 음식점이 들어서 있었다. 건물 안에는 사합방四合房(口자형 중국 주택)을 지었는데, 당시 전주에서는 제일 큰 벽돌집이었다. 일본인의 핍박을 받으면서도 위세 좋게 중국 상점(중국 포목점, 근대문화유산으로 등록)과 음식점 거리가 형성되어 중국문화를 상징했고, 오늘날 전주의 명물이 되었다. 도내 농촌에 사는 사람들이 전주 구경을 나와서 남문 구경은 못해도 서문밖에 와서 큰 벽돌집을 못 본다면 전주에 헛것으로 다녀왔다는 소문이 돌 정도였다.

중국인은 서문밖 자갈밭에 지은 임시 막사에서 호떡장사부터 시작했다. 호떡과 호빵은 중국 노동자들이 사 먹었는데, 조선 사람에게도 인기가 많았다.

호떡과 자장면은 중국인 거리에서 퍼져 부성 내 여러 곳에 성업하게 된다. 중앙동 1가 중국 상가는 전주 중국음식의 시원이다. 최전성기 전주의 중국인은 500~600명이었다.[3]

3) 청요릿집

중국식당에서 호떡과 자장면이 잘 팔리는 과정에 고급 청요릿집이 생긴다. 1938년쯤 생긴 동래각東來閣, 중흥관中興館, 삼일루三一樓, 아관루雅觀樓 등이다. 이곳은 '색판회석色瓣會席(접대부 서비스)'이라 하여 마작판을 벌이고 기생을 불러 술을 마시는 기생 청요릿집이다. 중국의 푸젠福建, 광둥廣東 등지에서 오는 중국 손님은 거상들이어서 고급 술판을 벌였다. 전주의 부자, 한량들도 고급 청요릿집을 즐겨 찾았다. 한국의 일반 가정에서도 큰 청요릿집에서 가족행사를 자주 열었다. 청요릿집은 시가지 중심부에 자리 잡고 중국 향취가 나는 고급 실내장식을 했다.

그러던 중 중국 사람들에게 시련이 닥친다. 5 · 16 군사정변 이후 군사정권은 1963년 화폐개혁을 단행한다. 들리는 말로는 중국 상인들이 큰돈을 가지고 있는 줄 알았으나 결과는 별 성과가 없었다고 했다. 또한 중국 사람들이 부동산을 소유하지 못하도록 법을 제정했다. 이로 인해 한국의 화교들이 점차 대만으로 철수하고 잇달아 미국으로 이민을 갔다. 서울, 인천, 부산 등의 차이나타운이 사라졌고 전주의 다가동 중국거리도 사라졌다. 덕화루德化樓, 태화관泰和館, 아관원雅觀園 등의 청요릿집도 사라져버렸다. 중국 식당과 요리는 자취마저 없어졌다.

1956년이 되어서야 현재까지도 영업을 하고 있는 일품향一品香, 1968년 진미반점眞味飯店 등이 개업하여 오늘에 이른다. 1950년대에는 성업했으나, 소멸되어버린 중국음식점도 많다. 홍빈루, 경화루, 산동원, 대관원, 태화각, 중화각, 중흥각, 신훈각, 공화춘, 향화춘, 산해춘, 복흥반점 등이다.

중국음식은 중국식당 주방에서 일하고 배운 한국인 조리사들이 중국식당을 개업하여 조리해온 자장면, 짬뽕, 만두, 탕수육, 깐풍기, 난자완스, 팔보채 등 낯익고 먹음직스러운 우리 음식으로 바뀌어 오늘날에도 즐겨 먹고 있다.

4) 중국요리의 흥망성쇠

세계 3대 요리를 꼽는다면 중국요리, 프랑스요리, 터키요리다. 그 중국요리가 우리 고장에 있다. 중국요리와 중국식당을 평가하고, 최상의 요리와 자장면 사이의 맛과 가치를 알아볼 필요가 있다. 중국요리는 황제음식부터 노동자가 먹었던 짬뽕까지인데, 우리가 먹고 있는 중국음식은 어느 시점에 와 있는가를 헤아려본다.

2만한전석(滿漢全席) 8미 중 낙타고기

황제의 식탁에서 중국의 요리 역사를 살펴볼 수 있다. 청나라 건륭제가 매일 소비한 음식재료만 계산해도 살코기 22근, 탕고기 5근, 돼지기름 1근, 양 2마리, 닭 5마리, 오리 3마리였다. 끼니마다 오리요리만 10여 가지, 새로운 요리도 끊임없이 개발해 올렸다. 모든 요리는 기록해서 《사고전서四庫全書》에 보관했다. 중국요리의 전성기는 청나라였다. 대표적인 청나라 황실요리는 만한전석滿漢全席이었다. 108가지의 화려한 예술적 음식은 황실 울타리를 넘어 민간 식당에까지 보급되었고, 중국요리 하면 세계적인 요리가 되었다.[4]

1949년 공산정권 수립과 1970년 문화대혁명을 겪으면서 음식문화는 초라하고 빈곤해졌다. 초라한 음식을 먹는 것이 부르주아적 구태에서 벗어난 혁명적인 행동이라 칭송했다. 1984년 민간의 음식점 개점이 허용되면서 현대의 중국음식이 부활한다. 베이징에는 황실요리전문점도 생긴다. 1,000가지쯤 되는 요리 중에서 3~4개월마다 130여 가지를 교체하면서 내놓는다. 곰발바닥이나 호랑이고기처럼 구할 수 없거나 금지되어 재현하지 못하는 요리를 빼놓고는 황실 맛을 충실히 재현하고 있다. 그럼에도 황실요리전문점의 주인은 황실요리가 너무나 많이 변형되었고, 그 과정에서 원래의 맛을 잃었다고 실토하고 있다.[5]

5) 중국식당의 침체

우리가 지금 먹고 있는 중국식당의 요리를 황실요리로까지는 생각하지 않지만, 흔히 중국음식의 진수라고 생각하고 있다. 하지만 중국 내에서도 땅이 너무 넓다 보니 전문가가 아닌 이상 자기가 살고 있는 고장의 요리밖에 모르는 게 현실이다. 일상생활에서 중국요리란 없다. 있다면 지역에 따라 쓰촨요리四川料理(중국어로는 川菜), 광둥요리廣東料理(南菜), 산둥요리山東料理(魯菜)가 있을 뿐이다. 전 세계로 퍼져 나간 중국인은 자기 고장 요리에 그 땅의 식자재와 맛에 맞게 현지화했다.[6]

우리나라에서도 중국요리가 우리의 입맛에 맞게 만들어졌다. 처음 중국요리를 만든 중국인은 중국의 일류 요리사들이 아니다. 중국인은 집에서 남자가 요리를 해먹기 때문에 그런 솜씨로 요리를 만들었을 뿐이다. 더구나 20세기 초엽 전주에 노동자로 왔고 자기들끼리 해먹다가 식당을 내고 음식을 상품으로 팔았다. 산둥성이 가깝기 때문에 산둥요리가 기본이 되어 현지 입맛에 맞게 만들어졌다.

중국요리도 상, 중, 하로 나누어진다. 상은 고급 중국요리이고, 중은 일품요리를 먹을 수 있는 집이다. 하는 어느 지역에서나 낮에는 점심으로, 저녁에는 배갈 한 잔에 안주음식을 먹을 수 있는 식당이다. 전주에서 청요릿집이라 일컫던 집은 옛날 말이고, 간단한 중국음식이 있을 뿐이다.

자장면, 짬뽕, 탕수육, 양장피, 팔보채, 깐풍기, 라조기, 난자완스, 유산슬 등은 일반식당에서 먹을 수 있는 음식을 한국화한 것이다. 거리에 중국식당은 많지만 전부 한국인이 경영하는 것이고 중국인이 경영하는 중국식당은 진미반점, 대보장, 영흥관, 일품향으로 네 집밖에 없다.

6) 중화가의 소멸

전주를 비롯한 한국 전체에서 중국식당이 침체되었을 뿐 아니라, 차이나타운도 사라졌다. 전 세계에서 중화상가가 사라지거나 없어진 곳은 한국이 유일하다. 마치 코카콜라가 없는 나라가 북한과 쿠바뿐인 것과 대비된다. 미국 샌프란시스코의 중화가, 동남아시아 일대의 중화가는 세계적 명물이다. 일본은 1859년 5개 항구를 개항했는데, 각 항구마다 중화가가 번성했다. 그중에서 요코하마 중화가도는 세계적으로 화제를 불러왔다. 약 500m 반경 안에 330여 개의 중화음식점이 자리 잡고 연간 관광객 2,500만 명이 다녀가는 정도다.[7]

전주의 중화가도 규모는 작지만 중국상점, 중국식당, 화교학교 등이 오밀조밀 몰려 있던 아담한 차이나타운이었다. 그런데 1960년대 이후 서서히 중국인이 떠나면서 중화가는 사라졌다. 1980년대 말 로스앤젤레스에 갔을 때 친지와 중화식당에 들렀다가 전주화교를 만나 반가워하던 생각이 난다. 이들은 모두 대만과 미국으로 이주해버렸다.

1990년대 말 옛 차이나타운과 자매결연한 중국 쑤저우에는 중국 패루牌樓(문설주)를 기념으로 지어놓았고, 시 당국이 작은 중국 문설주를 몇 군데 세워놓았다. 차이나타운의 부활을 염원한 환영문 같은 존재였으나 중국인 한 사람, 한 가호도 온 일이 없어 문기둥만 쓸쓸히 서 있다.

중화가 갱생은 언제 다시 올지 영원한 숙제로 남아 있다.

III

요정과 다방 시대

8
조선 요정

1) 8 · 15해방 이후의 요정

1887년 서울에 일본 요정이 진출한다. 1899년 군산이 개항되자마자 일본 요정 8개소가 개업한다. 그 여파는 전주에 미쳐 1904년 간이 숙박과 여급이 있는 술집이 생긴다. 1911년에는 정식 일본 요정이 문을 연다. 1923년 전주권번이 결성되고 식도원이 개업하면서 일본 요정에 대비되는 조선 요릿집 시대가 전개된다. 그래서 일본 요정, 조선 요릿집으로 구분된다.

일본 군국주의는 중국 대륙 침략과 제2차 세계대전에 돌입하면서 범사회가 전시체제로 전환한다. 농민은 식량 강제 공출로 수탈당하고, 각 가정은 식량배급 실시로 모두 기아선상에서 헤맸다. 1940년 전국적으로 권번을 해체하고, 식자재 궁핍으로 요릿집은 말할 것 없고 식당마저 문을 닫았다.

1945년 연합군의 승리로 일본은 패망했다. 일제의 억압에서 해방

되었다. 그 기쁨을 정인보는 "흙 다시 만져보자, 바닷물도 춤을 춘다" 라고 노래했다. 압제자 없는 자유로운 세상은 환희에 찼다. 모든 것이 새롭게 솟아났고, 굶주렸던 먹거리가 해결되었으며, 문화와 여흥의 욕구가 솟아났다. 숨어 있던 쌀이 쏟아져나오고 식재료가 풍성해져 음식점과 요정이 여기저기 문을 열어 장고와 북소리가 요란했다. 해방과 더불어 요릿집이 문을 열자 '요정'이라 하게 된다. 조선 요정이다. 요정은 우후죽순처럼 도처에 열렸으나 기록이 남아 있지 않아 구전되는 대표적인 요정을 꼽아 요정요리와 요정문화를 고찰해본다.

(1) 청풍관

청풍관은 1932년에 개업했다가 1940년에 일제의 억압으로 문을 닫았다. 해방이 되자 문을 닫았던 많은 요릿집이 문을 열었는데, 청풍관이 맨 처음 문을 열었다. 요릿집은 시간이 흘러 요정으로 불리었다. 청풍관은 큰 간판을 지붕에 매달아 시선을 끌었다. 옛 종업원이 모여들었으니 권번 출신 기생과 솜씨 좋은 요리사들까지 모여 운영했다. 돈 있는 한량들이 모여들어 즐거운 시간을 가졌다. 청풍관은 재개업한 첫 요정이다.[1]

(2) 청학장

완산동 청학루는 만석꾼 박기순의 별장이다. 높은 언덕 위에서 시내를 조망하는 명소였다. 1921년 만석꾼 박기순이 감영 건물이 해체될 때 비장청을 매입하여 이전했고 완산 밑 작은 언덕 위에 청학루를 지었다. 청학루 주변에는 벚꽃을 심어 봄이면 꽃동산을 이루어 장관이었다. 일제강점기 말에는 사사로운 집회나 예식장 등으로 사용했다. 8·15해방이 되자 요정집이 되면서 '청학장'으로 불렀다. 부성의 돈 있는 자들의 놀이터가 되어 장고 소리가 요란했다. 3~4년 영업하다가 폐업했다.

1960년대에는 국악원으로 개원하고 후에 국악고등학교 교실로 사용되었다. 국악고등학교 재단에서 매각하여 진안군에 있는 어느 종가의 제실로 팔려나간 후 소식이 끊겼다. 청학루는 감영 건물의 하나이므로 지금이라도 찾아야 할 문화유산이다.[2]

(3) 다가장

일제강점기 말 일제의 억압으로 권번은 폐쇄되고 국악은 쇠락했다. 동시에 국악인의 생활은 극히 어려웠다. 국악인이 살 길은 국악진흥을 하는 일이다. 권번 출신으로 후에 국창이 된, 남원에서 노래를 부르던 박초월朴初月이 해방이 되자 전주에 와서 요정을 열었다. 아무리 수소문해도 요정 이름을 아는 사람이 없어 다가동에 있었기에 '다가장'으로 해놓았다. 문을 3개 통과해야 안채에 도달한 곳에 대지주의 저택이 있었던 것 같다. 자리 잡고 주안상과 판소리 판을 벌였다. 국악애호가와 상류층을 객으로 맞이했다. 김성수 집안 사람들을 비롯하여 전북의 명문부호와 거물 사업가 및 정치인이 출입했다. 2~3년 경영하다

가 서울 다동 골목으로 자리를 옮겼다.[3]

(4) 운심각

경기전 동문 가까운 곳에 위치했다. 경영은 금옥, 연옥, 산옥의 삼옥三玉이 했고, 해방 직후여서 일본 단어가 통할 때라 '산다마'라 불렀다. 이들은 전주권번 기생 출신이다. 금옥은 천하미인으로 소문났고, 후에 서울 비원 앞에 큰 요정을 열어 서울에서 크게 성장했다. 연옥은 키가 큰 미인이었는데, 경상도 어딘가로 갔다는 소문만 있을 뿐 그 후 소식은 모른다. 산옥은 후에 행원을 운영하여 전주 요정문화에 크게 이바지한다. 산옥은 6 · 25 직전까지 운심각을 운영했다.[4]

(5) 전풍각

축구는 예나 지금이나 인기 있는 운동시합이다. 해방이 되자 도처에서 축구 경기가 개최되고 광적일 만큼 시합장에 많은 사람이 모였다. 일반 축구팀이 창단되었고, 전주축구단, 도청축구단, 전매청축구단, 영단축두단 등은 아마추어 같지만 프로 축구팀이었다. 중 · 고등학교 축구팀도 탄생했다. 일반 축구팀은 후일 국가대표팀으로 뛰었고, 기량이 뛰어난 선수가 많았다. 유평수는 중 · 고등학교 선수 출신으로, 후에 국가대표로 뛰었다.

축구시합은 전국 도처에서 개최되었고, 전주는 물론이고 군 단위

도시에서도 남선南鮮축구대회가 열렸다. 축구시합이 많을수록 재정지원도 많아짐에 따라 축구 후원단체가 늘어났다.

열렬한 후원자 이순재는 사재를 털어 전풍각 요정을 경영했다. 1930년대 완산구락부, 전주축구단을 열렬히 지원하던 포목점 원창상회 이창재가 고심 끝에 경원동 우체국 앞골목에 요정을 개업했다.

축구대회가 끝나면 선수와 임원들이 초청되어 전풍각에서 한바탕 마시고 놀았다. 물론 대회 때마다 지원금도 조달했다. 의욕은 좋았으나 비전문가가 술장사를 해서 이윤을 낸다는 것이 쉬운 일이 아니었다. 결국 3~4년 만에 적자를 내고 문을 닫았다. 왕성하던 축구시합은 1950년 6 · 25 발발로 단절된다. 6 · 25전쟁은 우리 사회의 모든 것을 삼켜버렸다.[5]

2) 지리산 빨치산 토벌 여파와 요정

8 · 15 이후의 평화는 잠깐이었다. 1950년 6월 25일, 38선 전역에서 북한군이 남침한다. 인공 치하 3개월이 시작되었다. 각급 공공기관은 인민위원회가 장악하고 정치보위부가 권력기관으로 군림했다. 밤낮을 불문하고 미 공군의 폭격과 기총소사가 있었다. 주민은 폭격 속에서 동원되어 파괴당한 철교를 고치고 부상당한 인민군을 실어 날랐다.

유엔군이 인천상륙작전에 성공하고 9월 28일 전주에 진주했다. 공산군의 억압과 폭정에서 해방되었다. 국군과 경찰의 후퇴 시 좌익사범 처형이 있었고, 유엔군 진주 직전 공산군에 의한 우익사범 학살이 도처에서 자행되었다. 삶과 죽음의 교차 속에서 국군이 진주하면서 사회는 서서히 안정을 되찾아갔다.

9 · 28수복이 되고 인민군은 패퇴한다. 유엔군이 북으로 진격하면서 퇴로가 차단당한다. 갈 곳을 잃은 전북지역의 공산당 기관원, 인공 가담자, 인민군 낙오병 등이 순창의 쌍치면 가마골과 회문산에 집결한다.

이태의 체험수기 《남부군》에 상세한 내용이 나온다. 산으로 쫓겨 들어간 인원은 1951년 1월 31일을 기점으로 무장 7천 명, 비무장 5,500명, 합계 1만 2천 명으로 추산한다. 사령관은 방준표(철도노동자 출신, 6 · 25 전 월북, 모스크바 유학. 인공 때 북한에서 파견된 전북도당 인민위원장)였다. 국군 11사단과 경찰 전투연대 병력이 회문산을 포위하고 공격하자 덕유산을 넘어 지리산 노루목에 자리 잡는다.

지리산 빨치산은 8 · 15 이전에 활동한 학병 거부 항일민족적 빨치산, 8 · 15 이후 남로당 가담자들을 주축으로 한 구 빨치산, 6 · 25 이후 공산기관, 인민군에 입산한 신 빨치산 등이 있었다. 지리산에 모인 신 빨치산은 1951년 5월경 부대를 통합하여 이현상이 남부군 총사령관이 된다.

빨치산의 활동 지역은 태백산맥 줄기에서 속리산을 건너 지리산을 중심으로 전남 · 북, 서부 경남, 강원도 일대다. 산악지대 주변은 빨치산의 경찰기관 습격, 보급투쟁 등으로 주민이 막심한 피해와 생사를 넘나드는 고초를 겪는다. 서울과 경기도, 충청도 평야부는 이런 참상을 겪지 않아 빨치산의 실체를 모른다. 빨치산도 군경의 토벌로 인해 사망, 부상, 도망 등으로 소멸된다. 1953년 북한이 휴전협정에서 빨치산에 대해 아무런 구제를 해주지 않으면서 이들은 버림받았다. 그해 9월

이현상(지리산 남부군 총사령관)이 시체로 발견되었고, 1954년 1월 방준표도 덕유산에서 사살되었다.

1955년 빨치산은 궤멸되고 소탕전투는 끝난다. 5년간 빨치산 출몰 지역은 치명적 피해를 입었다. 지금까지 우리 정부에서 정신적 · 경제적 보상을 해주지 않아 손실과 피해는 고스란히 주민이 떠안았다.[6]

(1) 식량 약탈과 보급투쟁

빨치산은 처음에 1만 2천 명으로 추산되었다. 1952년에는 4,840명, 그 후 1,300명으로 감소된다. 문제는 이들의 보급이었다. 북한에서도 버림받으면서 보급을 받을 길이 없었다. 빨치산의 생존은 고기가 물이 있어야 하듯 주민의 협조가 있어야 했다.

농민들도 비축 식량이 없기 때문에 있는 것을 구덩이 속에 감춰놓는다. 따라서 조달 방법은 약탈밖에 없었다. 이를 '보투(보급투쟁)'라 했다. 주민은 공포에 떨었다. 약탈한 식량과 소를 주민을 동원해 산까지 운반한다. 왕복 50리 길이다. 빨치산은 점점 민심을 잃어 존립할 수 없었다. 이른바 낮에는 대한민국이고 밤에는 인민공화국이었다. 빨치산이 떠난 후 경찰이 조사차 나왔을 때 식량을 약탈당했음에도 때로는 협조자로 몰린다. 식량을 빼앗기고 강제 운반까지 당하고 통비분자가 되어 곤욕을 치른다. 주민은 살길을 찾아 방어가 튼튼한 전주 등의 도시로 모여들었다.[7]

(2) 빨치산의 굶주린 식사

정규 보급이 없는 산중 수천 명은 절대적인 식량 부족에 허덕인다. 쌀, 보리, 밀을 닥치는 대로 삶아 한 홉 정도의 밥을 지급받는다. 채소류가 있을 리 없으니 반찬도 없다. 비상용으로 각자 지닌 소금을 왼손바닥에 뿌리고 혀끝으로 핥아가며 밥을 먹는다. 솥 둘레에 걸터앉아 당증(숟가락)을 하나씩 들고 퍼 먹거나, 주먹밥을 나눠 받아 새카만 손으로 덥석 먹는다. 군경이 공격하면 그마저도 없어 밥을 굶거나 소금도 없어 며칠씩 맨 밥덩이를 삼켜야 한다.

사령관은 별도의 텐트 속에서 가정생활을 영위했고, 간부급은 연락병이 한두 가지 반찬을 장만하여 특별식을 차렸다. 계급투쟁을 외치던 공산당도, 빨치산도 계급은 있기 마련이었다.[8] 산에서 며칠 굶은 빨치산들이 약탈해갈 힘은 모자라고 배는 고파서 한 동리가 저녁밥을 먹기 직전 빨치산 30~40여 명이 각 가정에 뛰어들어 차려놓은 밥상을 후딱 먹어치우고 도망가기도 하고 농가에 살짝 잠입해 부엌에서 찬밥을 도둑질해 먹고 가는 경우도 있었다.

(3) 암울한 사회와 술, 춤바람

1950년 9 · 28수복이 되어 잠깐 숨을 돌리는 사이 10월 19일 중공군이 참전했다. 드디어 1951년 1 · 4후퇴가 시작되었다. 3월 16일 유엔군이 서울에 재입성했고, 5월 18일 38선을 재격파하여 인제를 탈환했다.

잠시 숨을 돌리게 되었으나 전쟁은 계속되고 사회는 불안하여 희망도 미래도 기약도 없었다. 좌 · 우익 간 후퇴 시 수천 명의 학살을 도모하여 각 가정은 수천 가족이 한날한시에 제사를 지내며 통곡했다. 빨치산 습격은 도처에 있고 군대 간 형제 걱정에 생활고는 심해간다.

죽음을 간신히 피해 전쟁 공포는 사라졌으나 전쟁이 남긴 폐허 속에서 백성은 실체를 알 수 없는 불안과 무기력에 시달린다. 전쟁 공포, 불안에 대한 되갚음 보상심리가 발생한다. 인생이 얼마나 길다고 즐기고 기쁘게 살자. 전쟁 중에 말라버린 정서, 희망 없는 세월, 오락과 쾌락이 갈망된다.

오락과 볼거리도 없으니 술과 춤, 담배가 판을 친다. 마시고 춤추고 놀아보자. 비밀 댄스홀, 선술집, 대폿집이 도처에 널려 있다. 있는 자는 요정, 건달과 바람난 여자는 비밀 댄스홀에 드나들었다. 시내 도처의 큰 안방이나 빈 공간에 점점 비밀 춤방이 널리고, 춤방마다 춤을 가르치는 춤선생이 있었다. 이런 세태가 전염병처럼 조용히, 그러나 빠르게 번졌다.

경찰이 비밀 춤방을 단속한다. 1952년 "120명 검거, 연행"이라고 신문이 대서특필한다. 운 나쁜 자만 걸렸다.[9]

1954년 서울신문에 정비석의 연재소설 《자유부인》이 실렸다. 교수 부인과 바람둥이 남자의 방종소설이다. 서울대학교 황산덕 교수가 교수 부인이 그럴 리 없다는 반론을 제기해 일대 사회적 논쟁이 벌어지기도 했다.

3) 6 · 25 이후의 요정

전쟁은 중부전선에서 벌어지고 있다. 빨치산은 산에서 가까운 곳은 어디에서나 준동하고 열차습격이 다반사로 일어난다. 변산반도, 내장산, 고창이 미수복되어 인민공화국 세상이었다. 군경은 여기저기서 빨치산 소탕작전을 벌인다. 1 · 4후퇴 후 사회상은 어지럽고 생활은 어려운 상태였다.

요정이 여러 군데 개업한다. 청풍관은 일제강점기 말에 폐업했다가 8 · 15 이후 재개업했고, 6 · 25전쟁이 터지자 문을 닫았다. 1 · 4후퇴 후에 다시 수복한 다음 맨 먼저 개업한다. 8 · 15 이후 운심각을 경영하던 허산옥이 1951년 이즈음 행원杏園을 개업한다. 그 외 신규 요정이 문자 그대로 우후죽순 격으로 개업한다.[10]

식도원, 신풍원, 낙원, 백학원, 백마원, 학선각, 노송각, 녹정, 부용관, 전흥관, 임실관, 근화관, 낙양관, 한일관 등이다. 다방으로는 삼삼, 명성, 희락, 카멜, 제비 등이다. 선술집마저 대만원을 이루었다. 한 집 건너 요정, 두 집 건너 다방이어서 발로 차일 만큼 술집이 많았다. 부어라 마셔라였다. 1951년과 1952년에 걸쳐 개업한 정식 요정만 27개소에 달한다.[11]

요정문화 중에는 이런 진풍경도 있다. 1951년까지도 고창이 미수복 상태이고 내장산을 통해 빨치산이 정읍을 습격할 때다. 9월 기생이 있는 요정에서 신임 정읍 경찰서장 환영연이 거행된다. 경찰간부 지방유지들이 방석을 깔고 앉아 취임사와 환영사가 있은 후 반주가 곁들인 오찬을 나눈다. 바로 직후에 빨치산의 습격이 있었고 유지들은 30리 떨어진 신태인으로 도망가서 잠을 잔다.[12]

요정은 일본에서 들어온 문화다. 1885년 일본 해군 전용 요정으로 고마쓰小松가 개업하여 해군 간부가 즐겨 출입한다. '해군 요정'이라 불렸다. 제2차 세계대전이 일어나 전쟁 중일 때도 해군의 요청으로 고마쓰 요정이 태평양 트럭섬에 지점을 개설하고, 여전히 해군 간부가 출입했다. 정읍은 일본 요정의 풍경과 닮은 점이 많다.[13]

요정이 불야성을 이뤄 부어라 마셔라 하는 가운데 군복에 목발을 짚은 상이군인이 전주극장 골목에 나타난다. 그는 목발을 하늘 높이 찌르며 고함을 지른다.

"전시에 이게 웬 짓들인가? 전쟁하는 나라에서 너무 심한 것 아닌가? 나는 백색 빨치산이 되어 투쟁할 것이다."

전주사범 5학년 학도병으로 낙동강 전선에서 부상을 입고 돌아온 이갑부였다. 그는 신의주 반공의거학생사건에서 맹활약하다가 월남한 반공투사였다. 울분을 참지 못한 것은 비단 그뿐이 아니었다.

(1) 요정 단속과 번창

일대 각성해야 한다는 사회 여론이 비등해진다. 당국에서도 무허가 음식점을 전면단속하고 요정의 폐쇄 조치가 이루어진다. 요정 정비를 진행하고 접대부 폐지와 대중식사로 전환하라는 강력한 권유와 단속을 한다. 그럼에도 정리된 업자는 장소를 옮겨 간판을 바꾸어 또다시 개업한다. 수십 군데가 성업한다. 경찰에서 무허가 요정 56건을 적발한다. 요정에서는 징, 장고 사용을 엄금하고, 유흥을 금지시킨다. 그래도 요정은 여전했다.[14]

1950년대 중반 소득은 낮고 생활은 어려웠다. 4~5인 가족 한 달 생계비가 2만 원이었는데, 공무원의 봉급은 4~5천 원이고 학교 교사가 8천 원 수준이었다. 도대체 어떻게 살았을까?[15]

학교에서는 교사가 전근 가면 잡부금인 축하비를 거뒀고, 공직사회는 호적초본 한 통 떼려면 뒷돈이 거래되는 실상이다. 모두 지치고 생활고에 시달렸다. 이런 판국에 값비싼 요정에서 누가 연일 술타령을 했을까? 대부분 이권 부서 공무원이 대가로 향응을 받고, 출장을 빙자한 공무원도 고급 접대를 받는다.

특히 후생사업을 하는 군인과 군속, 이권 부서 경찰관, 여기에 빌붙은 사이비 기자 등이 요정에 출입한다. 시내 각 요정은 점심때를 비롯하여 밤에는 통행금지가 임박할 때까지(통금은 6 · 25 이후에 시작하여 1982년 해제됨. 통금시간도 길었다 짧았다 했으나 밤 10시가 표준) 특수 고급 요정일수록 번성한다. 유흥장은 늘어나고 일반 접객업소는 파리가 날린다. 1950년대 중반, 전주에는 요리업 300개소, 요정 29개 업소가 있었다.[16]

(2) 요정 접대와 밀수

요정은 호화스러운 곳이다. 화려한 실내장식과 자개농에 12폭 병풍이 쳐진다. 미인 접대부가 애교로 손님을 맞이하고 대중가요가 일품이다. 주안상은 고급술과 안주 등 최고급요리가 차려진다. 4인 한 상당 고가의 값을 지급해야 한다. 요정은 비싼 곳이다.

요정에서 술 마시고 놀고 접대하려면 돈 쓰는 것을 아까워하지 않고 많아야 한다. 요정에서 쓰는 돈은 밀수와 군 후생사업에서 나왔다.

밀수는 여수와 밀접한 관계가 있다. 여수에는 밀수특공대가 있어 밀수업자와 결탁하여 일본 상품이 대도시 소비처인 전주에 대거 유입된다. "여수에서 돈 자랑 말고, 고흥 가서 힘 자랑 말라"는 말이 유행했다. 제조업도 변변히 없고 생산품이 조악할 때 일본 제품은 고급품이고 엄청나게 선호하는 상품이다. 화장품, 고급의상, 가방 등 생활필수품이 전라선을 타고 올라와서 양품점洋品店[외국 잡화를 팔던 일제강점기 때 상점 이름. 밀수품을 팔던 상점인 양행(洋行)도 있었는데, 이는 중국식 표현임. 1960년대까지도 이런 상점과 상호가 존재했음]에 눈부시게 진열된다. 양품점에는 동양양품, 중앙

1 동양양품 등은 화장품, 고급 의상, 가방 등을 팔던 상점으로 1950년대부터 밀수품을 많이 팔았다. 문화양행 등은 수예품, 액자, 그림, 인형 등을 팔았는데 여성이 주로 이용하는 상점이다. 양행, 양품의 이름은 일제 때부터 외국 잡화를 팔던 상점 이름으로 1960년대까지 계속되다가 소멸되었다.

양품, 신신양품, 현대양품이 있었고, 양행에는 문화양행, 융성양행, 신우양행, 공풍양행 등이 있었다.

밀수품이 거의 정상적으로 거래되는 이면에는 항구에서 판매처까지 얼마나 많은 검은 사슬이 있었는가 짐작이 간다. 밀수경제는 9·28수복 후 빈곤한 경제상태에서 전쟁 수요의 유일한 숨통이었던 셈이다. 밀수품 유통 중에 밀수경제는 요정 한탕에 투입된다. 업자, 중간상인, 단속기관, 정보기관, 언론기관 등 관계되는 모두에게 뒷돈이 건네지고 하룻밤 진탕 마실 수 있는 호화판이 벌어진다. 이것이 요정 번창의 단초다.[17]

밀수품이 활개 치는 속에서 불량상품 단속은 계속 시행된다. 1958년 10월 15일자 《전북일보》 기사를 엿보자. "양담배 단속, 밀주 단속, 왜음반 단속, 밀수품 단속을 강력히 한다. 밀수품, 일제 라디오 등 250점을 적발했다"는 내용이다. 파리 쫓기에 불과하다.

(3) 군 후생사업과 접대 재원

1950년대 초 남원은 군도軍都였다. 국군 11사단 사령부와 서남지구 경찰전토사령부가 주둔한다. 몇천, 몇만 장병의 병영이 있었고, 군 장성, 경찰간부, 행정 고위관리들이 생활했다. 전주에는 13연대 사령부와 17, 18 전투경찰대가 주둔하고, 여기에 따르는 군경이 생활한다. 전주는 도청소재지로서 고위 공무원의 출장과 군 관계 방문이 끊임없다. 전주와 남원 사이의 거리는 50km로 양쪽 공무의 기착지는 전주였다. 손님맞이와 접대가 활발했고, 장소는 요정이 된다. 군경의 고위 간부를 접대하고 요정에 출입하려면 돈이 있어야 한다.

군 간부가 요정에 출입할 수 있게 지원되는 돈은 후생사업에서 나온다. 전쟁 중에는 국가가 가난하니 군도 가난했다. 군의 보급과 급여는 열악했다. 지휘관들도 마찬가지였다. 지휘관의 공무 이동이나 재교육 차출 시 출장비가 없었다. 하물며 상급자 접대에 쓸 돈이 있을 리 없다. 재정을 보충하는 방법은 후생사업밖에 없다. 사업에 참여한 민간 업자는 돈을 버니 그들도 흥청거리고 요정에서 군 관계자에게 선심을 베푼다. 상납받은 부패한 군 관계자는 요정에서 윗선에 선심을 쓴다. 요정은 번창하고 특수 유흥지대다.[18]

(4) 군 후생사업의 수익사업

후생사업의 종류는 여러 가지가 있다. 군의 잉여 노동력과 잉여 물자를 활용하거나 민간에 대여하여 보수를 받는 방식이다.

① 부대 주둔지의 농업 경작

무, 배추 등 각종 채소를 재배하여 김장도 하고 부식품으로 조달하여 비용을 절감한다. 잉여 생산된 농산물은 민간 시장에 팔아 수익사업까지 한다. 닭, 돼지 등의 가축을 길러 부식으로 제공하고 수익을 올리는 방식이다.

② 군 차량 대여 사업

전쟁이 나자 민간 버스와 트럭까지 동원되어 파손, 손실되었다. 남아 있는 것도 낡아서 운행이 원활치 못했다. 도로는 자갈밭이어서 빨리 달릴 수도 없었고, 도처에 빨치산이 출몰해서 차량이 함부로 다닐 수도 없다. 군경 검문소가 길목마다 있어 보통 차량은 통행을 제한받는다. 그런데 군용차량을 대여하면 군 통행증으로 통행이 자유롭다. 운행자는 군속 신분으로 신분증이 발부되고 군복을 입을 수 있다. 때로는 완장을 찬 헌병이 직접 동승하여 통행을 돕는다. 1개 사단에서 본부, 포병대, 각 연대에서 1대씩 차출하면 5대 정도가 대여된다. 1대당 매달 얼마씩 사용료를 받는다.

③ 후생 트럭으로 장사하는 유형

트럭 대여업자는 통행이 보장되어 서해안 또는 동해안에서 잡은 생선이나 기타 지역에서 생산되는 특산품을 싣고 도시와 시장에서 판매하여 이익을 취하는 방식이다.

④ 후생 트럭과 순두부 관광지

시량柴糧은 땔나무와 먹을 양식을 뜻한다. 등이 따뜻하고 배가 불러야 한다. 식량은 구입하면 되는데 땔감은 살 수도 없다. 주변 산의 나무는 모두 베어 땠고, 먼 산에 가야 하는데 빨치산이 득실거리니 갈 방법이 없다. 소양, 동상, 진안 등의 산도 아래에서 위로 깎아먹으니 오지로 들어가야 한다. 군 차량이 오지까지 들어가 잡목을 싣고 나와 장작을 만들어 싣고 다니며 판다. 트럭 위에 산더미 같은 장작을 골목까지 다니며 몇 단씩 또는 트럭째 팔고 다닌다. 트럭 장작 아니면 땔감을 구할 방법이 없다. 군 트럭이 유죄이지만 땔감을 조달하는 선심성 방법이라고나 할까?

전주에서 진안을 가자면 30리 거리에 소양 화산의 순두부 관광명소가 있다. 야들야들한 반숙 순두부국은 천하일미다. 지금은 수십 대의 관광차가 주차하여 원거리 관광객에게 맛있는 식사를 제공한다. 한 대폿집에서 안줏감으로 그 자리에서 맷돌에 갈아 순두부를 만들어 제공한 것을 시작으로 몇 집이 모이고 여러 집이 관광지를 이루어 순두부를 팔고 있다.

1980년대 초 행정당국에서 순두부를 식품위생법 위반으로 적발했다. 위생도 불량한 무허가 제조업소라는 이유였다. 도처에서 치사한 행정이라는 여론이 일어 보호조치하면서 순두부집이 번성하게 되었다. 1950년대 상관, 동상, 진안, 전주 네거리인 이곳에 선술집 가게가 있었고, 이것이 발전해서 순두부 명소가 되었다. 최초로 순두부를 만들던 원조 대폿집도 성업 중이다.

전주에서 진안 가는 8m 자갈길(현재는 18m 고속화 도로)로 30리 정도 간 곳이 화산이다. 동상면과 상관면으로 가는 4m 산판길(현재는 8m 포장도로) 네거리다. 후생사업 목재 트럭이 산길을 내려오다가 화산네거리에 단 한 집 있던 선술집에서 밥과 술을 사먹는다. 그 후에 순두부와 막걸리 맛이 입소문나자 화산 순두부집이 커지고 여러 집이 모여 오늘날의 관광지가 되었다.

(5) 후생 트럭과 산 밀수

빨치산의 은신을 막기 위해 광범위한 벌채가 있었다. 벌채목은 반출증이 발행되면 합법적으로 제재되어 목재로 매매되었다.

그러나 도벌목이 더 많았다. 도벌목의 벌채 반입은 큰 이권이기 때문에 부정이 개입하기 일쑤였다. 따라서 군 트럭이 아니고는 반출해 나올 수 없다. 이것을 '산 밀수'라 빗대어 말했다. 부정 벌목은 산을 황폐화시키고 민둥산을 만든 원인이 되기도 했다. 대대적인 부정 벌목으로 지리산 지구 전투경찰 사령관이 징계받는 사례가 있었다고 지금까지도 수근거리고 있다.

군 트럭은 엔진이 강하기로 유명한 미제 GMC 자동차다. 가파른 산길을 꼭대기까지 기어 올라가 큰 나무를 베어 로프에 걸고 끌어내린다. 그 자리에서 GMC 엔진에 벨트를 걸어 톱을 작동하여 제재까지 한다. 산골짜기에 있는 나무까지 베고 제재까지 해서 반출한 GMC의 공로는 크지만 민둥산을 만든 병폐도 무시할 수 없다.[19]

(6) 군 후생사업의 병폐와 비난

국회부의장을 지낸 장경순의 1953년 5월의 수기다. 육군 대령으로 일선 연대장을 하다가 육군대학 입교 명령이 떨어졌다. 그러나 교육비 마련이 큰일이었다. 전시이고 정부가 워낙 가난하여 교육생 비용 지원비가 한 푼도 없었다. 전별금 명목으로 조금 지원받고 나머지는 교육생 스스로 자기 주머니를 털어야 했다.[20]

군부대가 재정 부족을 메울 부득이한 방편으로 후생사업이 많은 도움이 된 바 있다. 하지만 고급 지휘관이 직권을 이용해 공공연히 돈벌이를 하거나 부하가 해다 바치고 자기도 먹고 요정에서 '돈나비'를 날리는 일이 벌어지기도 했다. 이것을 바라보는 국민의 눈은 싸늘하고 비난이 잇달았다.

군 후생사업이 군 부패의 연결고리로 이어져서는 안 될 일이었다. 휴전협정이 체결되어 시국도 안정되고 정부도 재정 정상화를 기하면서 군 후생사업은 끝이 났다. 이로 인해 호화판 요정도 위축된다.

(7) 요정 단속

사회질서가 확립되지 않은 시대에는 도처에 무허가 영업이 성행한다. 이발관, 여관 등도 있었지만 요정이 가장 많았다. 1954년 무허가 음식점 전면 단속에 56건이 적발된다. 대부분 요정으로서 세금이 적은 을종 허가를 받고 갑종 요정 영업을 한 곳들이다. 점심시간에는 공무원이 음식점에 초만원을 이루고, 요정은 통금시간 전까지 공무원으로 만원이다. 요정 부근 주민은 소란과 소음을 방지해달라고 진정이 빗발친다. 술주정이나 싸움질도 그러려니와 소리장단 맞추는 젓가락 때리는 소리, 북 치는 소리가 요란하기 짝이 없다. 1955년 기록에는 경찰서 보안과장이 요정에서 유흥을 금지하고 징, 장고, 꽹과리 사용을 금지하라고 지시를 내리는 신문기사가 보인다.

상이용사 이갑부는 다방에 앉기만 하면 간단없이 외친다. "요정을 없애라. 나는 백색 빨치산 투쟁을 할 것이다. 빨갱이 빨치산이 아니고 부패관리와 사회상과 투쟁하는 백색 빨치산이 되겠다"는 화풀이 발언을 탁자를 치면서 되풀이한다. 1958년까지도 술집과 요정은 한 집 건너 영업을 하고 있었다.

요정을 한번 살펴보자. 행원, 청풍관, 봉황각, 장원, 수월정, 신성원, 명문장, 신선장, 삼화장, 오성장, 영신장 등이다. 을종 음식점 영업 허가를 내고 요정 영업을 한 것으로 짐작되는 곳들을 보자. 국일관, 신흥관, 남양관, 부여관, 남성관, 송화관, 영발관, 일원관, 호일관, 낙양관, 만인옥, 태평옥, 북문옥, 일흥옥, 천일옥 등이다.

(8) 요정 정리기

1960년에는 요정이 29개소였다. 1961년 5 · 16 군사정변이 일어나고 사회정화에 일대 바람이 불었다. 반공을 국시로 하고 사회 정의를 바로잡아 부패를 일소하겠다고 혁명공약을 내건 군사혁명이 사회 기풍을 일신시켰다. 거리질서로 좌측통행 위반을 적발하고, 병역 기피자 일대 색출이 일어난다. 무허가 상점과 음식점, 요정이 전부 문을 닫았다. 정식 요정 6~7개만이 영업을 할 수 있었으나 손님의 발길이 끊어진다. 요정도 일부 정리되었을 뿐 아니라 주객도 정신이 번쩍 났다. 요정으로 계속하여 영업을 한 곳은 행원, 청풍각, 봉황각, 평화촌, 태평장, 무구정, 수월정, 청심관 등에 불과하다.

요정은 정상화되었으나 공무원의 요정 출입금지 처분이 내려져 손님이 뚝 끊어졌다. 요정에 서리가 내리고 겨울이 왔다. 요정 출입은 경계대상이 되고 접대자도 없어지고 가기가 어려워졌다. 술꾼과 취객은 있으나 갈 곳이 마땅치 않았다.

(9) 방석집의 출현

밥상을 깔끔하게 차리고 반주를 곁들이는 식사방법은 우리의 전통이다. 화려한 백반상에 한복을 곱게 차려 입은 아가씨가 반주 잔을 따르고 노래 가락이 울려 퍼진다. 방안은 자개농과 문갑에 병풍을 두르고 한국화가 사뿐히 걸려 있고 백반상에 앉을 두툼한 방석이 깔려 있다. 이른바 방석집이다. 요정은 비싸기도 하려니와 공무원은 출입이 여의치 않다. 값싸고 먹을 만한 반찬상에 서비스하는 접대부까지 딸려 있으니 은근히 많이 찾아간다. 무릎을 괴고 방석을 깔고 앉아 술을 마시니 방석집이다.

요리상이 아니라 찌개와 전 정도의 반찬상에 접대부가 술을 따르는 백반상이다. 식당으로 허가받아 변태적으로 요정 영업을 하는 곳이기는 하지만 저렴하면서 서비스는 요정 대접을 받으니 술꾼이 몰린다. 여기저기 방석집이 문을 열었다. 방석집의 성업으로 요정문화는 방석문화로 전환되어갔다.

(10) 방석집 천일옥

방석집의 대표적 사례다. 백반상에 반주가 곁들여지고 때로는 노래 가락이 나온다. 경영인 김삼선은 빼어난 미인으로 남원 미스 춘향 출신 1호다. 당시 춘향 선발은 추천된 사람의 사진을 걸어놓고 딱지를 붙여 투표하는 식이다.

미인으로 소문나고 밥상과 술상이 맛깔스러워 손님이 붐볐다.

1960년대 중반 남원으로 귀향해서 '명문장'이라는 고급 요정을 경영했다. 2대가 계승하여 경영하다가 1990년대 한정식집 '벽소령'을 전주에서 서울로 이전했다가 다시 남원으로 귀향하여 광한루 관광단지에서 한정식 '수령밥상집'을 경영하고 있다.

- 1960~1970년대 방석집: 북일정, 심향원, 민속촌, 백화정, 만월정, 천양정, 평화촌, 명문장, 장원
- 1970~1980년대 방석집: 국악장, 수구정, 수국정, 만학정, 금수장, 삼오정, 무진장, 혜원, 백만회관

4) 요정 행원

시대상에 따라 수많은 요정이 명멸한다. 그 속에 우뚝 선 요정이 있었으니 행원이다(1951~1978). 단순히 전국적으로 명성 있는 고급요정이며 고관을 접대하는 곳이라고 치부해버릴 수만은 없다. 주안상을 낀 술방임에 틀림없다. 하지만 깊숙한 내면에는 주도, 풍류, 판소리, 공연문화, 한국화, 인정, 요정문화 등이 자리 잡고 있다.

행원을 경영한 사람은 허산옥(1926~1993)이고 본명은 허귀옥이다. 김제 출신으로 16세에 전주권번에서 기생수업을 마쳤다. 1923년 전주권번이 개설된 후 허산옥은 1940년 졸번한다. 8 · 15 이후 요정 운심각을 경영하다가 1951년 행원을 개업한다. 일제강점기 때 식도원이 있었고, 후에 낙원이 있던 그 자리를 구입하여 행원을 연다.

허산옥은 국전에 특선 1회, 입선 15회, 현대 미술초대전 4회 출품, 개인전 7회 도전 추천작가, 심사위원을 지냈다. 1986년에는 전북문화상을 수상한 한국 화가다. 권번에서 서예, 사군자, 화조도를 배웠다. 산

2요정 행원의 정원 일부. 요정에 정원이 딸린 곳은 별로 없었다.

3남전 허산옥의 아름다운 한 폭의 가을 국화 채색 그림

수화는 의재 허백련에게, 서예는 강암 송성용에게 지도받았다. 8 · 15 이후 박병수(조선미전 입선, 동광미술연구소, 월북)연구소에서 한국화, 김영창에게 서양화를 배우고, 이의주, 천칠봉, 배형식 등이 동문수학 관계다. 목이 안 좋아 판소리는 하지 않았으나 가야금 대가였고 살풀이춤 명인이었다.[21]

(1) 전통 주안상과 요리 계승

전통 조선 요릿집 식도원과 낙원이 있던 자리에 행원을 열었기 때문에 예부터 내려온 요리가 계승되었다. 권번에서 익힌 연회석의 주악과 춤, 노래 등도 그대로 계승된다. 주안상의 안주와 요리, 맛과 접시 배열까지도 계승된다.

'여흥'이라는 단어는 일본 요릿집에서 명월관으로 이식되고 조선 요릿집으로 전달된 터다. 국악공연과 풍류는 기생이 계승했고, 한상차림 앞에서 잔을 올린 접시를 입에 물고 춤을 추는 예기춤도 행원에 계승된다. 산해진미 한상차림을 앞에 두고 보료에 기대어 국악가락에 기생 춤을 감상하면서 마시는 요정이 행원이다. 예기춤은 인간문화재인 춤꾼 김광숙이 계승하고 있다.

(2) 행원요리의 계승

행원의 주안상요리는 교방(조선시대 관기 양성소)의 기생 술상에서 계승되었다. 행원의 상차림은 먼저 주안상이 나온다. 손님들이 술을 다 마시면, 상 위에 있는 접시와 포(식탁보)까지 모두 치우고, 다시 새 식탁보를 깐 다음 밥상을 차린다. 밥상에는 밥과 국을 비롯하여 굴비와 게젓, 토하젓, 나물, 김치 등의 정갈한 음식으로만 7~8가지가 올라온다. 손님들에게 곡기를 제공하기 위해서다. 이 상차림이야말로 지금 전주 한정식의 원조라 할 만하고 전주 맛의 원표는 역시 남전 허산옥이다.

남전이 행원을 그만둔 1985년 안경애가 행원을 인수받아 경영했다. 후에 서문 옆에 '만성장'이라는 한정식집을 개업한다. 이때 안경애는 행원 주방의 핵심 조리사 세 명을 데리고 나온다.

만성장은 짧은 시간에 한정식 맛집으로 이름이 퍼졌다. 1995년 정갑순이 다시 만성장을 인수받아 경영하면서 조리사와 한정식 한상과 맛이 그대로 이어져왔다. 따라서 행원의 밥상 차림과 맛은 고스란히 계승되어 오늘날의 만성장 맛집이 빛나고 있다. 2000년 초에 궁중음식무형문화재 황혜성의 장녀 한복려 일행이 만성장에서 식사를 한 뒤,

⁴행원을 계승한 만성장 한정식 상차림

변치 말고 전주 맛을 그대로 계승해달라는 당부의 말까지 한 바 있다.

만성장 주방장 양주섭(59세)은 행원 주방에서 따라온 사람이다. 행원의 맛 이후 시대가 변하고 손님의 요구가 변해서 행원 맛이 그대로 있는 것은 아니라고 하면서도 맛의 큰 맥은 그대로 있노라고 증언하고 있다.[22]

(3) 최고의 접대 장소

전시에 요정 문을 열어 군 수뇌부와 정부요인의 유일한 필수 접대 장소다. 당시 정계의 고위층 가운데 안 거친 사람이 없다. 부유층과 문화예술인의 교환 장소이고 국악공연, 미인 봉사, 여흥과 환락의 장소였다. 명소인 행원은 전국적으로 알려져 행원에 가본 일이 있느냐고 물어볼 정도의 요정이다. 전국의 명사들은 행원에 들르기 위해 전주에 간다고 했고, 전주에서 왔다고 하면 행원이 잘되고 있느냐고 묻기도 했다.

(4) 가난한 예술인 지원

국악인이 가난하던 시절, 지방 공연에 자주 온다. 남전은 그들을 자기 집에 초대하여 융숭히 대접하고 노비도 전달한다. 임방울, 김소희, 박초월, 김연수, 신쾌동 등이다. 전주 국악인 중에서는 행원의 공연을 거쳐 가지 않은 사람이 거의 없었다. 그 후에 국악이 왕성해지면서 행원 출연 국악인은 모두 명창이나 무형문화재가 되었다.

가난한 서예가와 화가도 도왔다. 전시품 구매는 물론이고 침식을 돕고 여비도 챙겨 깍듯이 모셨다. 변관식, 이상범, 김은호, 이용우 등이다.[23]

(5) 장학사업

가난하고 어려운 학생들에게 장학금을 주고 도왔다. 이름을 감추고 찾아오면 평생 짐을 지워준다고 안 만나고 뒤에 숨어서 많은 사람을 도왔다. 장학금을 받았던 학생이 졸업하고 취업을 한 다음 키워주셔서 감사하다고 첫 월급을 드리려고 찾아왔다. 남전은 자신은 전혀 모르는 일이고 그런 일을 한 적이 없다고 딱 잡아뗐다. 학생이 눈물을 흘리며 돌아갔다. 옆에 있던 사람이 어떻게 그럴 수 있느냐고 힐책하니 "내가 시인하면 영원히 나를 못 잊고 부담이 될 것이다. 아주 풀어줘버려야 한다"라고 했다. 장학금을 줄 때는 이름을 밝히지 않고 돈만 보낸 여걸이었다.[24] 도와준 학생 수가 많았는데 밝히지 않으니 얼마인지 모른다. 수백 명이 될 것이라 추측된다. 남전이 작고한 후, 한 학생은 미국의 대학교수가 되어 산소까지 찾아왔다.[25]

(6) 행원의 폐업

허산옥은 1978년 경영에서 은퇴하면서 행원을 그만둔다. 그 후 두 사람이 '행원'이라는 상호로 경영을 해왔다. 행원이 영업을 하는 긴 세월 동안 갖은 풍파가 많았다. 시국이 긴장되거나 정치적 격변이 있을 때마다 내건 행정적 구호가 요정과 골프장 출입금지였다. 정치인과 고급 공무원 접대가 아니면 요정은 영업하기 어려운 곳이다. 시국이 누그러지면 용인되다가 금지와 허용이 냉탕, 온탕같이 간단없이 되풀이되는 연속이었다.

1980년대까지 고도경제성장과 개발연대의 여파로 유흥의 흐름이 카바레, 대형 맥주홀, 룸살롱으로 바뀌어갔다. 요정은 여파에 밀려 쇠퇴했다. 행원도 요정 출입금지라는 규제뿐 아니라, 유흥업계의 다변화로 점점 밀려났다. 더구나 한정식이라는 요식업이 성황을 이루면서 고객이 그쪽으로 쏠려갔다. 행원도 요정에서 한정식으로 전환했다가 끝내 폐업한다.

사회상은 다시 바뀌어 2017년에는 국악카페로 개장했다. 이름하여 행원국악카페다. 오후에는 판소리와 가야금 공연을 하고 있다. 일본은 오래된 요정을 역사유물로 지정하여 사적요정史蹟料亭으로 보존하고 있다. 요정 행원이 문을 닫으면서 전주 요정 시대는 완전히 사라졌다.

5) 요정의 종말

때를 같이하여 서울의 3대 요정도 문을 닫고 전국의 요정이 역사 속으로 사라진다. 대원각(1951)은 권번 출신 기생 김영한이 청년시인 백석白石(1936년 시집 《사슴》으로 등단, 재북작가로 잊힘. 김영한이 대원각 매각 후 백석

문학상 제정)을 끝내 잊지 못하고 살다가 1997년 법정스님에게 시주하여 길상사 사찰로 전환된다. 100억 원 가까운 대원각을 봉헌할 때 아깝지 않느냐 묻자 100억 원도 백석 시인의 시 한 줄만 못하다고 했다.

오진암(1953)은 협객 김두한의 단골 술집으로, 1972년 이후락과 북한 박성철이 7 · 4공동성명을 논의한 역사적인 곳이다. 1990년대 경영난으로 문을 닫는다.

삼청각(1972)은 남북적십자회담 요정정치의 총본산이다. 1999년 경영난으로 서울시가 인수하여 전통문화공연장과 체험공간으로 전환했다.[26]

(1) 요정, 다시 살아났네

1970~1980년대 서울 종로 일대에 많았던 요정은 1990년대 들어 대부분 문을 닫았다. 2000년대에 들어서면서 청탁금지법 시행으로 유흥업소 접대는 더욱 줄어들었다. 하지만 일부 요정이 서울 종로와 강남을 중심으로 부활되어 영업을 재개하고 있다. 외국 손님들의 기호 때문이다.

외국 손님이 오면 한정식집에서 대접을 해왔다. 해외 바이어들은 단란주점이나 룸살롱에서 접대해왔다. 오래전부터 다니던 손님이나 바이어는 한국의 기생문화를 익히 알고 있었다. 더구나 일본을 거쳐온 바이어는 일본 요정의 게이샤문화를 견문했기 때문에 한정식이 나오고 한복을 입은 여성 접객원이 있는 요정을 선호하는 분위기다.

이러한 기업 접대의 필요성에 의해 요정이 재생되고 있는 추세다.

건전한 요정의 국악과 한춤과 기생문화는 필요불가결하다. 다만, 일본 요정은 여자 경영인(오가미, 女將)이 계승해왔고, 게이샤는 교육기관에서 일정한 훈련과 교육을 받은 예기들이다. 권번이 없어진 마당에 단순히 여종업원이 한복만 입었다 해서 기생이라 할 수 없는 상황에서 한국 요정의 재생이 걱정스럽기도 하다.[27]

(2) 일본 요정의 변신

요정의 발상지 일본 도쿄도 장기 불황과 정치 개혁, 투명화로 요정 정치의 종말을 고한다. 도쿄의 여섯 요정촌을 '육화가(가가이, 六花街)'라 한다. 1980년대까지 대표적인 아카사카赤坂에만 요정이 100곳이

[5] 1642년에 개업한 요정 화월에서 2020년 도쿄올림픽에 대비하여 손님맞이를 하고 있다. 대문 앞에 큰 등이 매달려 있고 오가미(주인)도 큰 등불을 들고 있다. 방문한 손님이 멀리 사라질 때까지 손을 흔들며 서 있다.

었는데, 2000년대 초반이 되자 10곳만 남았다. 게이샤도 1,000명에서 100명으로 줄었다.[28]

도쿄 육화가는 신바시新橋, 아카사카, 요시초芳町, 가구라자카神楽坂, 아사쿠사浅草, 무카이시마向島다. 이외에도 5~6군데가 더 있다. 전성기에는 한 화가에 요정이 평균 100~400개소 내외에 게이샤가 200~1,000명 정도였다. 게이샤芸者는 예기芸妓(노래와 기악)와 무기舞妓(춤)로 나뉜다. 일본 요정은 예술적으로 잘 가꾸어진 정원에 2층 저택으로, 격자 창호에 화려한 병풍과 화사한 꽃꽂이가 장식되어 있고 대문 앞에는 커다란 종이등으로 불을 밝혔다. 관광화로서 주말에 예기 견번見番(권번)에서 춤 연습하는 장면을 개방하고 요정에 들어가 차 한 잔과 간단한 체험하기, 저렴한 가격으로 게이샤의 노래와 춤을 감상하는 여흥시간 갖기 등이다. 요정과 화류계의 요정문화, 게이샤의 귀환이 활발하게 이루어지고 있다.[29]

6) 행원 요정문화 점고

(1) 탄신 90주년 기념 논문집

2014년 서울에서 허산옥을 기리기 위한 특별한 행사가 열렸다. 남전 허산옥 탄신 90주년 기념 학술대회와 작품전시 행사였다. 작품은 낱장 31점과 8폭 병풍 10짝 80점까지 해서 모두 실물 작품 101점이었다. 학술대회는 네 명의 미술사학자와 평론가가 논문을 발표하고, 《인

물미술사학회》의 2014년 제10호에 게재되었다. 연구자는 김소연, 김취정, 최경현, 최열 등이다.[30]

허산옥 탄신 90주년을 맞이하여 정작 전주에서는 그때나 지금이나 아무런 움직임이 없다. 유작전 기념관 마련은 고사하고 그 어떤 추모의 바람조차 없었다. 필자의 한 사람인 최열은 무슨 감춰야 할 사정이 있지 않고서야 어찌 이럴 수 있는지 심하고 또 심하다고 한탄한다.[31]

《인물미술사학회》의 허산옥 탄신 기념 논문 네 편은 산옥 연구와 기념에 커다란 금자탑이 되었다. 논문 내용 중 문인화와 사군자 등 작품 평가는 전통예술의 계승발전에 기여한 공로가 매우 크고 근대기 문예사의 한 페이지를 뚜렷하게 장식했다고 결론짓고 있다. 또한 문인, 화가, 국악인에 대한 지극한 후원과 어려운 사람을 돕고 가난한 학생들을 위한 장학사업이 잘 그려져 있다.[32]

그럼에도 허산옥의 권번 입소 전후 상황, 행원 개업 연도의 혼동, 그림학습과 사제관계, 행원과 예명 남전에 배어 있는 아호의 부여 여부, 사랑과 인생 등의 생활사와 생애사에서는 혼란과 오류와 오기가 거듭되고 있다. 전주의 요정사와 회화사, 인간교류의 산역사가 서거한 지 20~30년도 안 되어 후학에 잘못 전달된다면 큰 과오를 범하게 된다. 따라서 바로잡아야 할 부분으로 지목하여 기술해야 한다고 생각했다. 전주 토박이로 음식문화사를 쓰다 보니 요정요리와 밀접한 관계가 있었기에 여기까지 논급하게 되었다.

다만 논문에 오류와 오기가 있는 것은 전주에서 발표된 논문, 저작물 등을 인용한 것이어서 네 분의 연구자에게는 하등의 책임이 없다. 있다면 전주 사람이 책임을 져야 한다. 전주에서 인용된 자료는 저서 2편, 논문 2편, 구술 채록 2건, 신문기사 4건, 전북예총예술사, 행원

홈페이지, 도록 등 몇 건이다.

쟁점이 될 만한 기록을 간추리면 다음과 같다.

- 허산옥의 권번 입소 연령이 16세, 17세라는 설
- 남원권번에서 학습하고 전주권번으로 옮겼다는 설
- 행원 개업이 1943년 설에서 1950년 전쟁 직전 설, 1950년대 설
- 전주문인화 대가 이광열이 1935년 한묵회를 개설했는데, 한묵회로 가지 않고 왜 광주 의재 연진회에 갔는가?
- 8 · 15 이후 동광미술학원 개원의 주역이 이순재, 김영창이었다는 설
- 동광미술학원에서 허산옥이 이응로에게 배웠다는 설, 허산옥이 최초의 그림공부를 동광에서 했다는 설
- 의재 허백련이 6 · 25 전에 전주에 왔을 때 만나 '행원'이라는 아호를 받았고, 요정 상호와 아호로 동시에 사용했다는 설

최열은 수도 없는 의문들을 열거하고 있다.[33]

- 1962년 예총 도지부 창립 시 왜 회원 부적격 시비가 있었는가? 국전에서 왜 단 한 차례 특선에 머물러야 했는가? 왜 추천작가나 심사위원은 하지 못했는가? 10회 입선, 특선 작가가 왜 도전 심사위원도 하지 못했는가?
- 1960년 국전 입선에서 1979년까지 특선 1회, 입선 11회를 했음에도 1970, 1976, 1977, 1979년 등은 낙선하는 쓰라림을 겪었다. 비슷한 무렵 출발한 나상묵, 송성용, 최정균은 특선, 추

천, 초대, 심사위원을 거쳤다. 유독 허산옥만이 낙선을 거듭하고 추천, 초대, 심사위원에 한 번도 오르지 못했는가?

- 1978년 김기승 위원장이 간행한 《한국서예가총람》에 허산옥은 배제된다.
- 1982년 현대미술관 초대전 배제
- 1985년 나상목 위원장, 《호남 한국화 300년》 배제
- 1990년 《한국서예국전 30년사》 배제
- 허산옥, 1993년 70세로 타계. 1997년 발행한 《전주시사》 미술편에서 허산옥의 사망기록은 묵살하고 두 달 뒤 서거한 왼손 악필 서예가 황욱의 업적은 자세히 소개되어 있었다.

단순한 사실 확인이 가장 우선하는 질문이라 했다.[34]

(2) 권번 입소와 서화 학습

허산옥이 16세 때 권번에 입소했다는 설이다. 1924년생으로 16세이면 1940년에 입소했다는 계산이 나온다. 학습기간을 3년으로 잡으면 1943년에 끝나게 된다. 권번 입소 나이가 12, 13세이던 시절에 16세라면 너무 늦은 나이이다. 가령 16세에 입소했다면 일본 제국이 제2차 세계대전을 일으키고 사치성 권번, 요정을 폐쇄한 것이 1942년이어서 허산옥은 권번을 마치지 못하게 된다. 하지만 권번을 끝내지 못했다는 말은 어디에도 없다. 결국 허산옥은 13세에 입소하여 1940년 16세에 학습을 마쳤다고 보는 것이 타당하다.

허산옥이 남원권번에 입소했다는 설이다. 남원권번 설은 최열이 제기한 듯하다. 허산옥이 어느 권번 출신인지 명기된 것을 찾기 힘들었던 것 같다. 전주권번은 가무악 중심 교육이고 남원권번은 시, 서화 교육이 잘 갖추어져 있으니 남원권번일 것이다. 막연히 추론할 수 있을 따름이라고 했다.[35]

허산옥을 전주권번에서 만난 사람이 있다. 명창 김유앵(1931~2009, 전북무형문화재)이 이리권번에서 학습하던 1942년 12세 때의 일이다. 전주에서 권번생 명창대회에서 장원을 하고 전주권번에 인사를 하러 찾아갔다. 그때 대접을 잘해준 언니가 있었으니 바로 허산옥이다. 거의 학생들을 감독하는 것 같이 보였다.[36] 후에는 허산옥과 친자매처럼 지냈다.

허산옥은 전주권번 출신이다. 권번에서 김희순에게 서화교육을 받았다.[37] 유당 김희순은 1935년 이광열이 창설한 한묵회에 참여했다. 김희순은 전주권번 서화선생이었다.[38] 허산옥은 권번에서 배우고 난 후에도 계속 김희순 화실에 다니며 배웠다. 허산옥이 전주권번이 아니면 이런 화맥을 이룰 수 없다.

효산 이광열 한묵회는 많은 문하생이 출입했다. 허산옥 탄신 90주년 논문에서 홍지석은 허산옥이 한묵회를 찾지 않았는데, 이유가 한묵회에 당시 최고의 문사들이 출입하고 있으니 기생이라는 열등감 때문에 가지 않았을 것이라는 추정이다.[39] 최열은 한묵회를 모를 리 없는데 왜 안 갔는지 모르겠다고 했다.[40] 한묵회는 당시 최고의 지식인들이 학습을 다녔을 뿐 아니라, 그중에 이응로가 있었고, 원금홍元錦紅, 안진주安眞珠 같은 기녀도 다녔다.[41] 1943년 서화 전람회가 전주공회당에서 있었으니 전주권번의 원금희, 송진주, 민초운閔楚雲 등이 출품했다.[42]

허산옥이 가지 않은 것은 권번을 1940년에야 끝냈으니 한묵회에 갈 자격이 안 되었다. 또한 1943년 서화 전람회가 있었는데, 그때까지도 기녀의 첫 출발에 불과하여 자격이 없었다. 다만 권번이 끝난 다음 김희순 화실에 출입한 것이다.

(3) 문인화의 성숙기

8 · 15해방은 민족 자주적이고 문화적 욕구가 폭발했다. 1945년 10월 동광미술연구소東光美術研究所가 개원했다. '동광'이라는 이름은 대선배 서양화가 이순재를 미술지도교사로 모시면서 그가 기자로 근무하던 신문사 동광에서 따왔다. 허산옥 탄신 90주년 기념 논문에서 김취정은 김은정의 《전북근대미술사》를 인용하여 박병수 화실에 출입하던 이순재와 김영창이 개설하고 운영은 김영창이 했다고 했으나, 사실과 다르다. 박병수朴餠洙(1914~1973)가 재정을 후원하고 개설한 미술학원이다. 박병수는 임실 천석꾼의 아들로 일본 와세다대학에서 수학했고, 1939년 18회 선전에 입선한 서양화가이며, 이순재와 김영창이 미술지도를 맡았다. 이응로가 끼어 있으나 1935년 전주를 떠났기에 전혀 맞지 않다.

박병수는 도쿄 스즈키 치쿠마鈴木千久馬미술연구소에서 서양미술을 전공했고, 해방 공간에서는 좌익단체인 조선문화단체총연맹 전북문화부 부책임자, 전주지부 책임자 등으로 활약했다. 1948년 월북하여 북에서 공훈예술가가 되었고 아내 손병옥은 공훈배우, 아들은 인민예술가였다.[43] 박병수는 1948년 정치적 신념과 이념에 따른 자발적 월북

인 까닭에 A급 월북미술가로 분류된다.[44]

미술지도를 맡은 이순재는 도쿄미술학교를 수료한 뒤 선전에 7회에서 13회까지 입선했고, 무감사(국전 추대작가 자격)를 지낸 전주 최초의 서양화가였다. 김영창은 선전에 5회 입선했고, 대한민국 국전 추천작가를 지냈다. 김영창은 이순재가 전주사범학교 재학 시절에 발탁하고 그림지도를 한 서양화가다.[45] 이응로는 1924년 전주에 '개척사'라는 간판점을 운영하며 이광열에게 그림을 배웠고 '죽사竹史'라는 아호도 받았다. 선전에 계속 입선하면서 1935년 도쿄로 미술 연수차 떠났기 때문에 동광미술연구소 미술지도는 허구이고 당치 않다.[46]

허산옥은 동광미술연구소 개소와 함께 입소했다. 그리고 1945년 10월 연구소 첫 전시회에 출품했다. 그렇다면 동광연구소에서 배운 화력이 아니라 권번에서 배웠고, 이에 김희순에게 배운 미술 실력의 결실이었다. 연구소에서는 자기 공부도 하고 고운 한복을 입고 모델도 되어주곤 했다.[47] 연구소는 박병수의 좌익활동으로 경찰 당국의 감시가 계속되었고, 1948년 월북 이후에는 가택수색과 작품 폐기 등으로 연구생들도 조사를 받는 등 난처한 입장에 빠졌다. 연구소 출신 인사는 이의주, 천칠봉, 허은, 이준성, 전영래, 소병호, 하반영, 허산옥 등으로 후에 대성한 화가들이었다.

허산옥은 이미 소개한 바와 같이 8 · 15 후에 운심각이라는 요정을 개업한다. 금옥, 연옥, 산옥의 삼옥三玉(산다마 — 해방 직후여서 일본 단어가 통하던 시절)이 운영해서 산다마집이다. 6 · 25전쟁 전까지 운영했다. 이 시기에 허산옥은 동광미술연구소에서 학습했다. 유당 김희순 화실에도 다녔다. 하지만 6 · 25 이전 어느 무렵 전주에 온 허백련을 만났고 광주 연진회에 출입하기 시작하면서 허백련으로부터 '행원'이라는

아호를 받았다는 김취정의 기록은 다시 검증해야 할 대목이다.[48]

허산옥이 요정을 운영하고 동광연구소에 다니고 광주까지 오갔다는 것은 무리인 것 같다. 광주에 가려면 전주에서 광주 가는 자갈길 버스를 이용하거나 익산에 가서 호남선을 타고 가야 한다. 전주에서 광주로 가는 직행버스도 없던 시대이고, 전주-익산 연결, 익산-광주 기차 연결도 잘 안 되었다. 의재가 전주에 오는 길도 마찬가지다.

허산옥이 의재를 알고 지도를 받은 것은 6 · 25 이후인 것으로 추정된다. 김화래金和來(1943년생. 1964년 국전 입선부터 특선 1회, 입선 12회, 현대미술관 6회 출품, 전북도전 추천작가 심사위원)가 그 사실에 대한 증언하고 있다.[49]

(4) 식도원과 행원

허산옥은 1951년 행원을 개업한다. 영저리청, 식도원, 낙원이던 자리다. 영저리청은 조선 시대 감영과 각 고을 간 연락을 맡아보던 부설 관청이다. 1905년 조선 왕정이 통감부 설치로 정지된다. 일본이 침략하고 1912년부터 전 국토를 토지조사로 측량할 때 감영 땅인지라 조선총독부로 이관된 후 어떻게 사유지가 되었는지는 모른다.

그 후 그 자리에 '식도원'이라는 조선 요릿집이 생겼고, 서울 식도원의 이름을 따온 것이다.

서울 최초의 요릿집은 1891년 문을 연 혜천관惠泉館이다.[50] 기생이 시중을 드는 본격적인 요정이다. 1898년에는 수월루水月樓가 개업한다. 다방과 이발소, 목욕탕까지 있어 다목적 식당이었다. 1903년 안순환이 문을 연 명월관明月館이 본격적인 요릿집이다. 1919년 안순환은 '식도원食道園'이라는 요릿집을 열었다. 그 후 서울에는 국일관, 장춘관, 고려관, 태서관 등의 요릿집이 있었다.[51]

서울은 1915년을 기점으로 기생조합, 권번이 생겼고 그 전후로 수월루, 혜천관, 명월관 등 요정의 유흥 상업공간과 맞물려 수익창출과 기생의 기예 신장, 생활 보장이 가능했다. 전주도 1915년 예기조합에서 1923년 권번으로 발족한다. 여관 및 술과 숙박을 겸한 관, 옥 개업이 있었으니 1923년 노송관, 1925년 진완옥, 1933년 신풍옥, 백운관, 1938년 서천옥, 남창옥, 일신옥 등이다. 하지만 관과 옥에서 일패 기생이 춤추고 노래하는 분위기도 아니었고 그럴 손님들도 없었다.

본격적인 일류 요릿집은 1932년 청풍관, 1933년 전품관, 1935년 전일관, 1938년 낙원 순으로 개업했다. 그런데 권번 개소는 1923년이고 첫 조선 요릿집 개업은 1932년이다. 그렇다면 10년간은 기생의 활동 공간이 없었다. 예능을 팔 수 있는 공간이 있어야 했는데, 바로 식도원이다. 영저리청이 있던 그 자리에 개업한다. 상호는 서울의 명월관, 식도원의 상호 모방이 전국 도처에 있었으니 전주에서도 모방한 것이다.[52]

식도원은 조선요리업으로, 1931년에 제작된 〈전주안내도〉에 기록되어 있다. 언제 개업했는지는 알 수 없다. 1942년 발행된 《전주부사》에는 1938년 낙원이 그 자리에서 개업했다고 했으니 식도원 장소였고, 개업주가 한태수인 것으로 볼 때 그 이전에 식도원은 폐업했고 후에 낙원 요정을 개업한 것으로 추측된다.

1942년 제2차 세계대전이던 전시에 일본은 권번과 요릿집을 폐쇄했다. 8 · 15 이후에 폐업했던 요정이 개점하고 신규 요정이 여기저기 문을 열 때 낙원은 1946년에 매각된다.

정태국이 매입하여 건물을 확장 신축하고 사설 국악학원을 열었다. 전시에 기생은 흩어지고 여급들만 있었으니 판소리꾼이 필요해서 그들의 재교육과 신인교육이 필요했던 것 같다.

1932년 남문 옆에 열었던 권번은 1942년 폐쇄되었다. 1945년 8 · 15 후 성당 옆 골목에 전주국악원을 개원하고 과거 권번 선생들이 이전해왔다. 원장은 김희순이 맡았다.[53] 1946년에는 요정 낙원이 재개장하고 부설로 학원을 개설했으니 '전동국악학원'이라 했다. 국악학원이지만 관행적으로 '권번'이라 부르게 되니 성당 옆 전주국악원을 '전동권번'이라 했고, 낙원 요정에 부설된 것을 '낙원권번' 또는 '전동권번'이라 했다. 따라서 국악원과 국악학원은 있었으나 낙원권번과 전동권번은 없었다. 전주권번에 관해서는 6장 조선 요릿집 "5) 전주권번의 탄생"에서 상세히 다루었다.

(5) 행원 상호와 남전 아호

허산옥이 1951년 행원 문을 연다. 본명은 허귀옥이고 기명妓名은 산옥이다. 권번에 들어가면 누구나 본명 대신 예명을 갖게 된다. 권번의 행수(우두머리 기생) 출신인 수양어머니가 지어주거나 스스로 짓는 경우가 대부분이지만, 특별히 스승이 작명하는 경우도 있다. 외모가 결정적인 역할을 했다. 얼굴이 예쁘면 난향, 홍매, 모란 등이다. 키가 크면 학이나 봉 자를 넣어 학선, 비봉 등이다. 소리가 좋으면 구슬 옥을 넣어 주는데 옥엽, 옥심, 연옥 등이다. 허귀옥은 목이 안 좋고 서화에 능했는데 어찌하여 옥 자가 들어간 산옥이가 되었는지 알 수 없고 궁금한 일

이다.[54]

허산옥이 문을 연 요정 상호는 행원이고 작품 아호로도 사용했으며, 의재 허백련으로부터 행원 아호를 받았다고 되어 있다. 6 · 25 이전 어느 무렵 전주에 온 허백련을 만났고 그것을 계기로 광주 연진회에 출입하기 시작하면서 허백련으로부터 행원이라는 아호를 받았다는 것이다.[55] 그런데 행원이라는 상호 사용은 1951년이고 국전에 처음 입선한 것은 1960년이다. 행원을 아호로 사용했다면 1950년대 이후이며, 남전을 아호로 사용한 것은 1960년대의 일이다.

행원 상호와 남전 아호에 대해서는 김화래 화가의 증언으로 깊이 있게 유추해보고자 한다. 화래(1943년생)는 1966년 국전에 입선하고 특선 1회, 입선 12회, 1985년부터 현대미술관에 6회 출품했으며 전북도전 추천작가와 심사위원을 지낸 문인화가다. 화래는 조부의 지도를 받아 화가의 길을 걸어왔다.

조부는 항일독립투사인 김철수金錣洙(1893~1986, 건국훈장독립장 수훈)다. 김철수는 와세다대학 재학 시 1915년 독립비밀결사를 조직하고, 1921년 상해에서 고려공산당 결성에 참여했으며, 1929년 조선공산당 재건준비위원장 직책으로 국내에 잠입했다가 체포되어 14년간 감옥살이를 하다가 8 · 15 때 공주감옥에서 석방되었다. 김일성의 상봉 친서까지 받았으나 박헌영과 노선 의견차이로 1947년 부안으로 은퇴하여 농사를 지었다. 6 · 25전쟁 중 인공을 기피하여 은신했음에도 좌익 인사로 지목되어 당국의 사찰 속에서 살았다.

손녀 화래를 끔찍이 사랑하여 화래가 1958년 여중에 입학한 후, 방학 때가 되면 서울에 가서 김은호, 손재형 등을 방문하여 인사시키고 화실 환경을 익히게 한다. 또한 광주에 가서 의재 집에 일주일 정도

묵으며 학습시키고 채본을 가져오게 하기도 했다. 1960년 화래가 전주로 나와 여고에 진학하면서 유당 김희순 집에 아예 하숙시키고 맡겼다. 방학이 되면 광주 의재 집에 한 달 정도 묵게 하여 그림공부를 시켰다. 김철수와 의재는 동경 유학 시절 만나 호형호제하는 절친한 사이였다.

화래는 여중 때는 허산옥을 알지 못했다. 여고 입학 후, 김희순 화실과 의재 화실에서 만났다. 허산옥이 의재를 만난 때는 알 수 없고, 김희순 화실과 권번에서 배운 후 계속해서 학습한 것은 확실하다. 허산옥이 의재를 6 · 25 전에 만나 행원 아호를 받았고 요정 이름에 썼다면 국전 첫 입선이 1960년으로 앞뒤가 맞지 않는다. 화래의 회고에 따르면 의재는 퍽 깔끔한 분이라 제자도 엄선해서 받았는데, 요정 상호로 쓰게끔 아호를 지어줄 리 만무하다고 부정한다. 그 후 허산옥의 남전 아호는 의재가 매우 좋다고 하는 말을 들었다고 회고한다.

여러 정황을 간추리면 행원이라는 요정 상호는 허산옥이 지었는지는 모르나 의재가 준 것은 아닌 것 같다. 남전은 의재가 허용했거나 지어준 것이 맞는 것 같다. 허산옥은 권번과 사회생활을 하면서 김희순에게 먼저 배웠으나 거장 허백련과 송성용을 주축으로 삼았다. 몇 사람의 서화교사가 거론되지만, 대선배들이고 예술성은 사숙했으나 스승이라 보기는 어렵다.

(6) 행원 개업과 요정문화

허산옥은 1951년 초에 행원을 개업한다. 영처리청, 식도원, 낙원

이후의 일이다. 허산옥은 1945년 이후 운심각을 경영하다가 6 · 25를 겪었고, 1951년 1 · 4후퇴 이후 행원 문을 열었다. 1951년 3월 초에 행원에서 술을 마신 사람들의 기록이 있다.

18경찰전투대장 차일혁(보관문화훈장, 6 · 25전쟁 영웅)의 수기에서다. 1950년 12월 전북도청광장에서 경찰전투대대 출정식을 가진 다음 곧바로 공비토벌작전에 투입되었다. 구이전투, 칠보전투, 고창작전을 마치고 전주부대 본부로 귀환한다. 아내가 입원하여 병문안하고 나오자 가슴은 막힌 듯 답답한데 정작 갈 곳이 없었다. 땅거미가 질 무렵 평소 자주 가던 행원으로 향했다.

"나 지금 돈이 없는데 술 한잔 주겠소."

"오신 것만으로 영광입니다. 영업을 하고 있는 것도 다 차 대장 덕분인데요."

허산옥이 반색을 하면서 반가이 맞는다.

보신병에게 전화로 2시간 후에 들어간다고 전했다. 옆방에서 왁자지껄 소리가 나더니 너덧 명이 내 방에 들어왔다.

"아니, 차 대장이 혼자서 웬일이오?"

박용상 전북일보 사장과 편집국장 오명순, 기자들이었다. 기자 한 사람이 일선으로 종군기자로 가는 길에 환송하기 위한 모임이었다. 1951년 3월 초순의 일인데, 평소 자주 가던 행원이라 하는 것을 보면 개업은 그 이전으로 소급된다. 다만 1950년 9월 28일 서울이 수복되었고, 1 · 4후퇴가 있었으니 빠르면 1950년 말이고 1951년 극초라 할 수 있다. 정황으로 보면 1951년 극초가 맞는 것 같다.

가람 이병기의 《가람일기》에도 행원이 나온다. "1952년 12월 29일 문리대에 나갔다. 신석정 외 김해강, 백양촌 등 문인들이 신천지(양식집)에서 회합하고 산옥이 집으로 가 망년회를 짝지게 했다"라는 기록이다. 1952년의 일이지만 최고의 문인들이 행원에서 망년회를 열었음을 알 수 있다. 이처럼 전주의 고급관료, 상공계, 부유층, 문인화가들이 행원을 중심으로 연회활동을 했음을 볼 수 있다.

행원은 이미 1950년대 초부터 고급사교장으로 인식되고 있는 중에 김철수와 허백련이 전주에 오면 김희순 일행과 행원에 드나들었다고 화래가 증언하고 있다. 김철수는 광주 의재에게 자주 들렀고, 전주에 오면 석전 황욱[황병근(80세), 황욱 장자의 구술 증언]과 강암 송성용을 자주 찾았다. 김철수는 허산옥을 극구 칭찬했다. 특별한 교육도 받지 않았는데 예술 세계의 경지가 훌륭하다는 칭찬이었다.

미루어보면 허산옥이 6 · 25 전에는 의재와 교류가 많지 않았고, 1951년 개업 후 김철수가 김희순, 허백련과 동반하여 허산옥에게 빈번하게 출입했으며 화래가 광주에 가서 그림지도와 아호를 받고 1960년 국전 입선으로 화가의 길로 입문한 것으로 추정된다.

허산옥은 1950년대 이후 소득은 낮고 경제는 어려운 시절에 선배 화가, 국악인을 극진히 대접하여 모셨고 어려운 학생들을 숨어서 도와주던 자선 화가였다.

(7) 화단의 푸대접과 사랑의 고뇌

허산옥은 기녀 출신 문인화가로 살다가 타계했다. 최열은 허산옥에 대한 대접이 이럴 수 없다고 했다. 홍지석은 생전에 주목받지 못했고, 기생 출신이라는 부정적 인식의 굴레가 있었다고 했다.[56] 그렇다.

없다고 부정하지 못한다. 수도 없는 의문 속에서 1962년 예총 창립 시 특정인사의 회원자격에 대한 부정적 시비부터 따져본다.[57] 5 · 16 군사정권은 신문화의 질서 확립을 위해 1962년 예술문화단체총연합회를 결성했고, 자격은 10개 협회였다. 서울에서부터 시비가 벌어졌고, 전주도 예외는 아니었다. 문학, 미술, 음악협회에서 세 단체는 순수예술협회인데 건축협회는 노가다이고, 국악협회는 기생들이고, 연예협회는 딴따라들이라 같이할 수 없다는 시비였다.

미술협회에서도 기생이 그림 좀 그렸다고 회원이며, 간판쟁이(하반영)가 그림 그렸다고 회원이 될 수 없다는 시비에 휘말린 것이다. 그 연장선상에서 1985년《호남 한국화 300년》에서 허산옥이 배제된 것을 위시하여 여러 군데서 제외되어왔다. 국전에서도 간혹 입선에 빠지기도 하고 단 한 차례 특선에 머물렀으며, 추천작가나 심사위원을 하지 못했다. 늦게 시작된 전북도전 때는 국전 입선작가임에도 도전 추천작가나 심사위원에서 배제되었다. 허산옥이 19세부터 기른 조카딸 허영숙의 구술 증언에 의하면 기자들이 취재를 오면 화장실로 숨어서 안 나왔고 도전 심사위원도 안 하려고 했다는 것이다.[58] 표출하지 않으려는 겸손도 있었으나 기생 출신 굴레가 없다고 하지 못한다.

허산옥의 고귀한 사랑 세계에 대한 조명도 허술하기 짝이 없다. 2010년 한국콘텐츠진흥원에서 조권행이 펴낸 허산옥을 모델로 한《권번 기생 비밀의 기억》은 이웃 청년에게 실연당한 사실 외에 생애와 예술에 관하여 어떤 기록도 없었다. 간행을 추진한 전前 (재)전주정보영상진흥원장 이홍재는 허산옥을 알려고 많은 노력을 해서 만화책 간행을 추진했으나 실패했다고 고백하고 있다. 그럼에도 버림받은 충격으로 예술에 눈을 떴으나 평생 독신으로 살아간 것으로 보인다고도 했

다. 이는 허산옥의 사생활과 맞지 않다.[59]

허산옥의 사랑 세계에 대해 공인된 것은 아무것도 없다. 다만 몇 사람의 구술 증언으로 미루어 몇 가지를 간추려본다. 기생이 된 후 실연했다는 사실은 아무도 알 수 없으나 첫사랑에 실연한 러브스토리는 누구에게나 있다. 허산옥이 8 · 15 이후 가장 가까이 지낸 남자는 김승태였다. 한민당 도당 거물로 동양제사주식회사(일본 귀속 재산) 사장이었고 2대, 3대 민의원에 출마하기도 한 훤칠한 미남자였다[정규용(85세), 구술 증언].

또 한태수를 꼽을 수 있다. 이는 하반영의 구술이다. 2011년 3월 18일 함한희와 2011년 3월 25일 송화섭의 구술이 있다. 1938년 낙원을 개업한 사람이 한태수인데 이 사람과 동명이인이다. 그런데 하반영은 "낙원 개업은 부여의 정영기이고 한태수는 허산옥과 함께 살았던 사람"이라고 했다. 낙원 개업은 한태수가 맞고, 동명이인인 한태수가 따로 있다. 한태수는 최후로 인천전매청장을 지낸 관료 출신이고, 허산옥이 사랑했던 사람이다[허산옥의 조카딸 허영숙(70세), 서은석(88세) 구술 증언].

어떻게 헤어졌는지는 모른다. 허산옥은 행원 여종업원들에게 "함부로 남자를 사랑하지 마라. 서로 눈물 흘릴 짓은 말아야 한다"고 신신당부했다. 오랫동안 독신으로 지내왔다. 허산옥은 행원 후반부에 중매로 장세환이라는 남자를 만나 정식 결혼식을 올렸다. 한 남자와 가정을 꾸리고 생을 마쳤다. 평범한 남자를 만나 알뜰살뜰 사랑을 주고받으며 가장 행복하다는 말로 생을 마쳤다[민소완(74세), 구술 증언]. 이성으로 사랑한 사람은 한태수였고, 남편으로 사랑한 것은 장세환이었다[조카딸 허영숙(70세), 구술 증언].

(8) 요정 행원의 사적요정 지정

전주 객사는 풍패지관이다. 본채 중앙에 임금의 궐패를 모셔놓은 곳이고, 양 날개는 당상관 이상 고관대작, 내방객의 숙소다. 뒤뜰은 유흥공간으로 세 동의 연회 건물이 있었다. 바로 밑 동남쪽에는 주안상을 준비하는 주방이 있고, 그 밑에는 기생의 숙소인 교방이 있었다. 여름에는 진남루鎭南樓에서 연회가 벌어진다. 주안상이 들어오면 행과行果(여섯 번의 안주, 6味)와 술잔이 돌아가는 행주行酒가 행해진다. 그 사이사이에 악공들의 주악酒樂이 흐른다. (I. 전라감영 시대, 1. 전라 감사와 음식 통치 참조)

기생방, 노래와 춤, 술과 안주는 갑오경장을 거쳐 1905년 일본통감부가 설치되면서 자취를 감추었으나 그 맥은 연면히 흘러왔다. 서울의 안순환이 경영한 명월관에서 궁중요리가 계승되었고 전주는 객사 연회장에서 권번 발족과 식도원으로, 낙원을 거쳐 행원으로 이어져왔다. 맥이 끊어진 것도 있고 변질되거나 망각된 것도 있었지만, 어느 한 가닥의 흐름은 기생 허산옥을 통해 권번의 학습과 보고 들은 것들이 자료가 되어 연면히 행원으로 흘러왔다.

행원의 주안상은 정통 안주상이다. 다만 독상으로 받던 것이 교자상으로 변했고 시대상에 따라 식자재, 요리 솜씨가 변했다 해도 정통은 이어져왔다. 술과 주흥이 끝난 다음 곡기를 채우기 위한 식사상은 밥상 음식이다. 밥상은 전주 한정식으로 진화하는 데 일말의 공헌을 했다.

그렇지만 최열은 요정과 한정식을 동일한 음식점처럼 평가하는 송화섭의 시각을 성격상 큰 차이가 있다고 지적했으며, 이는 맞는 이야기다.[60]

행원 주안상은 객사 기생방에서 이어져왔고, 서울 요정의 주안상을 참고하면서 형성된 요정요리다. 한정식은 1950년대 중반에 탄생했기에(IV. 한정식 형성 시대, 12. 한정식 참조) 요정은 요리상이고 한정식집은 밥상이므로 성격상 차이가 있다. 요정이 소멸되면서 한정식집에서 요정 비슷하게 여종업원이 서비스를 하는 것이 요정처럼 보였을 뿐 요정은 아니다.

요정이 소멸되면서 행원도 한정식집으로 전환되고, 요정이 폐업된 후 국악카페로 존속하고 있다. 허산옥의 뒤를 이어 안경애가 10여 년 운영하다가 행원의 주방 조리사를 데리고 나와 만성장을 차렸는데, 만성장은 지금도 성업 중이다. 안경애 다음으로 판소리 명창 성준숙(예명 민소완)이 요정 행원을 경영하다가 한정식으로 전환했고, 지금은 국악카페로 운영하고 있다.

일본도 요정이 소멸 직전에 있어 오래된 요정을 사적요정史蹟料亭으로 지정하여 전통을 이어가고 있다. 행원도 사적요정으로 지정하는 특단의 배려로 행원의 요정문화가 존속되기를 바라는 마음이다.

(9) 그래도 요정이다

박정희 정권 말기인 1972년, 북한과 물밑에서 극비로 남북대화가 열렸다. 북한 대표가 오면 요정에 안내했다. 바로 삼청각이다. 한국의 좋은 곳을 보여주기 위함이었다.

그러나 북한 대표의 반응은 싸늘했다. 가난한 집 딸들이 돈에 팔려 술자리에 나와 술을 따르고 타락한 자본주의의 단면을 보여준다고 매도했다. 표면상으로는 별로 흥미가 없는 듯 근엄하게 앉아 있었으나, 술상 밑에서는 여종업원의 손을 잡고 즐거워하면서 남쪽에는 이렇게 즐거운 곳이 있는 줄 몰랐다며 부러워했다는 정부 당국의 후일담이다.

딱딱하고 공식적인 북한 대표도 요정에서는 흐물거리는데, 외국 무역 상사의 사람들을 대접하기 위해서는 요정이 필요악이기에 지금의 강남 요정이 다시 살아날 수밖에 없다.[61]

9
다방

1) 다방의 출현

차는 2천 년 전 중국의 윈난성에서 북상하여 마셔온 것으로 추정된다. 중국 윈난성에는 수령이 800년 된 거대한 차나무가 생존하고 있다. 이미 당나라 때 차문화가 정착되어 한반도와 일본으로 전파된 것으로 추정된다. 중국의 송나라 때 수도 장안에 다점茶店이 있었고, 청나라 때는 다관茶館이 성행하여 상거래 장소였다.[1]

한반도에는 7세기 중엽 신라 선덕여왕 때 중국에서 처음 소개된 사실이《삼국사기》에 나타난다. 고려는 불교국가로, 차는 큰 의미를 지닌다. 다례茶禮는 정부나 사찰의 주요 의식이었다. 조선은 중앙관청에 소속하여 차를 끓여주는 여인이 있어 '다모茶母'라 했다고《경국대전》에 기록되어 있다. 조선 말엽 세종로 육의전 길목에 다모가 있었다. 물건 파는 상점 툇마루에 걸터앉아 차를 끓여 부어주었다. 요즘 말로 '길다방'이다. 내외법이 숨 막혔던 시대, 빨간 댕기에 겨드랑이 곁마기를 한 요염한 모습에 장사꾼들이 모였다. 그래서 지금의 다동茶洞이 생겨났다. 그럼에도 근대적 다방은 일본에서 받아들이게 된다.[2]

일본은 문명 개화 속에서 도쿄 우에노上野에 1888년 가부다관可否茶館이 처음으로 생긴다. 1911년에는 카페가 들어온다. 다방은 '깃사텡喫茶店(끽다점)'으로 커피가 주이지만 경양식도 팔았고, 카페는 여급이 있는 술 파는 곳으로 양분된다.

우리나라는 1910년 남대문역에 깃사텡이, 1911년 종로에 '부인다옥'이 생긴다. 1920년대 후반이 되면 서울의 상류 부유층이나 인텔리들이 출입했고, 1930년대에는 다방 전성기이자 황금기다. 대표적인 것이 시인 이상의 제비다방이다. 모던보이, 모던걸들과 문학인들이 출입했다. 음악감상 다방도 여러 군데 개업하여 러시아식 트로이카, 프랑스풍 미모사, 독일풍 윈, 매주 정규 음악회를 연 휘가로 등이 성업했다. 다방의 전성시대는 1970년대였다. 대형화 · 고급화 경쟁에다 면과 읍

[1]남대문역 구내 다방(1915)

단위 소도시도 대도시 뒤지지 않는 다방이 출현하여 농촌사회에 부작용을 낳았다. 칸막이를 하고 맥주를 팔고 소위 티켓을 뗐다. 전성기적 말기 징조였다.[3]

2) 전주의 다방

지방도시에도 다방은 있었다. 일제강점기 때 군산, 목포에 다방이 있었고, 8 · 15 이후에도 있었다. 다만, 전주에는 일제강점기 때 '고하다옥古賀茶屋'이라는 차 재료를 파는 일본인 상점이 있었으나, 다방은 없었던 것 같다. 8 · 15 이후에도 '신천지'라는 양식집에서 차를 팔기는 했으나 다방은 없었다. 다방이 개업한 것은 1950년 늦가을인 듯하다.

1950년 9월 28일 유엔군이 진주하면서 인민군이 패퇴하여 전주가 수복된다. 세상이 어수선하고 길거리를 헤매는 사람은 많으나 마땅히 만날 곳이 없었다. 타지에서 피난 온 사람, 전쟁으로 만나지 못했던 사람들이 곳곳에서 안부를 묻고 돌아다닌다. 전화도 없던 시절이라 정해놓고 만날 장소도 없다. 당시 백도극장 앞 시청 담벼락에 어디서 피난 온 누구를 찾는다는 대자보가 수십 장 붙었다. 1983년 KBS 〈이산가족찾기〉 프로그램의 대자보 시원始原이 아닌가 생각된다.

군예대와 악극단이 민심 수습차 전주극장에서 공연을 빈번히 하는데 극단 종사자들이 쉴 곳도 없다. 이때 도립극장 골목 중간에 다방을 열었다. 전주 최초의 고향다방이다. 일본 가옥을 개조하여 다방을 열자 삽시간에 사람이 모이고 유명해졌다.

제2대 옥구 출신 국회의원 지연해池蓮海 집이다. 지연해의 여동생이 서울에서 살다가 전주집으로 피난을 왔다. 악극단이 공연하고 사람은 몰리는데 쉴 장소가 없다. 오빠를 졸라 고향에 와서 문을 열었으니

[2] 삼양다방은 2013년에 없어지고, 그 자리에 이름과 소품으로 분위기를 만들어 내고 있다.

[3] 문예봉(1917~1999)은 〈임자 없는 나룻배〉(감독은 이규환이며, 1932년 단성사에서 첫 개봉한 한국 3대 명화 중 하나)에서 주연한 유명 여배우다. 1930년대 말 전주 제국관에서 영화 〈여로〉를 상영하기 전에 문예봉의 무대 출연을 예고하는 찌라시(전단지)다. 내용을 보면 "사인한 부로마이드를 제국관 매점에서 판매하고, 선착순으로 50명에 한하여 직접 사인하여 준다"고 홍보하고 있다.

고향다방이다. 갈 곳이 없어 길거리에서 헤매던 사람과 악극단 사람들이 몰려들어 문전성시를 이루었다. 이를 보고 있던 건너편 익산 왕궁 출신 왈가닥 아주머니가 이어서 다방을 열었다. 왕궁다방이다. 또 그 옆에 카멜다방이 문을 열었고, 1951년이 되면 골목에 즐비하게 다방이 문을 열어 다방골목이 되었다. 1960년대부터 극장과 다방 문화가 어우러져 '짱골목'이라 했다.[4]

도립극장(전주극장으로 개명, 후에 소실)은 제국관으로 1925년에 개장한 592석의 중규모 신식 극장이다. 극장은 문화의 중심지다. 1940년 전후 일본 사람의 회상기를 본다. 오후가 되면 여기저기의 확성기에서 음악소리, 재즈소리가 요란하다. 밤이 되면 네온사인이 번쩍거렸고 화려한 상점이 즐비했다. 일본인이 운영한 고급요정이 6곳, 카페가 5곳, 고급식당이 5곳 포진하고 있어 일이 끝나면 환락가에서 만나고 떠들고 취하는 곳이다. 퇴근 때 한 번씩 둘러보는 상점가로서 전주 경제계의 심장거리라 할 만했다.[5]

[4]화가 하반영이 스케치한 전주극장 모습(1920)

극장 중심 상가 번영은 8 · 15광복 후에도 계승되었고, 9 · 28 서울 수복이 되어 멎었던 심장이 뛰면서 곧장 부활했다. 그 중심에 역시 도립극장과 고향다방이 있었다.

3) 다방과 악극단

1950년 9 · 28 서울 수복과 더불어 국군 11사단이 지리산 밑 남원에 주둔한다. 사령부는 남원이고 13연대가 전주에 주둔했는데, '화랑사단'이라 했다. 사단 정훈부가 설치되고 군예대와 화랑악극단이 가동된다. 군예대는 민심수습과 장병 위문을 위해 각 부대와 주민을 위문한다. 또 극장에서는 시민을 위한 유료 공연도 한다. 군예대 외에 민간 악극단도 문관, 군속 등으로 군에 소속되어 군 트럭을 이용하여 치안이 확보된 지역에서 공연한다. 1945년부터 1950년까지 활동했던 악극단체가 20여 개 있었다. 이들의 일부는 군예대로 군부대 위문을 하고, 군 재정이 부족하여 일부는 유료로 극장 공연을 했다. 도립극장 공연단체도 군예대 소속 악극단들이었다.

주말과 주중에 한 단체씩 공연했는데 화랑, 라미라, 일민쇼, 청춘부대 등이 대표적이다. 무대 공연 구성은 1부 악극(반공), 2부 가요쇼다. 〈네가 빨치산이냐?〉, 〈지리산의 봄소식〉, 〈밝아지는 지리산〉, 〈병든 청춘〉, 〈원한의 복수〉, 〈나는 이렇게 싸웠다〉 등의 연극이 공연되었다. 인원은 한 단체당 50~60명 내외였다.[6]

갑자기 단체손님이 쏟아지니 여관이 모자라게 된다. 1945년에는 여관이 8개소였는데, 1951년에 27개소로 늘어났다. 여관의 증가는 악극단 손님만이 아니라 교통이 불편한 때와 시 · 군에서 공무로 전주에 오면 숙박을 해야 했다. 경기여관, 수도여관, 백도여관, 영풍여관, 풍성여관 등의 시설이 좋았다. 악극단 단원들은 트럭(운송수단이 트럭밖에 없고, 도로는 전부 비포장)으로 먼지 속을 달려왔고, 관객 앞에 서려면 몸을 잘 관리해야 한다. 여관은 온수 보일러에 화장실을 갖춘다. 2박, 4~5식이 준비되고 전주의 맛있는 여관밥상이 제공된다. 이때 전주음식에 찬사가 쏟아졌고, 세상에 널리 퍼진다. 여관밥상은 후에 한정식으로 이어진다.

후생극장(후에 백도극장, 아카데미극장, 피카디리극장)이 있었다. 1947년 경찰후원극장으로 만들어진 가설극장이다. 지붕은 깡통으로 잇고 벽체 일부는 텐트로 덮었다. 바닥은 진흙을 발라 가마니로 덮었고, 의자는 말뚝을 박은 판자로 등받이가 없는 앉은뱅이 의자다. 2류 극장이었으나 여기서도 악극이 울려 퍼졌다. 극장 두 곳에서 끊임없이 악극이 공연된다.

문화도 오락도 없는 암울한 사회의 삭막함 속에서 악극단 구경만이 유일한 오락이고 위안이었다. 극장은 만원이고 다음 차례 공연을 기다렸다. 다방은 만남과 사교의 공간으로, 악극단은 1953~1954년에 걸쳐 공연수가 감소되지만 다방은 계속 증가한다.

4) 우인다방과 영화

서울 최초의 영화다방은 1927년 영화 〈장한몽〉, 〈춘희〉를 감독한 이경손이 관훈동 입구에 다방 카카듀(프랑스혁명 당시 경찰의 눈을 피해 모인 비밀 아지트 술집)를 개업한다. 미술다방도 있었으니 1932년 동경미술학교를 나온 이순석이 소공동 근처에 낙랑파라樂浪(parlour)를 개업한다. 음악다방으로는 1930년 명동에 음악감상 전문 다방 에리사가 있었고, 서울역 앞에 돌체다방이 있었다.[7]

1 · 4후퇴 후, 부산 광복동 거리에는 피난 온 문화인이 결집한 다방이 즐비했다. 그중에 문인들이 주로 출입하던 밀다원다방이 있다. 전시에 불안한 하루하루를 보내던 다방이고 여기서 박화묵 작사, 윤용하 작곡인 가곡 〈보리밭〉이 평화를 그리며 탄생했다. 이중섭, 김환기가 창백한 얼굴로 드나들었다. 김동리의 소설 《밀다원 시대》는 바로 이 다방의 불안한 피난 심리를 묘사한 내용이다.[8]

밀다원다방은 2013년 재개장되었다. 2층 전면에 대형 유리를 설치하여 부산항과 바다, 배들이 훤히 내려다보이는 낭만적 휴식처로 부활했다. 서울에는 영화인 다방 부활이 있다. 전주의 영화시대가 끝막음 될 무렵인 1950년 중반부터 서울 충무로에서 한국 영화 시대가 시작되었다. 영화의 중흥기로, 이강천의 〈피아골〉(1955), 유현목의 〈교차로〉(1956), 김기영의 〈초설〉(1958), 한형모의 〈자유부인〉(1956), 홍성기의 〈춘향전〉(1961, 김지미 주연), 신상옥의 〈춘향전〉(1971, 최은희 주연) 등이 촬영된다. 1950년대에 제작된 영화는 1955년 15편, 1956년 30편, 1957년 37편, 1959년 108편, 1960년 90편, 1961년 69편이다. 충무로는 명실상부 영화거리가 된다. 또한 배우를 영화에 빼앗긴 악단은

1950년 중반에 소멸되어버린다.[9]

충무로는 영화인이 모여들면서 아지트 다방이 번성했다. 대표적인 다방이 스타다방, 청맥다방 등이다. 영화는 1970년대 텔레비전 드라마에 밀리기 시작한다. 심지어 영화관 대기실에 텔레비전을 걸어놓고 드라마를 보여주지 않으면 영화관이 지탱하지 못할 정도였다. 영화는 서서히 쇠퇴하기 시작했고, 영화 촬영이 부진하고 영화인 다방도 소멸된다. 또다시 영화 전성기가 되자 2011년 서울시가 스타다방과 청맥다방을 부활시킨다.

부산의 문인 다방과 충무로의 영화인 다방이 부활하면서 전주의 영화인 다방이었던 우인다방도 문화적인 측면에서 부활되어야 할 일이다.

당시의 다방은 다목적적인 면이 강했다. 미술전시, 음악감상, 출판기념회 등 다양했다. 서울에서도 1950년대 초 인사동에 르네상스 음악감상실이 있었다. 후에 필명을 날렸던 조선일보 주필 이규태가 연세대학교 학생 신분으로 DJ 아르바이트를 하던 곳이다. 1952년 익산 역전에 에덴다방이 있었는데, 피난 나온 서울 음대 교수 이혜구가 음악해설을 한다.

1952년 전주 카멜다방에서는 최초의 시화전이 열린다. 가람 이병기, 서정주, 신석정, 김해강, 백양촌 등의 작품이 전시된 시화전이다. 1952년 그해 가람이 다리봉다방에서 국문학의 빛나는 고시가화古詩歌話를 한다. 10월 29일 한글날에는 고향다방에서 '한글의 밤'을 열고 조선어학회사건 당시의 추억담을 나눈다. 1954년에는 가람 동인회의 《새벽》 출판기념회가 열렸다. 또한 아담다방에서 신석정 시화전을 열었다.[10] 도처의 다방에서 시화전, 음악감상회, 그림전시, 시낭송회 문화

모임 등이 열려 다방 문화행사의 전성기였다.

특히 미술작품 전시회가 다방에서 수시로 열렸다. 전시장도 갤러리도 없던 시대에 다방이 전시장인 것처럼 인식되었다. 한국화, 서예가 많았고, 서양화도 있었다. 전시료가 따로 있었던 것도 아니고, 작품 한두 개만 주인에게 전달하면 되던 시절이다. 다방이 다목적으로 활용되는 가운데 다방 출입고객도 문인, 화가 등 다양했다. 악극단, 영화 시대의 악극인과 영화인의 주된 고객은 우인다방에 몰렸다.

우인다방은 1950년대 전주에 내려온 연극인, 악극인이 모였던 다방이다. 군인 위문공연, 농촌 순회공연, 또 전주극장에서 공연이 끝나면 우인다방에 들러 하염없이 앉아 있었다. 악극단 가수로 출연했던 김정구, 고복수 등이 들렀고, 현인은 노상 앉아 있어 "주인이 현인이다"라고까지 했다. 영화가 개시되면서 〈애정산맥〉, 〈아리랑〉 정도는 계몽영화 수준이라 하더라도 〈피아골〉은 명화와 명작으로 꼽히고, 영화 〈피아골〉이 우인다방에서 기획되고 연출되었다.[11]

또한 다방은 딴따라들이 명배우와 대스타로 재탄생한 요람지다. 문화적 가치와 영화사적 가치가 충만한 우인다방의 재생과 부활이 요청되는 이유다. 부산의 밀다원다방과 충무로의 스타다방, 청맥다방이 부활한 마당에 우인다방의 부활을 더욱 바라 마지않는다. 다방과 악극단, 딴따라와 영화, 명화 탄생의 우인다방 부활을 학수고대한다.

5) 영화 탄생 전야

1950년대 초 전쟁은 계속되고 빨치산의 보급투쟁은 주변 주민을 괴롭힌다. 경찰 공보실에서도 밤낮없이 빨치산 자수 권고와 선무방송, 주민 위안공연을 다닌다. 영화인, 연극인, 악극인, 만담인, 국악인이 참여한다. 피난 온 문화연예인 등이 특채로 경찰 선무 활동을 한다.

공보실의 면면은 박상남, 김종환, 조진구, 전재보, 탁광, 하반영, 김영환, 김영창, 이강권, 서복남 등이다. 후에 영화 제작에 크게 기여하는 사람들이다. 또한 경찰에는 40인 주악밴드가 있어 행사에 가담한다. 이때 막간에 섰던 가수 중에 소녀 박재란이 있다. 군예대나 도경 공보실 연예인들은 상호교류와 사적 만남도 많다. 이들이 주로 만나는 사랑방은 우인다방, 일번지다방, 고향다방 등이다. 공연차 내려온 가수 현인은 며칠[12]씩 우인다방에서 살다시피 했기 때문에 우인다방 주인이라고까지 했다.

당시 우인다방에 나타난 두 사나이가 있었다. 한 사람은 영화감독 이만흥이고 또 한 사람은 전 경찰서장 박동섭이다. 영화를 만들기 위해서였다. 경찰의 재정적 · 경제적 후원을 얻었고 김종환의 시나리오로 만들어낸 전후 최초의 영화 〈애정산맥〉(감독 이만흥)이다. 1953년에 개봉했는데, 공전의 대성황을 이루어 성공한 영화였다. 경찰의 후원을 받은 영화 제작의 단초가 있다. 1949년 육군본부의 후원을 얻어 제작된 영화 〈나라를 위하여〉다. 1949년 〈성벽을 뚫고〉(감독 한형모)라는 영화는 군산 주둔 국군 3연대장 함준호의 후원을 얻어 대성공을 거두었다. 이때 이만흥은 군산신문 편집국장을 하고 있었다.

이만흥은 니혼대학 영화과를 나오고 일본 신코키네마 영화사에서 근무한 바 있는 영화전문가다. 이만홍은 1951년 군산에서 〈끊어진 항로〉, 1951년 〈탁류〉라는 영화를 직접 감독하여 제작한다. 여기에 경찰서장 출신 박동섭이 나타나 과거 영화 제작에 군대 후원이 있었으니 경찰 후원을 얻고 편승하여 영화를 만들어보자고 제안한다. 두 사람이 의기투합하여 경찰 공보실 김종환과 접촉하고 경찰 간부를 만나 후원이 확정된다. 경찰 선무공작 영화로서 자금, 엑스트라 동원, 트럭과 기타 물자를 지원받기로 한다. 그 대신 경찰 전투부대 위문을 하기로 한다. 출연진에는 군산 출신 이집길, 전주 약사 출신 유춘, 여배우 이희숙 등이다. 그런데 막상 여자 조연배우가 없다.[13]

우인다방에 앉아서 기획하고 촬영 진행을 하던 이만홍 감독이 미스 김이라는 종업원을 보더니 대뜸 조연으로 출연시키겠다고 한다. 현장 캐스팅을 한 셈이다. 그런데 다방 주인은 유명한 호랑이 할머니여서 탁광이 맡아 난처한 교섭을 성사시켰다고 기록하고 있다. 끈질긴 설득 끝에 선불로 받은 월급을 반납한다는 조건으로 허락되었다.

예명을 김유희金由姬(본명은 김필순)로 바꾸고 〈애정산맥〉에서 열연을 했다. 1953년부터 1955년까지 수편의 영화에 출연하여 일류스타가 된다. 〈애정산맥〉으로 톱스타가 된 김유희는 그 후 국제결혼으로 은퇴한다. 다방 종업원이 일류 탤런트가 된 바람에 이야기는 엉뚱한 곳으로 튀었다. "도금봉이 다방레지 출신"이라던가, 심지어 "김지미도 레지였단다"라는 등이다. 전혀 사실이 아니고 김유희 건으로 날조된 이야깃거리다.[14]

(1) 영화 〈아리랑〉

악극단 유명배우들도 노상 일이 있는 것은 아니다. 일이 없을 때는 다방에서 찻값이 없어 쩔쩔매거나 점심은 자장면도 간신히 먹을 정도다. 극단 종사원도 마찬가지다. 무대에 오르기를 바라지만 안 되면 다방에 죽치고 앉아 다음을 기다린다.

한가하게 앉아 있던 우인다방에 희소식이 날아왔다. 새로운 영화 촬영이 있다는 소식이다. 참여할 자리를 기대해서였다. 영화 〈애정산맥〉이 큰 성과와 큰돈을 벌었다. 이를 본 후생극장 팀이 자기들도 만들어보자고 나섰다. 영화 〈아리랑〉(감독 이강천, 1954)이다. 6 · 25 때 미 육군 24사단이 인민군의 공격에 지리멸렬支離滅裂된다. 미군 사단장 딘 소장 지프차가 남하 도중 무주군 적상면에서 방황하다가 주민의 보호를

5 영화 〈아리랑〉 포스터.
허장강의 모습이 보인다.

받는다. 포로가 되었다가 휴전 후 석방된다. 영화는 주민이 언어가 통하지 않는 가운데 달걀, 감자로 끼니를 돕고 구석방에서 숨어 지냈던 실화를 영화화했다. 〈아리랑〉 영화를 제작하자고 제안한 것은 김영창이다.

후생극장을 운영하고 〈아리랑〉 영화 제작자인 김영창은 12세 때 나운몽이 전주 보광재에서 세 번째 〈아리랑〉 영화를 촬영할 때 따라다니며 구경하던 기억을 되살렸다. 아리랑은 우리 민족의 절규다. 딘 소장이 애석하게 납치당할 때 감싸주던 동리 사람들이 있었다. 영화 〈아리랑〉(감독 나운규, 1926)에서는 주인공이 일본 순사에게 잡혀갈 때 가족을 향해 애절하게 마지막까지 손을 흔든다. 영화 〈아리랑〉(감독 이강천, 1954)에서는 딘 소장이 인민군에게 잡혀가면서 마지막까지 손을 흔들며 주민들에게 감사를 표한다. 라스트 신이 감동적이다.[15]

감독은 이강천이고 주연은 허장강이다. 1954년 개봉되어 대성공을 거두었다. 이로써 다방 언저리에서 탄생한 두 번째 영화이고, 전주 영화사와 다방 이야기다.

(2) 다방과 영화 〈피아골〉

후생극장은 깡통으로 지붕을 이은 2류 극장이다. 후생극장장 김영창이 만든 영화 〈아리랑〉이 대성공을 거두는 것을 본 1류 도립극장장 김병기는 후생극장을 얕잡아보고 있던 차에 시샘을 하고 영화 제작에 뛰어든다. 영화 〈아리랑〉의 시나리오 작가인 김종환에게 시나리오 집필을 제의한다. 그렇게 탄생한 것이 영화 〈피아골〉이다. 〈피아골〉(감독 이강천, 1955)은 지리산 깊숙한 계곡 이름으로, 1953년까지도 빨치산이 득실거리던 곳을 배경으로 한 영화다. 빨치산이 보급투쟁이라는 명목으로 약탈하고 살상하면서 빨치산 김진규는 공산 이데올로기에 회의를 품기 시작한다. 강렬한 공산주의자인 두목 이예춘이 노경희에게 흑심을 품지만 거들떠보지 않는다. 노경희는 사랑하는 사람 김진규와 자유세계로 탈출을 기도하던 중 김진규가 이예춘을 죽이고 자신도 죽는다. 노경희는 백사장에서 긴 발자국을 남기며 자유세계로 떠난다.

출연진은 김진규, 허장강, 노경희, 이예춘, 윤왕국, 김익환(군예대와 악극단 소속으로 전주에 잔류한 배우들) 등이다. 영화를 준비하고 진행하는 동안 산속 빨치산으로 출연해야 할 이들은 머리와 수염을 깎지 않고 다방생활을 계속한다. 준비 시간 때문이기도 하지만 분장술이 미비한 그때는 수염이 덥수룩하게 자랄 때까지 마냥 기다려야 한다. 다방에서 종일 소일한다는 게 쉬운 일이 아니다. 할 일 없이 기다리는 시간을 때우기도 힘들지만 다방에 들어온 손님들은 웬 수염투성이 사나이 여럿이 앉아 노닥거리는 풍경을 보고는 기이한 눈초리들을 보낸다. 뭐라 설명하기도 어렵거니와 이해되지 않는 분위기로 거의 한 달가량 지내는 이들의 고충은 대단했다. 김진규는 영화 스태프를 만나면 빨리 촬

6영화 〈피아골〉 중 이예춘과 노경희, 이원철이 열연하는 모습

영 좀 해달라고 졸랐다.[16]

1955년 완성된 〈피아골〉은 반공영화임에도 군 · 경의 전투장면이 없고 빨치산의 지나친 박진감 묘사 등의 시비에 휘말렸다. 찬반논쟁에 휩싸인 끝에 간신히 개봉했다. 결과는 대성황리에 상영되었고 한국영화사에 금자탑을 쌓았다. 1956년 제1회 금용상에서 감독상, 연기상(노경희), 녹음상을 수상하는 수확을 거둔다. 리얼리즘 수법과 강력한 휴머니즘을 구현하여 반공 휴머니즘 영화의 대표작으로 꼽혔다.[17] 사무실도 변변히 없던 시절, 다방에서 기획되고, 다방에서 대기하고, 촬영이 끝나면 다방부터 들렀던 시대의 다방영화라 해도 과언이 아니다.

(3) 딴따라에서 대스타로

다방과 밀접한 관계 속에서 제작된 〈피아골〉은 개봉 때부터 논쟁을 불러일으켰다. 반공영화로 만들어졌는데도 빨치산의 지나친 사실감 때문에 그들을 영웅화한다는 용공성(容共性)이 시비거리였다. 영화평론가들의 비평과 찬사, 행정당국의 상영허가 여부를 둘러싼 극심한 갈등이 있었다. 개봉된 결과 리얼리즘과 휴머니즘의 극치라는 평가를 받았다. 한국영화 계보상 나운규의 〈아리랑〉(1926)이 한국영화사상 최고봉의 걸작품으로 꼽히고, 그다음으로 이규환의 〈임자 없는 나룻배〉(1937), 그 뒤를 잇는 영화가 바로 이강천의 〈아리랑〉(1954)이라는 극찬을 받게 된다.[18]

〈피아골〉의 흥행 성공과 영화 예찬으로 인해 악극단시대에서 영화시대로 전환하는 일대 계기가 된다. 변사의 무성영화 전성기가

1926년부터 1936년까지 약 10년간이었다면, 악극단 전성기는 1941년부터 1955년까지 약 15년간이다. 1950년대 후반까지만 해도 10여 편의 영화가 생산된다. 〈피아골〉이 신호탄을 쏜 계기로 영화 전성기가 시작되어 1970년까지 약 15년간 지속된다. 그 후는 텔레비전 드라마에 쫓겨 영화시대가 잠시 멈춘다.

〈피아골〉이 던진 또 하나의 파문이 있다. 악극단 전성기에 활약한 극배우가 영화계의 스타로 전환하여 등장하게 된다. 악극단 시절의 극영화 배우들의 인기도 대단했다. 그러면서도 그들을 '딴따라[탠타라(tantara)가 일본 발음으로 불리다가 우리나라에 와서 딴따라가 됨]'라고 낮춰봤다. 그런데 〈피아골〉에 출연한 극배우를 중심으로 딴따라가 스타로 탄생한다. 1943년 서울 약초극장若草劇場(해방 후 수도극장, 1980년대 폐관)의 전속배우로 등장한 김진규, 이예춘, 노경희 등이 딴따라로 돌아다니다가 〈피아골〉에 등장한 후 한국영화의 대스타로 변신한다.

1953년 〈애정산맥〉으로 명배우가 된 김유희는 다방 종업원으로 일하다가 다방에서 영화를 기획하던 영화팀에게 스카우트되어 스타가 되었고, 악극단 공연 도중 노상 다방에 출입하던 김진규, 이예춘, 허장강, 노경희, 윤왕국, 김익환 등이 스타로 등장한다. 그뿐 아니라 영화제작자 김영창이 전주에서 만들어낸 〈격퇴〉의 황해, 〈옥단춘〉의 박노식, 〈선화공주〉의 김승호, 김희갑 등이 등장하여 영화사상 명배우로 활약했다. 백도극장 간판을 그리던 이강천이 1955년 〈피아골〉 감독을 맡아 대성공을 거두어 일약 명감독이 되면서 한국영화사상 금자탑을 쌓은 인물이 되었다. 악극단, 딴따라에서 영화의 대스타가 된 시대상이다.[19]

5) 다방의 음료수

1551년 터키의 이스탄불에 카페가 개장되었다는 기록이 있고, 1617년에는 베니스와 암스테르담에 카페가 등장한다. 이때 이미 청나라에서는 차가 수출되어 커피하우스가 등장하면서 커피나 차를 동시에 판매한다. 일본의 차야茶屋는 차를 파는 곳이지만, 20세기 초에는 커피와 차를 동시에 취급했다.[20]

우리나라의 다방은 차보다는 커피를 취급했지만, 다방 하면 으레 커피와 홍차가 중심이다. 하지만 1950년대는 먹을거리가 없어 허덕이던 시대다. 다방에서는 커피가 주된 상품이지만, 끼니를 때우고 영양 보충하는 간이식당 비슷하게 변하게 된다. 경식과 음료 메뉴를 보면 우유, 토마토주스, 매실주스, 다래주스 등이 있었다. 그리고 토스트를 구워 내놓았다. 에그밀크, 생강차, 쌍화차, 인삼차, 탄산수로는 오트밀, 칼피스가 있었다.

커피도 원두커피(수입품이 아니라 군산 미 공군 비행장 PX에서 흘러나온 밀수

7다방에서는 커피 외에 여러 가지 음료수를 팔았다.

품)를 3분의 1쯤 넣고 인삼, 소금, 달걀껍질, 담배꽁초가루를 섞어 맛을 냈다는 씁쓸한 커피다. 오트밀은 정체를 알 수 없고, 칼피스는 일본에서 유산균 음료로 만든 상표명이다(일본 칼피스는 제조 100주년 행사를 치르고 있음). 주류도 팔았으니 '위티(위스키 티)'라 해서 소주, 콜라, 사이다를 섞어 팔았다.

걸작은 '깡티'인데, 깡술로 만든 티다. 술장사까지 한 것이다. 국산 위스키를 작은 잔에 스트레이트로 판다. 당시 위스키로는 도라지, 백양, 쌍마 등이 있었는데, 이 위스키 또한 걸작이다. 소주에다 일제 위스키 향을 합성한 상표가 도라지 위스키다. 일본 산토리 위스키의 상품명인 '토리스'를 본따 도라지 위스키로 둔갑시켜 팔았다. 주당들은 소주를 진짜 위스키로 알았고, 다방에서는 한 잔을 '깡티'라 해서 몇 잔씩 비싼 값으로 팔았다. 여종업원이 서비스를 하고 술을 팔았으니 일종의 술집이었다.[21]

그리고 하이볼이 있었다. 제2차 세계대전 이후 미군이 진주하고 군부대 주보에서 팔았던 비싸지 않은 위스키 상표였다. 일본 다방에서는 소주에 첨가물을 타서 '소주 하이볼'이라 하며 정직하게 팔았다. 한국 다방은 소주에 탄산수를 섞고 레몬이나 매실엑기스를 첨가해서 그냥 '하이볼'이라 하며 팔았다. 원료는 아무도 모르고, 마치 외국산인 양 비싸게 마셨다. 좌우간 취하기는 마찬가지다.

6) 극장 골목과 다방

1950년 9 · 28수복 후 도립극장에 악극단이 성황리에 공연하면서 고향다방이 개업하여 손님이 북적거렸다. 고향다방이 성업하는 것을 보고 건너편에 왕궁다방, 카멜다방, 1951년에는 우인, 일번지, 나비, 유정, 밀림, 전원, 무영, 은방울, 은하수다방 등이 우후죽순으로 생겨났다.

8 1950년대 전주극장 앞 좁은 골목에 밀집된 다방의 위치. '다방'을 생략하고 상호만 표기했다. 색깔로 진하게 표시한 길이 짱골목이다.

외곽으로 나폴리, 다리꽃, 신록, 라이락다방이 진을 쳤다.[22]

깡통극장이라 했던 후생극장에서도 매일 악극이 공연되었다. 깡통극장 주변에도 다방이 생긴다. 1952년의 일이고 맨 먼저 서쪽 건너에 아담다방, 동쪽 건너에 삼양다방, 우체국 네거리에 봉우리다방, 다리봉다방이 문을 연다. 가까운 도청 앞에 싸리문다방 등이 있었는데 후생극장 관객과 무관치 않다. 다만 극장과 다방은 1980년대에 소멸되어 옛 이야깃거리로 남아 있을 뿐이다. 최전성기 다방 수가 343개소에 이르렀다.[23]

다방이 즐비한 문화 골목은 극장으로 인해 파생된 현상이다. 그 핵심이 도립극장이다. 도립극장은 1925년 일본인이 건립했고, 무성영화부터 토키(발성)영화, 극단도 일본 극단, 우리의 순극, 악극, 무용 중에서 최승희 무용 공연도 있었다. 8 · 15 후에 일본 재산이 국유화되어 도청에서 경영하면서 도립극장으로 개명되었다. 후에 전주극장이 되었다. 지배인에 김영창, 간판 그리는 선전부장이 하반영(후에 서양화 거장), 그 밑에 이석영, 이하영 등이 실물보다 더 멋진 간판 포스터를 그

9 사리문다방(思理門茶房)을 한글로 '싸리문다방'이라 했다. 이색적인 표현이다. 기억을 더듬어 스케치했다.

10 전주극장의 일제 때 '제국관' 모습(1920년대)

렸고 그 그림에 매혹되어 관객이 쇄도했다. 도립극장 하면 극장 검표원 기도木戸('극장 문지기'의 일본말), 사부로三郎(일제강점기 때 이름, 본명 김금표)를 빼놓을 수 없다.[24]

학생은 극장 출입금지다. 그러나 어른 손을 잡고, 또는 사람들 틈에 끼어서 극장에 들어가고자 여러 놈이 문 앞을 서성인다. 표를 사들고 있다가 여차하면 전선을 뚫고 들어가려고 한다. 이때 각 학교 훈육주임 선생과 검표원 사부로는 호랑이다. 험상궂게 생겼고 주먹깨나 쓰는 깡이다. 기어코 붙잡혀 학교에 통보받아 징계를 받는 학생이 종종 발생한다. 사부로는 학생들의 공공의 적이지만, '싸나이' 같은 존재였다. 사부로를 모르면 전주 출신이 아니고 중 · 고생 시절을 모르는 사람이며 낭만이 없는 사람이다. 사부로가 출입하는 그 앞길의 즐비한 다방은 어른들의 휴식소였다.

7) 짱골목

전주극장 앞 골목에 다방은 즐비하지만, 정작 골목은 폭 5m에 150m 길이의 좁고 짧았다. 동쪽은 객사 부근 8m 가로에서 시작하고, 서쪽 끝은 80년쯤 된 은행나무가 서 있는 8m 가로에 T자로 끝난다. 1929년 하수구공사를 하면서 500년쯤 된 은행나무를 베어냈다. 신목을 벤 자와 입회했던 일본인 세 사람이 그 후 급사하는 바람에 겁에 떨었다. 그 신목 자리에 새끼가 보호받고 자라 오늘의 무성한 은행나무로 서 있다.

전주극장 앞 좁은 골목이 짱골목이다. 극장 골목이 된발음으로 짱골목이 되었다. 언제부터 짱골목으로 부르게 되었는지는 아무도 모른다. 전주극장 선전부장 하반영이 일번지다방을 경영했고, 가족이 부근에서 살아왔다. 하반영의 딸 하가로(77세)의 기억으로는 1960년대쯤 되지 않을까 했다. 짱골목에서 2대째 명물 명태탕(금일옥)을 경영하는 엄주식도 그곳에서 뛰어놀고 자랐는데 어림잡아 1960년대라 회상한다.

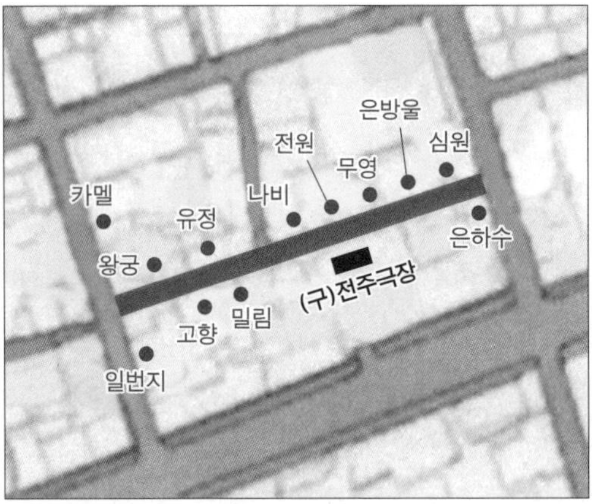

11 전주극장 앞 문화거리 짱골목

짱골목은 극장문화, 다방문화가 꽃핀 문화거리라 증언한다.[25]

'전주 해장국 변천'을 쓴 송화섭은 어느 논문에서 짱골목을 해방 후 일제의 공창인 유곽과 권번의 해체로 짱골목 술집의 번창을 촉진하여 색주가 밀집지대이고 우범지대라고 기술했다. 그런데 짱골목은 전주극장 앞 골목이고, 은행나무 길 건너 골목이 약 200m 계속되어 다가동까지 연장된 곳도 광의의 짱골목이라 하고 있다. 1차는 아니고 2차인 셈이다. 2차 짱골목 끝자락에는 명동나이트클럽과 건너편에 관광호텔이 있었고 그사이에 삼백집이 있다.

따라서 1960~1970년대 유흥업소 종업원들의 거주지일 수 있다. 그럼에도 짱골목이 일제강점기나 해방 후부터 명명되었고, 일제가 조성한 전통이 색주가를 만들었으며, 짱골목은 색주가 밀집지역이고 우범지대라 기술해놓았다.[26] 이것을 본 금일옥 엄주식은 나고 자라고 현재도 영업을 하고 있어 아니라고 고개를 강하게 흔든다. 2차 짱골목은 잡다한 곳이어서 그렇게 보일 수도 있다는 것이다. 1차 짱골목은 전혀 현실에 맞지 않는 말이라고 한다.

1차 짱골목은 극장과 다방문화가 꽃핀 거리다. 백도극장이 있다 하더라도 전주극장이 독점적 성황을 이루자 신설 극장이 난립한다. 1975년까지 9개 극장으로 늘어났다. 과다경쟁에다 TV 연속극에 밀려 극장은 거의 문을 닫는다. 전주극장도 폐쇄되고 전주백화점이 건립된다. 다방도 문을 닫는다. 짱골목에는 극장, 다방은 없어지고 이름만 남아 있으나 그마저도 아는 이가 드물다. 짱골목은 영원히 사라지고 말았다.

IV

한정식
형성 시대

10
콩나물국밥

1) 필수영양제, 콩나물

수렵시대가 있었지만 수렵이 그리 간단한 것이 아니다. 선사인의 체격이나 무기 체계로 볼 때 먹음직한 동물이 매양 손쉽게 잡히는 게 아니었다. 그 대신 야생 먹거리는 크게 두 가지가 있었다. 조개와 콩이었다. 선사시대 주거지에서 패총貝塚(조개무덤)이 많이 나온다. 가장 간단하게 잡을 수 있는 먹거리였다. 다음이 콩인데, 재배와 수확이 쉽다. 땅파고 아무 곳에 심어도 잘 자라고, 살짝 때리면 알맹이가 쉽게 터져 나온다.

풍년의 '豊' 자를 풀어보면 콩 '豆' 자 위에 뫼 '山' 자와 봉 '丰' 자가 좌우로 그려져 있다. 콩이 깍지마다 터질 듯 잘 여물어 풍년이 된다. 콩은 소금과 만나 간장 '醬'과 된장 '豉'가 되어 음식 맛의 기본을 이룬다. 콩나물은 비타민 C 보충에 필수다. 겨울에 콩나물과 김치로 영양분을 보충했다. 콩에는 비타민 C가 함유되어 있지 않다. 그런데 콩나물을 기르는 과정에 아스파르트산과 결합하여 비타민 C가 형성된다. 콩나물의 뿌리에는 아스파라긴산이 많이 포함되어 있어 알코올 분해와 피로 회복에 탁월한 효과가 있다.[1]

선조들은 영양가가 풍부했던 콩을 대단히 애호했고 두부, 된장, 청국장 등을 많이 먹었다. 조선 시대에 유달리 콩을 장려한 사람이 있었으니 성호 이익(1681~1763)이다. 몸소 삼두三豆를 실천했으니 콩죽, 콩장(콩자반), 콩나물이다. 수확 많고 맛 좋고 영양이 풍부했기 때문이다. 사실 콩나물은 우리나라, 그중에서도 전주가 유독 많이 먹으며 서양이나 일본은 숙주나물을 먹을 뿐이다.[2]

2) 나무장수와 콩나물국

19세기 말에 이 땅에 들어온 선교사들은 우리 국민의 폭식을 지적한다. 그중에서 술을 폭음하여 만취한다. 취하면 정신을 잃고 바닥에 드러누워버린다. 웬만한 거리에서도 100m에 한둘은 누워 있는 것을 목격했다고 한다. 인생의 단 한 가지 목적만을 가지고 있는데, 실컷 마실 수 있는 소주를 살 수 있을 정도의 돈을 버는 것이라는 기록도 있다.[3]

과음이 잦았던 어른들은 술 취한 이튿날 새벽부터 해장국을 찾는다. 콩나물국에 숙취 제거용 아스파라긴이 함유되어 효용이 컸다. 가부장적 가정의 어른을 위해 콩나물국을 끓인다. 끓는 국에 소금으로 간을 맞추고 붉은 고추를 찧어 넣어 매큰한 국물을 만들고 밥을 말아 훌

1남밧장에 땔나무장수가 늘어서 있다.

훌 마신다. "어~ 시원하다"라는 말을 뇌까린다.[4]

해장국은 주민의 숙취풀이, 일찍 여행 떠나는 사람, 장사하러 일찍 들어온 사람들, 특히 새벽부터 나무장수들이 애용한다. 완산동과 마주 바라보는 다가동 양쪽 둑방에는 해장국 주막들이 즐비하게 들어차 있다.

나무장수들은 초록바위에서 서완산동 둑방길과 전주교, 즉 싸전다리에서 서쪽 다가산 둑방길과 남밧장 등에 일렬로 줄을 서서 손님을 기다린다. 여기가 나무전거리다. 시량柴糧이라 해서 밥은 걸러도 살지만 찬 냉방에서는 골병들기 때문에 새벽부터 손님이 나무 사러 시중에서부터 종종걸음으로 둑방에 나온다.

나무꾼은 20~30리 거리인 상관, 구이, 보광재에서 새벽에 나와 나무전거리 좋은 목에 선다. 갈퀴나무, 솔가리, 장작, 삭쟁이, 말채단(잡목묶음), 고자백이(밑둥) 등의 큰 짐을 지고 나무전거리에 선다. 전주 3대

바람통이 초록바위, 좁은목, 숲정이 세 곳이다. 홑바지를 입고 간 그들은 초록바위와 방천가에서 얼마나 추웠을까?[5]

새벽에 집 떠날 때 밥 한술 떠먹고 나무전거리에 서 있노라면 곧 팔리기도 하지만 해가 뉘엿뉘엿한 오후까지 안 팔리는 수도 있다. 그래서 도시락을 준비했다. 삼베 쪼가리나 지푸라기를 엮어 보리밥을 쌌다. 행운을 바라고 나뭇단 위에 새끼 나뭇단을 얹고 가 밥을 얻어먹는다.

행운은 또 있다. 나무를 사준 집에 자청해서 마당 쓸고 허드렛일을 하면서 찬밥 한 그릇을 얻어먹거나, 가져간 도시락에 된장을 달라 해서 텃밭 상추를 뜯어 싸 먹는다. 그러나 대부분의 풍경은 이렇다. 나무장수는 양쪽 둑방에서 덜덜 떨며 도시락을 먹거나 남밖 장터 주막에서 사 먹는다. 뜨거운 국물에 토렴하고 새우젓을 쳐 먹으며, 막걸리를 한 잔 곁들인다. 부뚜막 불을 쬐고 그리운 집으로 돌아간다.[6]

예부터 겨울 연료 해결은 무거운 짐이었다. 관아의 연료인 숯과 땔나무는 의무적으로 노비가 담당했다. 향리집은 사노비가, 지주집은 머슴이 담당했다. 일반 백성은 직접 나무를 해다가 땠다. 1905년 노비가 해산되고 20세기 초엽이 되면서 연료 자급이 어렵게 된다. 대타로 서서히 나무장수가 등장하고, 초록바위 부근에 나무전거리가 생겨났다. 나무장수는 일제강점기 때부터 1950년대 말까지 지속되어왔다.

나무전거리와 나무장수 이야기가 마치 조선 시대부터 있어온 것처럼 기록된 것들도 있다. 20세기 초까지도 나무장수는 없었다, 관아는 노비가, 일반 백성은 가족이 산에서 연료를 채취했다. 이로 인해 산은 헐벗었고, 인근 산은 말할 것 없고 고덕산, 모악산 꼭대기까지 나무가 벗겨져 없어졌다.

1950년대 말부터 토탄과 연탄이 연료화되면서 나무장수는 서서히 사라진다. 나무장수 역사는 거의 50여 년 지속된 풍경이다. 나무장수의 애환은 방천둑과 남밖시장 콩나물국과 함께 기록된다. 나무장수가 있어왔고 사라진 것은 알고 있지만, 언제부터 왜 생겼는지는 기록이 별로 없어 모르고 지내왔다.

3) 밥상의 기본, 콩나물국

콩나물은 집에서 길러 먹었다. 물 받는 함지박 위의 시렁에다 밑 구멍 뚫린 시루를 얹어 방 윗목에 보자기를 씌워 모시고 싹을 틔운다. 물을 주는 횟수는 계절별로 다르다. 봄 3회, 여름 4회, 가을 2회, 겨울 1회이고 반드시 우물물을 써야 한다. 아이들은 자면서 뚝뚝 물방울 떨어지는 소리를 들으면서 자란다.

반찬이 마땅찮을 때 끼니때마다 콩나물시루에서 손쉽게 쑥 뽑아 국을 끓이거나 나물을 무쳐 먹는다. 집에서 준비가 안 되면 구멍가게에서 낱돈으로 조금씩 사다 먹는다. 자주 먹다 보면 애들이 "또 콩나물이야?" 하면서 투정을 부린다.

콩나물은 아무 콩이나 기르는 것이 아니다. 콩나물 살이 통통히 찌고 맛있는 콩씨가 따로 있다. 정식 명칭은 임실에서 나오는 서목태鼠目太다. 흔히 '쥐녀리콩', '쥐눈이콩'이라고 한다. 부중 콩나물은 쌍시암 샘물이나 자만동 녹두포綠豆泡 샘물로 길렀던 상품들이나 지금은 전설로 남아 있다. 요 근래는 국립종자원에서 서목태의 장점을 모아 만든 풍산태를 쓴다. 전주콩나물영농조합에서도 250m 지하수로 길러낸 무

농약 풍산태를 사용한다.

4) 탁백이국과 해장국

콩나물국은 특징이 있었기에 일찍이 전국적으로 유명세를 탔다. 1929년 월간잡지《별건곤》에 '진품명품 천하명식 팔도 명식물 예찬'에서 전주 탁백이국이 올라왔다. 서울 설렁탕, 평양 어북장국 등이 거론되었다. 1946년에 육당 최남선이 쓴《조선상식문답朝鮮常識問答》에서도 전주 명식으로 콩나물국을 꼽았다.《별건곤》에서 전주 명식으로 탁백이국을 지명했는데, 경상도와 북한에서는 막걸리를 '탁백이'라 한다. 해설하기를 탁백이집이라는 것은 서울 같으면 선술집이라 했다. 구수한 냄새가 나는 목로 안에 들어가 개다리상 같은 걸상에 걸터앉아 탁백이 한 잔을 벌컥 들이켜고는 탁백이국 한 주발에 밥 한 술 놓아 훌훌 마시는 것이 산해진미와 바꿀 수 없이 구수하고 속이 후련하다고 했다.[7]

탁백이국이라 하니까 탁백이를 그릇인 뚝배기로 해석한 사람도 있지만, 전혀 맞지 않는 말이다. 탁백이는 막걸리를 일컫는다. 따라서 탁백이국이란 탁백이를 마실 때 콩나물 국물로 안주 삼아 마시는 것을 지칭했다. 1920년대에는 '탁백이국'이라는 말을 썼는지 모르지만, 어느 때부터인가 탁백이국이라는 단어로 안 썼을뿐더러 탁백이국이라는 말을 토박이인 나도 들어본 적이 없다. 있다면 할머니가 콩나물국에 밥을 말아 막걸리를 약간 치면 하얀 막걸리가 국에 퍼지고 먹을 때 별미가 났으니 이것이 탁백이국일 수 있다. 그렇기 때문에 탁백이 안주가 콩나물 국물이라는 뜻인데, 콩나물국 자체의 독립된 명칭은 아니고 종속된 명칭이다.[8]

1950년대까지도 콩나물국이라는 말을 쓰지 않고 '해장국'이라 했다. 파 숭숭 썰어 깨소금, 고춧가루 양념 넣고 새우젓, 쇠고기간장으로 간을 맞춘 뒤 달걀을 풀어 부뚜막에 널어 말린 통고추를 손으로 싹싹 비벼 넣은 해장국이다. 오히려 콩나물 김칫국이 훨씬 익숙하고 친숙하다. 콩나물을 끓일 때 묵은 김치 또는 햇김치, 깍두기를 넣어 끓인다. 김치 맛이 강하게 나는 얼큰이다. 콩나물 명태국도 있다. 끓일 때 마른 명태를 넣어 입맛을 돋운다. 지금도 명맥을 잇는 집이 있으니 한국집이다. 한국집에서는 콩나물국밥 대신 삼태탕 이름으로 판다. 옛날식 콩나물 명태국 맛이 난다.

해장국은 우리나라 도처에 있다. 부산 제첩국과 복국, 대구 따로국밥, 충청도 올갱이국, 강원도 곰치국 등이 유명하다. 해장 방법은 나라마다, 지역마다, 술꾼마다 다르다. 우리는 뜨겁고 얼큰한 국물을 훌훌 마시며 시원함을 느껴야 한다.

세계적으로 엽기 해장국도 있다. 일본의 경우는 라멘처럼 진하고 기름진 국물 또는 밥에 낫토(일본 청국장) 얹어 먹기, 우메보시차(매실차), 요즘은 아이스크림 해장, 핸드드립 커피, 끓인 콜라에 레몬과 생강을 타 마시는 등이다.[9]

5) 국물만 판 해장국집

19세기 말 한국에 온 선교사들은 한결같이 음주와 흡연을 지적한다. 과음해서 길에 쓰러져 있고 어린이도 담배를 피웠다고 했다. 결국 음주, 흡연을 악습으로 꼽고 반인륜적이라 여겨 강력한 금주, 금연을 범기독교적으로 폈다. 1921년 순회강연대를 파견해 금주운동을 펼쳤다.[10]

과음한 남정네들은 해장국을 먹어야 한다. 당시를 회상하는 어르신네는 해장하는 버릇이 있었다고까지 말한다. 조선 시대 말기까지는 '해장국'이라는 단어 자체가 없었다. 술국은 있었으나 술을 깨게 하는 것이 아니라 마시는 데 도움을 주는 것이다. 해장국은 일제강점기에 처음 나타난 풍습이다. 술을 마신 다음 날 일찍 잠을 깬 남정네들은 집에 해장국이 준비되어 있지 않으면, 밖으로 나와 나름 외식을 해야 했다.

토박이가 살던 완산동과 개방된 고사동에 국물집이 있었다. 아마도 외식업이 발달하지 않은 1920년대 전후 일로 추정된다. 옥호屋號(손님이 드나드는 상점 이름)도 없이 성씨로만 불린 집들이다.

오씨네는 완산동 현 원각사 골목에 있었다.[11] 신씨네는 고사동 객사 뒤 옛 유기전 골목에 있었다.[12]

가게는 큰 솥을 걸어놓고 콩나물국만 끓였다. 하얀 쌀밥은 상상하기조차 어렵고, 보리밥도 먹기 힘들다. 밥은 아예 팔지 않았고, 외식 개념도 없다. 물론 따로 안주도 없다. 국물만 팔았기 때문에 그릇을 가져가야 한다. 다만 막걸리는 준비되어 있다. 손님이 가면 그릇에 국물을 퍼주고, 부뚜막에 널어놓은 희나리(사전에는 덜 마른 장작이라 했는데, 전주에서는 병들어 희끗희끗한 고추를 말한다. 고추 생산은 해마다 작황이 다르다. 병충해가 많고 흉년이 든 해가 많다. 병든 고추는 이래서 양념으로 사용하기도 하지만 희나리를 넣으면 별미가 있다고 생각했다)를 손바닥으로 부수어 넣어준다. 대개 해장국이나 막걸리를 사오라 해서 어린이들이 심부름을 다녔다.

찾아가는 주객도 있었다. 밥을 팔지 않으니까 베 조각에 밥을 싸 가지고 가서 국물을 받아먹으면서 막걸리 한 잔을 마신다. 새벽에 일 나가는 사람도 찬밥덩이를 가져가 토렴한 국물을 먹고 나간다.

오씨네는 그 후 소멸되어버렸다. 신씨네는 십이칸도로(지금의 팔달로) 쪽으로 이사하여 1950년대에 큰 설렁탕집을 차렸다. 앞길 건너 권씨네 설렁탕집과 마주 보고 성업을 이루었다.

고故 박병연(당시 95세), 김용신(87세) 등 원로들이 증언하는 전주 최초의 콩나물국집 풍경이다.

6) 콩나물국밥 식당

완산동은 남밖시장과 가까운 주택지이고 상인의 동네였다. 다가동은 성벽이 철거되면서 일부 지주집과 서민이 모여들어 완산동과 연결된 서천교를 중심으로 번성했다. 당시 전주천은 홍수가 나면 범람하다가 평상시는 물이 줄어들어 양쪽의 약간 높은 둑 위에 가가假家(가게의 원말)들이 즐비하게 들어찬다. 그러다가 홍수가 지면 다 떠내려간다.

매곡교를 연죽교(담뱃대장수)라 했고, 거기서 초록바위 쪽까지 모래사장에는 우시장이 서 쇠전강변이라 했다. 우시장 남쪽 완산동 둑 쪽에는 유물방油物房(우산, 장판, 갈모, 투전 등의 상품)이 자리 잡고 있다. 서천교

2바로 앞에 보이는 다리가 완산교이고 다음에 낮게 보이는 다리가 서천교다. 서촌교 왼쪽은 다가동으로 콩나물국밥집인 도라파집이 있었고, 오른쪽은 완산동 김제파집이 있었다.

를 중심으로 해서 허름한 주막집이 밀집해 있다. 주막과 하숙집, 팥죽집들이 섞여 있는 곳에 콩나물국집이 있었다.[13]

서천교 건너 다가동 쪽에 도라파집(도라주파집. 주파가 줄어든 말. '酒婆'는 술을 파는 여인을 지칭함)이고, 서천교 남쪽 완산동 쪽에는 김제파집이다. 도라파집의 '도라'의 의미는 알 수 없다. 두 노파는 꽤 인기가 있었던 데다가 국밥 맛이 좋아 성업을 했다.[14]

주막집에서도 술국이라 해서 콩나물국을 내놓기는 했으나 주로 시래기국이었다. 본격적인 콩나물국 식당은 두 노파에서 시작하여 남밖시장에 퍼지고 나무장수들이 끼니를 때우는 훌륭한 콩나물국 식사였다.

7) 맛의 시원始原, 콩나물국밥집

배고팠던 일제강점기를 지나서 본격적인 콩나물 식당의 시원은 삼백집이다. 1945년에 문을 열었다. 욕쟁이 할머니(故 이봉순)가 주인이었다. 고 방복순 할머니를 거쳐 지금은 아들(조정래)이 영업 중이다. 창업자인 욕쟁이 할머니는 300그릇이 팔리면 오전이라도 문을 닫아 삼백집이다. 욕쟁이 할머니로 유명했다.

1920년대 이후 전주콩나물국이 유명해졌으나 정상적 옥호(1945년 개업)를 지니고 지금까지 계승된 곳이 삼백집이다. 콩나물국의 조리방법과 맛에는 크게 두 부류가 있다. 남밖시장식과 삼백집식이다. 아침은 해장국집이고 점심과 저녁은 식사집이며 콩나물국의 식재료, 조리법, 맛 등의 정성적 체계와 식당으로의 규모와 경영 등의 방법으로 삼백집류를 정립시킨 곳이다.[15]

이제는 서울과 대전 등 전국에 가맹점을 내고 있어 콩나물국집의 시원이라 할 만하다.

8) 3심옥의 콩나물국 재창조

민족적 비극인 6 · 25전쟁이 9 · 28수복으로 일시 평안을 찾았다. 아직도 북쪽에는 전쟁이 계속되고 있어 서울에서 피난 내려온 사람들이 많았고, 산악지대에는 공산 빨치산이 준동蠢動하고 있어 산간주민은 치안이 확보된 전주로 피난을 나왔다. 일시 인구가 불어나고 시국 상황이 불안정한 상태에서 전주극장과 후생극장은 악극단 공연이 매일 성황을 이루었다.

후생극장이 있는 곳은 시청(지금의 중소기업은행)과 마주 했고 앞길은 십이칸도로(25m 폭이고 당시에는 도로명이 없었으며, 후에 팔달로로 명명)였다. 일제강점기 말 역전 5거리에서 경기전 서문 앞까지 약 500m를 개설했으나 비포장상태였다. 후생극장에 사람이 몰리자 불안정한 전시상태에 할 일 없이 나온 사람과 섞여 상당한 인파가 넘실거렸다.

십이칸도로는 일제가 전찻길로 계획한 도로였으나, 인차도 구별 없이 비포장 자갈도로 상태로 방치되어 있었다. 사람이 운집하자 양쪽 5m씩에 노점(하코방이라 함)이 판자로 가게를 짓자 삽시간에 양쪽에 길게 들어 차버렸다. 차가 없던 시대였으나 차도로 중앙에 10여 m 빠끔히 남기고 양쪽은 노점거리가 되어버렸다. 전시라서 저지하는 곳도 없고 너도나도 차지해버렸다. 1950년 11~12월에 벌어진 일이다.

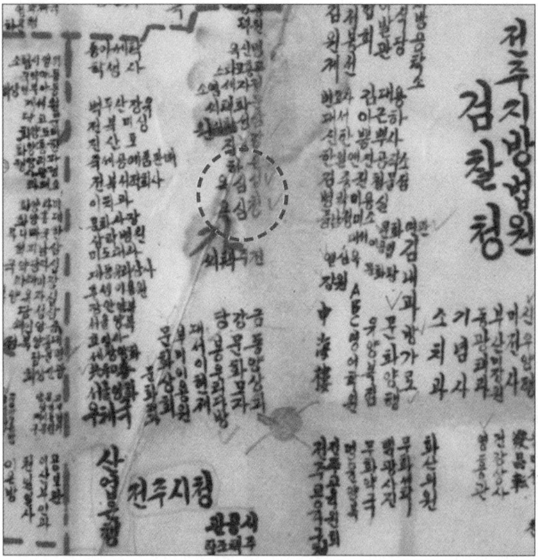

[3]팔달로(당시는 십이칸도로)의 양쪽 꼬방동네가 정리되어 원상도로가 되었다. 전주시청 부근에 자리잡은 성심옥, 청심옥, 정심옥 중에서 두 곳이 지도에 기재되어 있다.

여러 상품을 파는 노점 중에 콩나물국밥을 파는 가게는 모두 시청 옆에 개업했다. 세 집이 유명했다. 성심옥, 청심옥, 정심옥이고 이를 '3심옥'이라 했다. 허기지고 먹을거리가 없어 어려울 때 콩나물국은 싸고 간편해서 폭발적 인기를 누렸고 시도 때도 없이 붐볐다.[16]

이때의 콩나물국밥은 해장국을 넘었고, 한 끼 식사로 격상된다. 콩나물을 소금간으로 삶아 비린내가 가신 국물을 뚝배기에 담아 밥과 콩나물을 넣는다. 새우젓이나 쇠고기자장으로 간을 맞춘다. 김치를 썰어 넣고 끓인 후 파, 깨소금, 통고추를 쳐서 내놓는다. 취향에 따라 깍두기 국물을 두어 수저 넣고 먹는다. 달걀은 없을 때였다. 3심옥은 점심식사 집으로 널리 애용되었다.

정심옥은 1955년경 시청 옆에서 경기전 서문 옆으로 이사를 갔다. 하코방 노점들은 10여 년간 시당국과 옥신각신하다가 1960년이 되어서야 강제 철거가 시작된다.

청심옥은 그 후 어떻게 되었는지 기록이 없다.

성심옥은 시청 건너 동쪽의 정식 가게에 입점하여 오랫동안 영업을 계속했다. 성심옥은 유명 대열에 있었다. 성심옥 자리에서 동문네거리는 가깝다. 한옥마을과 가까운 동문네거리는 7~8개의 콩나물국밥집이 밀집해 있다. 왱이, 풍전, 다래, 동문원 콩나물집 등이다. 새롭게 출발한 동문네거리 콩나물국밥집은 콩나물국과 한옥마을의 전국적 명성에 힘입어 관광객 시대를 맞이하고 있다. 특히 김치 맛이 뛰어난 왱이집은 주말이면 관광객이 줄을 선다.

동문네거리 콩나물국밥집은 새롭게 모인 곳이지만, 토박이 눈에는 1960년대까지 성업했던 3심옥과 특히 성심옥의 잔불이 안 꺼지고 여기저기 잠복해 있다가 새롭게 불이 타고 있는 것으로 비친다.

9) 행정이 지원한 콩나물국밥집 — 한일관

남밖시장에는 여러 토속음식을 팔고 있었고 장국밥, 국수, 비빔밥, 콩나물국밥 등이다. 해방관, 현대옥, 3번집, 한일옥 등이 시장에서 성장한 국밥집이다. 한일옥은 박강림이 익산 이리극장 앞에서 선술집을 하다가 남밖시장으로 이사하여 개업했다가 1954년에 양키 구제품 골목으로 이사를 했다. 주로 콩나물국밥과 복쟁이국밥을 팔았는데 오히려 복쟁이국밥이 더 유명했다.

1980년 전국체전의 방문객을 대비하여 고사동 옛 대장간 골목으로 이전하여 한일관으로 개칭했다. 전국에서 오는 손님을 맞이할 만한 콩나물국밥집을 육성하기 위해 행정당국의 지원하에 개업한다. 골목은 하얀 차돌을 깔고 대문은 한식으로 단청하여 고전적으로 단장했

행정적 지원에 힘입어 고사동으로 이전한 한일관의 한옥식 입구와 간판

5맛깔스러운 콩나물국밥과 수란

다. 초기는 유명세를 치르면서도 수지가 맞지 않아 행정당국에서 세제적 · 재정적 지원을 계속했다. 출장 온 고급관료와 대기업 임원들은 아침에 반드시 한일옥에 들렀다.

모던한 실내 단장과 주방을 전면적으로 개방하고 국그릇은 수십 열로 장치된 가스불에 하나씩 일일이 끓여냈다. 국밥은 한일옥 특유의 투가리 맛과 달걀, 파, 깨, 고춧가루 양념 그릇을 따로 챙겨 깔끔한 1인분이었다. 큰 손님이 올 때마다 도지사와 원로들이 빠지지 않고 안내하여 접대했다. 먹고 맛있다며 칭찬하고 다시 출장 왔을 때도 역시나 한일관 방문이 필수 코스가 되었다. 수많은 유명 인사들이 다녀갔다. 도지사와 원로들은 손님을 맞이하고 맛있게 함께 먹었다. 손님은 한두 번이지만 도지사와 접대하는 원로들은 매일이다 싶었다.

웃으며 먹지만 매일 먹는 사람은 맛은 고사하고 고역이 아닐 수 없다. 먹어줘야 하는 지겨움과 고충을 누가 알아주랴. 접대하는 사람끼리는 가끔 눈을 찔끔하며 난감한 표시를 한다. 콩나물국밥집 엘레지라고 할 만하다.

10) 콩나물국밥과 맛 내는 두 가닥

예술이나 기예 분야에서 아무개류流 하는 유파流派가 있다. 으뜸되는 계통에서 독자적인 주의나 수법을 가지고 갈려 나온 파다. 유파라는 단어는 우리 것이라 해도 누구류, 아무개류라는 지칭은 일본문화를 그대로 옮겨온 감을 떨쳐버리지 못한다.

판소리에서는 동편제, 서편제 등으로 가른다. 동편제는 섬진강 동쪽인 남원을 중심으로 운봉과 구례, 곡성 지역이다. 특징은 정중하고 온화하면서도 씩씩하고 웅장하다. 서편제는 광주와 나주, 보성 지역이다. 애원 처절하고 맑고 높은 기교를 보인다. 또한 각 제 속에서도 이날치판, 정재근판 등으로 나뉜다.

음식 맛에 있어서도 '제'와 '판'으로 가름해본다면 본격적인 맛을 낸 삼백집과 한일옥으로 두 가닥이 있다.

① 삼백집제 국밥말이

고사동 삼백집에서 기법을 익혀 나간 요리사와 분점 형태로 분가한 식당들이 있다. 밥을 만 콩나물국에 갖은 양념을 더하고 그 위에 달걀을 얹어 불에 보글보글 끓인 다음 새우젓을 많이 쳐 내놓는 국밥이다. 창업자 이봉순의 국말이판이다.

② 남밖장제 국밥말이

남밖장에는 해방관, 3번집, 현대옥, 한일옥 등의 국밥집이 있었다. 이곳은 미리 끓여놓은 콩나물국에 밥을 토렴해 말아내고 양념을 해서 내놓는다. 70여 년 전부터 해오던 국말이가 되어 누구의 판이라고 가

늠할 수는 없다.

가맹점 시대에 이른바 프랜차이즈로 된 전주 원조 콩나물국밥이 있다. 역사가 오래된 삼백집도 있으나 후발주자인 현대옥, 콩나루 등은 일찍이 가맹점 사업을 전개하여 서울을 위시하여 대도시에 퍼져 성업 중에 있다.

11
비빔밥

1) 비빔밥 유래설

비빔밥은 오래전부터 먹어왔지만 기록으로 나타나기는 1849년 홍석모洪錫謨의 《동국세시기東國歲時記》에 '골동반骨董飯'으로, 1800년대 말에 나온 저자 미상의 《시의전서是議全書》에서는 '골동반骨董飯 부빔밥'으로 표기되어 있다. 비빔밥의 유래에 대해서는 여러 설이 있다.

(1) 전통사회에서 발생했다는 설

- **제사음식설:** 조상께 제사를 지내는 종갓집에는 50~60명이 모이면 큰 함지에 제삿밥과 반찬을 고루 넣고 비벼서 한 그릇씩 나눠 먹는 공동체의식에서 비롯된다.
- **농번기음식설:** 밭과 논은 집과 멀리 떨어져 20~30분 거리에 있

[1]들일 중 오전과 오후 새참 때 비벼 먹었다.

다. 광주리의 밥과 반찬은 무거워서 아낙이 이어 날랐다. 밥은 큰 바가지, 반찬은 작은 바가지에 담아 세 끼 외에 오전, 오후 새참 때 비벼 먹는다. 지나가는 행인도 밥과 막걸리를 함께 먹는 풍습이 있다.

- **묵은 음식설:** 보통 때 아끼고 남긴 음식을 행사 때 한꺼번에 큰 그릇에 담아 비볐다는 설이다.[1]

(2) 전주사회에서 발생했다는 설

- **감영 관찰사 밥상설:** 감영의 감사나 전주부의 판관 등이 큰 잔치나 손님을 모실 때 입사치로 먹었고, 성 밖으로 퍼져나가 양가나 서민이 따라 즐겨 먹었다는 설이다.[2]
- **동학혁명설:** 동학군이 전주성까지 진격하고 입성할 때 식량과 무기의 보급체계가 갖추어져 있지 않았다. 수많은 농민군의 먹

거리로 밥을 해서 반찬은 되는 대로 부어 섞어 비빔밥으로 먹었을 것으로 능히 추정된다.[3]

이로써 미루어보면 비빔밥은 어느 지역에서나 있었으나 전주지역이 두드러지게 맛있고 모두 좋아하는 음식이었음을 알 수 있다.

2) 비빔밥의 자연 발생

비빔밥은 밥과 나물을 넣고 고추장, 참기름, 깨소금 등과 같은 갖은 양념을 넣어 비벼 먹기 때문에 누가, 언제, 어디서 만들어냈다는 유래설은 그다지 적합하지 않다. 밥을 먹을 때도 좌우파가 갈라진다. 반찬이 없고 먹기 마땅치 않을 때 두 가지 방법이 채택된다. 물을 말아 먹느냐 비벼 먹느냐다.

물 말아 먹는다면 좌파이고. 비벼 먹을 수 있으면 가진 자 우파다. 비벼 먹는다 해도 빈곤과 부유는 갈라진다. 쌀밥은 귀하고 꽁보리밥이 대부분이다.

- **된장비빔**: 멸치, 파, 후추를 넣어 끓인 강된장으로 비빈다.
- **고추장비빔**: 고추장만으로 비빈다.
- **간장비빔**: 장조림 간장만으로 비빈다.
- **양념간장비빔**: 깨소금, 고춧가루, 참기름, 파, 다진 마늘을 간장에 푼 양념간장을 만들어 쌀밥, 무채밥, 콩나물밥, 굴밥 등에 간

장을 쳐 비벼 먹는다.

- **젓갈비빔**: 석화젓으로 비벼 먹는다.
- **달걀비빔**: 밥그릇 중심을 파고 달걀을 깨 넣어 비빈다. 일본도 달걀비빔을 즐긴다. 생달걀을 먹는 민족은 한국인과 일본인밖에 없다.
- **버터비빔**: 1960년대 이후에 성행하기 시작했다. 따끈한 밥에 버터 조각과 간장을 넣고 비빈다.

3) 게딱지 비빔밥

게장이 '밥도둑'이라는 말이 있다. 전라도에서는 게딱지를 '게껍데기'라거나 '껍다그'라고 한다. 게딱지에 밥을 비벼 먹고 다시 게장을 치고 또 비벼 먹는다. 게딱지 하나면 밥 한 그릇은 비우고도 남는다. 게는 원래 참게였다. 참게장의 게딱지를 열면 안에 노란 내장이 별미여서 발효된 게장을 햅쌀밥에 비벼 먹는 맛은 천하일품이다.

술안주로도 게는 으뜸 안주다. 게살 중에도 집게다리의 살은 '해오蟹鰲'라고 하여 진미 중에 진미로 꼽았다. 술 한 잔에 집게발은 술자리의 단골 안주였다. 예부터 다산 정약용도 안주로 꽃게의 엄지발을, 미식가 허균도 게요리를 첫째로 꼽았다.

참게는 전주 8미 중의 하나였다. 참게가 많이 잡히는 곳이 만경강 상류 삼례 한내와 전주천 상류였다. 냇가를 가로질러 긴 발을 치고 끝머리에 등불을 달아 게를 유도하여 초소에서 잡아 올린다.

게장은 서리 내린다는 10월 상강 직전에 담갔다. 1960년대 중반이 지나 농약 등의 환경오염으로 귀해지자 바다꽃게로 대체된다. 이로써 민물게는 막을 내리고 꽃게 시대가 된다. 꽃게장은 살이 많고 꽉 찬 산란기에 담는다. 봄 암게와 가을은 수게다.

게로 만든 음식은 동서양을 막론하고 좋아한다. 랍스터는 새우과에 속하지만 바다가재다. 유럽에서는 랍스터가 고급요리이고, 미국 전역에서도 고급요리다. 일본도 게를 굉장히 좋아하는데 바다게를 먹는다.

우리나라 게장과 게딱지를 맛본 일본 문인의 감상을 들어보자. 2005년 일본 최대의 문학상인 아쿠타가와상芥川賞을 받은 나카무라 후미노리中村文則가 《아사히신문朝日新聞》 2010년 10월 2일자에 쓴 수필은 다음과 같다.[4] 긴 글에서 요점만 간추린다.

제목은 '한국요리 — 쌀밥에 스며든 게장'

"접시 같은 게딱지에 쌀밥을 얹어 게장과 게살을 함께 비빈다.
입안에 넣는 순간 게의 풍미風味.
게장의 달콤하고 짜릿한 입맛.
입안의 타액 중추가 자극되어 목에 넘어가는 그 맛.
이렇게 맛있는 음식을 먹고사는 놀랍고 부러운 한국인이여."

4) 더운 비빔밥, 식은 비빔밥

전국적인 특미를 지역별로 평가한 글은 많다. 그중에서도 1929년 종합잡지《별건곤》에 소개된 진품, 명품, 천하명식은 가장 많이 인용되는 고전에 속한다. 전주 명물은 '탁백이국'이라 했다. 원료가 단지 콩나물뿐으로 솥에 넣고 푹푹 삶아서 마늘양념을 넣는 정도인데 그 맛이 그렇게 좋다고 했다. 충청도 진천 메물국, 서울 설렁탕, 대구 탕반 등을 열거하고 진주는 비빔밥을 꼽았다. 쌀밥 위에 고사리, 숙주 등의 나물로 비벼서 육회와 고추장을 얹어 먹으면 향취 나고 먹음직스럽다고 한다. 진주의 예술품이고 의기의 논개 정신이 깃들어 있다고 평가했다.[5]

그러니까 1920년대 콩나물국은 전주였고, 비빔밥은 진주였다. 그 후에 지명이 붙어 있는 비빔밥이 생겨났다. 우선 전주비빔밥, 황등(익산)비빔밥, 함평비빔밥, 통영비빔밥(해초 넣은 별미), 안동 헛제삿밥, 진주비빔밥 등이다. 그야말로 맛있는 비빔밥은 도처에 있고 그 고장 이름을 붙이면 지명 비빔밥이 된다.

²안동 헛제삿밥

제사나 차례가 끝나면 조상에게 올린 술과 음식을 나누어 먹는 음복飮福에 사용된 음식을 커다란 그릇에 넣고 비벼 먹는 제사음식설은 어느 지방, 어느 가정에서나 해당하는 비빔밥이다. 1920년대이면 아직 외식이 활성화되지 않은 그 시절에 대구에는 헛제삿밥[虛祭飯]을 파는 식당이 있었다. 안동 헛제삿밥이 퍼진 것이다. 그런데 진주 헛제삿밥을 진주비빔밥의 기원 또는 원형으로 꼽기도 한다. 기원설로 식도락 사또설을 제기한다. 사또가 제삿밥을 좋아해 매일 대령할 정도였다. 예전에는 헛제삿밥 장수들이 나물을 무칠 때 향을 피워놓았단다. 음식에 향내를 입히기 위해서다.

1976년 안동댐 건설 이후 민속관광지가 세워지면서 안동 헛제삿밥이 본격적으로 등장했고, 진주비빔밥은 오색나물과 육회로 만들어진 꽃밥[花飯]을 선짓국과 함께 먹는 것을 별미로 전국적으로 유명세가 붙는다. 그럼에도 진주비빔밥의 항변을 들어보자.

2010년 6월, 국정감사장에서 진주 출신 최구식 국회의원이 이참 한국관광공사 사장에게 질의한다. "전주비빔밥과 진주비빔밥의 차이를 아는가?" 묻는다. 물론 "잘 모르겠다"고 대답한다.[6]

> "전주비빔밥은 더운밥에 양반음식이지만, 진주비빔밥은 식은밥과 비벼 내장탕에 먹는 서민음식이다. 임진왜란에 혈전으로 진주성을 지켰으나 1597년 정유재란에는 왜병 10만이 공격하여 7만 명이 학살당했다. 함락 직전 마지막으로 식량이 있는 대로 밥하고 반찬해서 비비고 소 잡아 쇠고기국에 생애 마지막 먹은 음식이 진주비빔밥이다."

장한 비빔밥이다. 진주 주민의 장렬한 주검 앞에서 먹은 비빔밥에 누구라도 고개가 수그러지지 않겠는가? 더구나 진주비빔밥은 '칠보화반七寶花飯'이라 하여 각종 재료가 어우러져 아름다운 꽃 같다고 붙여진 이름만큼이나 보기 좋고 먹기 좋은 비빔밥이라 칭송할 만하다. 그렇다. 진주비빔밥이 의로운 밥임에는 틀림없지만, 전주비빔밥 맛을 능가할 수는 없지 않은가? 더구나 동학농민혁명 때 탄생한 역사적 사실로 비추어볼 때 피와 땀과 눈물로 비벼진 전주비빔밥임을 다시 설명할 예정이다.

5) 동학혁명 비빔밥

"전주비빔밥은 더운밥에 양반음식이다"라고 하는 대목에 주목할 필요가 있다. 임권택 감독의 영화 〈서편제〉가 전 국민의 시선을 사로잡을 때 유독 경상도에서는 영화 관람이 부진했다. 고기도 먹어본 사람이 잘 먹는다는 말과 같이 판소리도 들어본 사람이 즐길 줄 안다. 서양 클래식이나 팝 뮤직만 듣고 자라면 그 외의 음악은 좋아하지 않는 것과 같다.

판소리를 듣지 못한 경상도 사람들에게 〈서편제〉(1993, 임권택)는 전라도 양반과 지주들이 기생을 끼고 놀면서 듣는 노래일 뿐 별 감동이 없다는 뜻이다. 전라도 대통령 때 경상도 기자로 청와대 출입을 했던 《대구매일》 이현태 기자의 날카로운 지적이다. 비빔밥이 더운 양반밥이라 함도 판소리 평가와 비슷한 내용이다. 그러나 전주비빔밥에는 혁명적 혁신이 스며 있음이 인식되어야 한다.

비빔밥 유래설 속에 동학혁명설이 있다. 주영하는 《경향신문》에 동학혁명 때 군사들에게 한꺼번에 밥을 줄 수 없어 그냥 밥을 비벼서 지게에 지고 날랐다는 한 노인의 이야기가 기사로 실려 있지만, 일종의 구전에 불과하니 타당성을 검토해야 한다는 주장을 폈다.[7]

그렇다. 검토해봐야 한다. 1894년 동학농민군은 4월 27일 전주 서문밖 장날에 장꾼들과 섞여 숨어 있었다. 정오에 용머리고개에서 신호로 대포소리가 터지자 함성을 지르며 성안에 쇄도했다. 전봉준이 대군을 거느리고 선화당에 앉으니 전주성은 함락되었다. 입성한 농민군은 3천 명이었다.

전쟁은 전술, 전략, 병참의 3요소로 성립한다. 병참은 무기와 말 등의 물자보급이나 근본은 식량이다. 고부 향토농민에서 갑자기 일어난 민중 봉기는 3요소를 갖출 겨를이 없었다. 특히 식사는 생사가 걸린 문제라 정규부대라면 화병火兵, 즉 취사병이 솥단지를 짊어지고 뒤에는 쌀, 보리 같은 식량을 실은 보급부대가 뒤따르며 땔감과 물을 준비해야 한다.[8]

고부와 백산에서 봉기한 뒤 남하하여 무장, 함평, 장성 다시 북으로 돌려 정읍, 태인, 금구, 원평을 거쳐 전주 삼천동에서 묵고 전주성에 입성했다. 그동안 농민군의 식사는 어떻게 했을까? 아무런 기록도 없고 구전도 없다. 단지 《경향신문》 구술 기사에서 비빔밥을 먹었다는 것이 유일하다.

비정규 농민이 모인 군대이니 장비 보급이 제대로 있을 리 없다. 전주성 입성 인원만 3천 명쯤 되고 한낮에 들어왔다. 점심을 챙겨야 했다. 추정해볼 수밖에 없다. 난리통에 도망가버린 집 부엌에서 걷어온

3황포묵 비빔밥

솥단지를 마당에 걸어놓고 밥 짓고, 소금물에 주먹밥을 먹을 수밖에 없다. 잘해야 나물 삶아 소금으로 간해 솥단지째 큰 그릇을 챙겨 비비는 수 외에 더 있었겠는가? 밥그릇, 숟가락이 제대로 있었겠는가? 나뭇가지 꺾어 젓가락 만들어 앉아서 또는 서서 퍼 먹는 식사 외에 방법이 있었겠는가? 전투를 치루어왔고 언제 정부군이 올지 모르니 빨리 먹어야 했다.

후대에 와서 동학혁명 비빔밥과 연관되는 실마리가 있다. 바로 청포묵이다. 비빔 재료는 전주 10미 중 다섯 가지가 필수인데 콩나물, 미나리, 애호박, 무, 황포묵이다. 황포묵은 녹두묵이다. 녹두묵은 오목대 및 쌍시암(묵샘골)에서 만들어진다. 녹두묵은 푸르딩딩한 청포묵인데, 치자물을 들여 노란 황포묵으로 만들었다. 전봉준은 키가 작아 '녹두장군'이라 했고, 녹두묵은 곧 전봉준의 이미지다. 언제부터인가 전주비빔밥 재료에 반드시 얹었으니 동학혁명 비빔밥을 상징한 실마리라 할 만하다.[9]

이로써 비빔밥 유래에 동학혁명설과 전주 성내 유래설을 가설로 받아들여야 했다. 전봉준은 비빔밥을 먹고 전라도 53개 군현에 집강소를 설치하여 농민들의 민정이 실시되었다. 개혁요강 12개의 시정 목표를 내걸었다.

① 탐관오리 징벌, ② 노비 해방, ③ 인재 등용, ④ 과부 재가가 주요 정책이다. 동학혁명은 달성하지 못했으나 1894년 고종의 갑오경장으로 계승되었다.[10] 조선 개국 500년 만에 구제도를 일신하는 데 충격을 주었다. 비빔밥의 농민혁명정신은 일제로부터의 구국항쟁과 민주화운동에 원동력이 되었다. 3 · 1운동, 4 · 19혁명. 5 · 18민주화운동, 6월 민주항쟁 등으로 이어지는 한국 민주주의의 시원이 되었다. 이 시원은 개혁요강 12개의 시정 목표에 계승되었고, 또한 전주의 비빔밥에서 나왔다. 비빔밥은 민주국가다.

6) 외식과 비빔밥

도시 확대와 사회적 분업은 직장, 주거의 직주 분리와 가족의 레저 성행으로 외식업을 낳는다. 외국은 이미 중세 이후 외식업이 성행했다. 우리는 농촌 씨족공동체적 형성으로 가정식 위주였지 외식 개념은 없었다. 19세기 말까지도 외식이 없었으니 식당도 없고, 한산한 여행객 위주의 주막집이 고작이었다.

서울도 조선 시대 후기에야 곡식으로 제조하는 술이 금지되는 주금정책이 이어오다가 해제되는 등의 반복이 있었다. 정조正祖 즉위 후에야 해방되어 술도가가 출현하고 골목에 술집이 나타났다.[11] 일반 나그네를 위한 주막이 자리 잡았고, 외식업은 19세기 말에서 20세기 초에야 식당이 생겨났다고 했다.

서울에서 가장 오래되었다는 이문설렁탕이 1904년에 문을 열었다. 지방에서는 나주곰탕집이 1910년에 열었고, 평양냉면이 1911년, 평양갈비탕이 1920년에 개업한다. 서울의 식사 종류도 1912년 《매일신보》에 의하면 전골집, 냉면집, 장국밥집, 설렁탕집, 비빔밥집이 생겨

4이문설농탕 입구

5종이원형 갈기 장대가 걸린 곳은 냉면을 파는 집이다. 언제부터 걸었는지는 모른다.

난다.[12]

전주의 경우를 보면 밥, 술, 숙박을 겸용하는 주막업이 113호로 기록되는 해가 1909년의 일이다. 전주교, 완산교가 콘크리트 다리로 1922년에 건립되고(1936년에 대홍수로 유실되고 그 후에 재건), 남밖장과 서밖장이 합병되는 해가 1923년의 일이다. 이렇듯 1920년대 초에야 인적 · 물적 교류가 활발해지고 외식업도 늦게나마 성행하게 된다.[13]

7) 밥 비벼주던 국밥집

동학혁명 때 농민군이 먹었던 비빔밥은 별도로 계승될 것도 없이 각 가정에서 가정식으로 해먹었다. 외식이 1920년대에 와서야 활성화되었으나, 식당에 따로 기록으로 남아 있는 것은 없다. 1909년 전주에 주막집이 113호 있었고, 910명이 종사하고 있었다고 하니 밥과 술을 팔았고 숙박을 겸하고 있었다 할 것이다.[14]

이 무렵 서천교 이쪽저쪽에 해장국집이 있었다. 다가 동쪽에는 도라파집이고 완산동 쪽에는 김제파집이다. 김제파집에서는 콩나물국밥을 팔기도 하지만, 밥을 가져가면 말아 먹을 국물만 팔던 집이다.[15] 도라파집의 '도라'의 의미는 알 수 없다.

또 밥을 비벼달라고 하면 비벼주기도 했다. "가정식 비빔밥이 아닌 식당, 전주비빔밥이 이런 데서 시작되지 않았을지 몰라"라는 말을 남겼다. 이 이야기는 필자가 2007년 일제의 전주 침탈과 식민시대 구술실록을 직접 채록했을 때 박병연의 구술 증언이다.[16]

박병연은 당시 92세였고 기령당 당장을 지냈다. 96세에 생을 마감할 때까지 지각, 청각에 이상이 없었다. 전주토박이로 중류층의 가정에서 태어나 중등교육을 받았고 청장년을 전주에서 지냈기 때문에 완산동 콩나물국밥집과 비벼주던 비빔밥을 소상히 알고 기억하는 분이다.

이로써 전주비빔밥은 집밥을 빼놓으면 외식으로서 시원始原이 도라파집이나 김제파집이라 아니할 수 없다. 그 이후에는 외식으로 남밖시장 식당의 비빔밥집이 부각된다.

8) 남밖장 뱅뱅이 비빔밥

장날 남밖장은 사람으로 붐빈다. 구경거리가 별로 없던 시절이라 장터는 볼거리와 먹을거리, 사돈에 팔촌을 만나 집안 안부를 묻는 정보 교환이 한창이다. 생선이나 고기 굽는 냄새가 요란하고 산채 등 나물 맛을 볼 수 있는 유일한 곳이다. 동동주 한두 잔에 비빔밥의 미각이 남달랐다.

1920년대의 남밖시장을 목격했고 음식맛과 풍경을 기록으로 남긴 향토사학자 조병희趙炳喜의 회고록을 보자. 1910년생이니 남밖시장을 두루 아는 분의 기록 중에서 비빔밥 대목은 이렇다.

"비빔밥을 비비는 솜씨는 천하일품이었다. 널따란 양푼을 왼손에 받쳐 들고 오른손 아귀로 옥 쥔 숟가락 두 개로 양푼을 빙빙 돌리며 비벼대는데, 한창 흥이 나면 콧노래를 부르기도 하고 치뜨린 양푼을 다시 허공에 빙빙 돌리기도 한다."[17]

전주비빔밥 박병학 명인의 말에 의하면 뱅뱅이 비빔밥이다. 신나는 비빔밥이다. 비벼댄 밥은 한 그릇씩 담아 손님상에 내놓는다. 밥그릇은 지금은 놋그릇을 쓰지만 당시만 해도 투가리, 오모가리 등 토속 그릇이다. 흥겹게 구경하던 구경꾼은 입맛을 다시며 흩어지고, 손님은 맛있게 먹던 남밖장 비빔밥 풍속도다. 그래서 "아저씨(조병희는 선친과 서당에서 동문수학했다)도 드셔보셨나요?" 하고 여쭤봤다. "에이! 어릴 때라 돈이 있나. 나도 매번 입맛만 다시고 돌아섰지"였다.

9) 비빔밥의 중계자

비빔밥은 집밥이나 식당밥을 막론하고 즐겁게 먹어온 만큼 시대적 변천도 다양하다. 특히 한국전쟁을 겪으며 참화와 빈곤을 이겨내고 사회와 식생활의 안정을 찾은 것이 1950년대 중반의 일이다. 당시의 식당은 어느 한 가지 전문식당이 아니고, 여러 가지 음식을 팔았다. 그 중에서 특출난 음식이 특식으로 소문나면 찾아가곤 했다.

맛있는 비빔밥을 먹으려면 두 집이 있었다. 옴팡집과 칠봉옥이다.

(1) 옴팡집

동문네거리 부근에 위치하고 길보다 약간 낮은 초가집이다. 아마도 옛 초가집 옆에 가로가 개설되면서 약간은 길이 돋아지고 상대적으로 초가집은 낮아진 듯하다. 그래서 옴팡 들어갔다 해서 옴팡집이다. 주변은 콘크리트 2~3층 건물이 들어서고 보니 초라하긴 해도 예스러운 옴팡집이다.[18]

비빔밥과 백반을 동시에 팔았으나 비빔밥집으로 더 알려졌다. 종업원 없이 주인 여자가 직접 밥하고 반찬을 챙겨 손수 주무르고 간을 맞춘다. 성의가 대단한데 주문을 받고 만들기 시작하니 시간이 오래 걸린다. 불평 없이 기다린다. 먹으면서도 '빨리빨리'라는 말은 없다. 맛과 느림과 성의로 만들어냈지만, 수지 면에서는 채산이 안 맞아 세제적 · 재정적 지원을 받아야 했다. 그래도 손님은 옴팡집을 찾았으나 결국 수지가 맞지 않아 문을 닫았다. 하지만 옴팡집의 기억은 오래 남아 있다.[19]

(2) 칠봉옥

삼례 한내의 골재 채취 인부들의 끼니밥을 해주던 함바飯場(건설현장에 마련된 식당의 일제 이름이 지금까지 계승)식당이었다. 골재 채취는 큰 이권사업이었고 한내에서 잡은 물고기로 만든 천어탕이 인부들의 입소문으로 유명해졌다. 전주시내로 이전한 후 천어탕을 앞세운 백반과 비빔밥을 겸업했으나 점차 비빔밥으로 특징을 이루었다. 지금은 한정식으로 유명한 백번집으로 발전한다.

칠봉옥의 비빔밥은 가정식 비빔밥이 몇 가지 반찬을 넣어 비벼주는 것에서 골고루 나물과 참기름을 넣어 비비는 전문화 과정을 거친 비빔밥이다. 칠봉옥이 소문이 나고 옴팡집에 손님이 몰리면서 비빔밥 하면 칠봉옥과 옴팡집을 꼽았다.

두 집 다 백반, 국밥, 천어탕 등 다변화된 판매 상품 중에서 비빔밥으로 특징을 이루어 인기를 끈 재래와 곧 전개되려는 전문 비빔밥집을 연결해준 충실한 비빔밥 중계식당이었다. 칠봉옥 2대가 한정식 백번집으로 계승하여 지금도 성업하고 있다.[20]

10) 비빔밥 맛의 경쟁

외식이 시작되던 1920년대 서천교 중심으로 남과 북, 완산동, 다가동과 둑방 위에는 떡과 죽을 팔던 집들이 있었다. 그 자리에서 사먹기도 하고 가정집에서 사다 먹기도 했다. 지금 기준으로 보면 찾아가는 떡집, 죽집이라 해석된다. 떡과 죽장사는 연면히 이어져 1950년대에 이른다.[21]

1950년대 전쟁의 상처가 채 가시지 않은 암울하고 빈곤한 생활 속에서 간식으로 사 먹을 수 있는 유일한 음식이 떡과 죽이었다.

1960년대가 되면서 사회경제적인 안정을 찾았고 서서히 여유로움이 피어난다. 배고픔으로 요기하던 식당은 맛을 추구하는 맛집으로 탄생한다. 떡과 죽을 주로 하던 집들이 비빔밥으로 전환하여 맛으로 승부

[6]죽집, 떡집이라고 쓰여 있는 간판과 함께 양념가루 아지노모토가 눈에 들어온다.

하고 경제적으로 성공을 거둔 두 집이 있으니 한국집과 성미당이다. 비빔밥 전문집으로 성공을 거두자 이어 후발 비빔밥집들이 나타났다.

(1) 한국집

1952년에 개업하여 경기전 서문 건너 오막살이에서 떡과 죽을 팔았다. 떡은 인절미, 찹쌀떡 등이고 맛이 좋아 소문이 날 즈음 객사 옆길로 이전 확장 개업한 한국떡집이다. 떡에서 진화해 유과, 약과, 정과에 이어서 폐백음식으로 유명해졌다.

세 번째로 자리 잡고 지금의 한국집을 열면서 비빔밥 전문식당으로 개업했다. 참기름, 고추장, 간장을 직접 담그고 산나물과 들나물에 달걀을 익혀서 지단으로 썼다. 나물이 지닌 향과 특색을 가장 잘 활용한 비빔밥이다. 맛이 좋아서 비빔밥으로 단박에 소문이 났다.

이웃인 성미당이 비빔밥 전문점으로 두각을 나타내자 맛 좋기로 두 집이 소문나고 손님 끌기에 경쟁이 치열했다.[22]

(2) 성미당

일제강점기 때 일본 사람들이 들여온 팥죽 중에 '젠사이前菜'라는 게 있다. 젠사이는 에도 시대부터 있었던 일본 고유의 팥죽이다. 팥을 뭉갠 죽으로 매우 달고 찹쌀떡 몇 조각이 들어 있다. 8 · 15 이후에 젠사이는 제과점에서 빵과 함께 팔았고, 호떡집이나 밀가루 빵집에서도 젠사이를 팔았다. 차차 '단팥죽'이라고 불렀다. 성미당이 자기가 살던 집에 간판을 걸고 '젠사이' 또는 '단팥죽'이라 하고 잣죽, 깨죽에 약밥을 팔았다.

죽집에서 시작해 비빔밥을 주로 하는 식사집으로 전환한다. 찹쌀 고추장, 콩나물, 참기름이 바탕이 되어 미나리, 육회 등 10여 가지 재료를 넣은 비빔밥이다. 이 비빔밥은 손님 앞에 가기 전에 이미 한 번 비벼서 나오는 비빔밥이다. 비벼 나온 밥은 고추장이 골고루 묻어 있어 다시 반찬을 넣어 고추장과 섞지 않아도 되고 밥 위에 오이, 당근, 상추 등 생채가 올려져 있어 젓가락으로 흩어가며 섞어서 먹기 편하다.[23]

성미당 비빔밥은 전주 근대 비빔밥의 효시로 알려져 있고, 맛 관광에 큰 공헌을 하고 있다.

(3) 비빔밥 — 비빈밥과 비빌밥

제사음식 비빔밥이나 농번기 음식 비빔밥은 반찬을 넣고 비벼서 각 그릇에 담아준 비빈 비빔밥이다. 기억나는 완산동 골목 콩나물국집 비빔밥은 비벼주었다. 남밖장 뱅뱅이 비빔밥도 비벼주던 비빔밥이다. 묵은 음식설도 남은 반찬 이것저것 넣어 비벼 각 그릇에 떠주던 비빈 비빔밥이다.

반면에 각 집에서 먹는 집밥 비빔밥은 밥을 양푼 등 조금 큰 그릇에 여러 가지 반찬을 넣어 비벼먹는 비빌밥이다. 요즘 비빔밥 전문 식당도 밥 위에 골고루 반찬을 얹어 오면 자기가 비벼 먹는 비빌밥이다.

전주식당도 대부분 비벼 먹는 비빌밥인 데 반해 성미당만 미리 비벼서 그릇에 담아오는 유일한 비빈밥이다. 어느 쪽이 맛이 있고 특색이 있느냐는 평가 이전에 비빈밥도 비빌밥도 모두 전통적인 비빔밥의 일종이라 여겨진다.[24]

(4) 비빔밥 전문식당 등장

떡과 죽으로 시작해서 비빔밥으로 고객을 끌자 처음부터 비빔밥 집으로 영업을 개시한 식당이 등장했다. 비빔밥 하면 몇 가지 반찬으로 비벼 먹던 그런 음식이 아니라 여러 가지 반찬을 골고루 넣어 먹는 보양식이며 맛있는 비빔밥이라는 인식이 뚜렷해졌다.

1969년에 중앙회관이 문을 열었고 뒤이어 가족회관, 갑기회관, 고궁, 한국관, 호남각, 종로회관 등이 있었다. 1980년대를 전후해서 전국적 비빔밥집으로 자리매김했고, 명성에 손색이 없는 비빔밥 맛을 뽐냈다.

전국적 명성답게 비빔밥이 항공기 기내식으로 등장했고, 인공위성 우주인의 우주식으로 등재되었다는 등의 명예스러운 이야기가 오갔다.

2009년 전주시에서는 "한바탕 전주, 세계를 비빈다"라는 브랜드 슬로건을 선정했으며, 전주비빔밥축제를 개최하고, 전주비빔밥 명인을 지정하고 있다.

11) 육수로 밥 짓는 보약식 설

1970년대 개발연대에 낙후지역이라는 침체에 빠져 있을 때 전주음식을 비교우위로 끊임없이 세상에 알리려 했다. 비빔밥이 어느 정도 타지에서 인정을 받기 시작하자 더욱 기를 돋우려는 경합이 나타난다. 최승범은 1976년 《경향신문》에 비빔밥이 사골육수로 지은 밥이라는 내용을 기고한다. 한국떡집(현, 한국집)이 바로 그런 비빔밥이라고 했다.[25]

이후에는 한술 더 뜬 조리법도 있다. "닭을 푹 삶은 진한 국물을 동이에 따라 담아놓고 살코기는 잘게 썰어 접시에 담는다. 암소 등심살을 삶은 고기국물에 닭 삶은 고기국물을 섞어 밥물로 부어 장작불로 재진 밥으로 비빈다. 여기에 30여 가지 반찬을 솜씨 맛으로 한 번씩 주물러 넣어 비빔밥을 만든다. 그러나 요즘에는 많이 간소화되어 이같이

지어내는 업소가 많지 않다"고 했다.[26]

1970년대에 비빔밥집을 경영했던 칠봉옥 사장(백번집 2대 사장 故 주환)에게 육수로 밥을 짓느냐고 질문을 던졌더니 자기가 어렸을 때였다면서 이런 대답을 한다. 사골을 은근한 불(톱밥이 연료로 사용되던 때임)로 이틀간 고아서 육수에 둥둥 뜨는 기름을 건져낸다. 기름을 제거한 육수로 그날 사용분만큼의 고두밥(아니면 어머니에게 혼이 났다)을 지어 소쿠리에 퍼 매달아놓는다. 놋쇠나 투가리에 밥을 퍼 담고 12가지 나물(지금은 5~6가지)을 얹는다. 겨울에는 그릇을 따뜻하게 데워서 사용한다. 참기름, 고추장을 덮어 밥그릇에 내놓는다. 고급화되고 영양분이 훌륭한 비빔밥이다. 사골육수로 밥을 짓는다는 비빔밥 이론이다.

한창 성업 중인 가족회관은 "사골국물로 밥을 지어 영양 많고 쫀득한 비빔밥을 대접하고 있다"고 입구 광고판에 게시하고 있다. 역시 비빔밥은 약선藥善이고 식양생食養生이며 명식命食이라는 말이 절로 나온다.

여기에 대해 한국집 주인 주순옥은 다른 견해를 보인다. 밥을 소고기 육수로 지을 경우 밥이 눅눅하고 개운한 맛이 없어서 비빔밥 본연의 맛을 느낄 수 없고 나물의 신선함과 향이 나지 않는다. 육수 대신 버섯 삶은 국물로 밥을 짓고 있다고 했다.

심지어 한국집의 육수비빔밥 맛의 소문이 나고 여기저기서 찾아와 자꾸 귀찮게 물어보니까 육수로 밥을 짓는다고 가볍게 던진 농담에서 비롯되었다고 한다. 한국집에서는 육수설을 부정하고 있으나 칠봉옥 주인과 가족회관은 육수로 밥을 짓고 있다니 근거가 전혀 없는 것은 아닌 것 같다. 비빔밥의 육수설은 그나저나 정설로 굳어져 있음이 현실이다.

12) 음식 애향심

누구나 자기 고장을 사랑한다. 사랑하는 대상이 어떤 것이냐가 조금씩 다를 뿐이다. 전주 사람들은 유달리 음식을 사랑한다. 1950~1960년대에는 생활이 어려운 속에서도 전주 음식을 자랑했다. 콩나물국밥과 비빔밥은 전주에 들를 기회가 있는 사람이라면 누구나 먹어보려 한다고 자랑한다.

전주비빔밥이 짭짤하고도 감칠맛이 인정되어 전국에 널리 알려졌다고 주장한다. 행정적으로는 고유의 풍미를 지닌 향토업소를 지정하고 행정지도를 통해 맛을 자랑했다. 그러면서도 비빔밥이 무형문화재로 지정받기에 이르렀으나 언론은 조미료와 설탕 등이 가미되어 음식 맛을 버렸다고 성토한다.

개발연대에 이르러서는 영호남의 정치적 · 경제적 격차 속에서 호

7전주와 세계를 비비자는 비빔 퍼포먼스

남이 내놓을 것은 음식뿐이라고 생각했다. 맛있는 음식을 통해 위로받으려 입소문과 매스컴을 통해 끊임없이 홍보했다. 비빔밥 같은 브랜드를 통해 스스로 우월한 사회적 유전자를 가졌다는 것을 내세웠다.

칼럼니스트 이규태는 전주 사람이다. 《조선일보》 '이규태 코너'에 글을 쓰면서도 비빔밥이 존재하는 배경을 성리학에까지 비유했고, 비빔밥 정신을 한국적 특징으로 부각시킨다.[27] 칼럼니스트 조용헌은 전남 사람이다. 비빔밥을 음양오행에 비유하여 융합문화를 상징하는 음식문화라고 끝없이 찬양한다.[28] 비빔밥 찬양은 향토와 타지 안팎에서 끊임없이 생성되고 확장을 거듭한다.

전주비빔밥은 타지방과 타자로부터 인정받고 확인받으려 끊임없이 노력하는 속에서 음식 맛의 향상과 대중적 · 전국적으로 인정을 받아왔다. 맛이라는 품질의 우수한 결과로 전주비빔밥은 전국적으로 명성이 확립된다.

13) 대통령과 비빔밥

박정희 대통령은 공업화와 수출을 통해 국력을 신장했다. 정치적 · 행정적 안정을 도모하기 위해 일 년 중 연초에 한 번씩 도 단위로 전국을 순시했다. 연두순시는 대통령을 비롯하여 각 부처의 장관, 그에 필요한 수행원 등 수십 명에 이르렀고 지방 유지와 관계자, 언론인 등 수백 명에 이른다. 대통령의 연두순시는 도정의 치적을 각인 받고, 예산 지원을 받을 수 있는 중요한 행사였다.

전북도청(구도청) 3층 강당에 모여 그간의 행정적 보고를 하고 국정의 평가를 받는 중요한 자리다. 끝으로 대통령의 지시사항과 평가를 받고 정오에 회의를 마친다. 바로 점심식사에 들어간다. 식사는 미리 운반하여 대기시켜놓은 사골육수 비빔밥이다. 이 행사는 대략 1964년부터 1979년까지 약 16년간 지속되었다.

비빔밥은 시내 유명 업소에서 조리되었고 독점해서는 안 된다는 여론에 따라 한국집, 성미당, 중앙회관 순으로 순환하여 담당했다. 각 식당은 정성을 다해 맛있고 색깔 좋은 비빔밥을 만들어 최고의 손님들에게 각인시켰다. 누구라도 그 맛있는 비빔밥을 찬양하지 않을 수 없었다. 대통령 이하 모든 사람이 맛있다고 감탄하면서 먹었다. 전주비빔밥은 바로 이런 기회를 통해 성가가 크게 올랐고, 전국적인 명성을 얻는다. 이 고장에서만이 아니라 서울에 올라간 고관, 언론인들도 이구동성으로 비빔밥을 찬양했다. 전주비빔밥은 연두순시 때마다 전국적으로 최고의 명성을 얻었다.[29]

비빔밥 그릇도 따라서 진화한다. 1950~1960년대만 해도 도자기 생산량은 많지 않았고, 질도 높지 못했다. 투가리를 보편적으로 사용했다. 스테인리스 그릇이 나오면서 한국집에서 스테인리스 그릇에 상호명까지 찍어서 제작하여 사용했다. 점차 고급화되면서 놋그릇을 사용했다. 마침 중앙회관이 대통령 순시 비빔밥 제공 차례가 왔을 때 돌솥비빔밥을 내놓았다. 흔히 궁중수라상에 돌솥이 올랐다는 말을 하지만 돌솥으로 밥은 짓되 그릇은 도자기나 은그릇을 썼다.[30]

장수에서 생산되는 파란빛이 돋는 돌솥을 사용한 돌솥비빔밥은 중앙회관의 창작품이고, 대통령 순시 때 밥상에 올라가 전주의 명물이 되었으며, 지금은 전국적으로 보급되었다.

14) 비빔밥의 서울 진출

1970년대부터 비빔밥 명성이 전국적으로 퍼지고 알 만한 사람, 알 만한 곳에서 전주비빔밥을 찾게 된다. 경제적 향상과 소비의 고급화로 미식가가 늘어났다. 서울에서 음식경연대회가 여러 군데서 열리게 되고 유명 백화점들이 개장한다.

경연대회에 출품된 비빔밥은 특상 등을 수상하고, 전주비빔밥 업소들은 서울에 분점을 내거나 백화점 식당가에 진출한다. 1974년 신세계 식당가에 중앙회관이 입점하고, 1980년에는 롯데백화점 식당가에 한국집이 진출한다.[31]

결정적 쐐기는 1981년 여의도에서 열린 '국풍 81'에서다. 국풍 81은 신군부의 정치적 전략의 하나로 여의도광장 16만 평에 열린 축제다. 각종 공연이 열리는 속에서 '8도 미락정美樂亭'이라는 향토음식을 한자리에서 맛볼 수 있는 판매 코너가 있었다. 각 지방에서는 유명하지만 전국적으로는 명성을 얻지 못한 음식들을 여기에서 맛볼 수 있었다.

5일간의 행사에 1천만 명이 운집했다는 기록 속에 전주비빔밥은 특히 인기가 있었다. 이미 1970년대부터 명성을 휘날리던 끝에 나타난 비빔밥집에는 연일 장사진의 줄이 섰다. 전주비빔밥은 서울에서도 미각과 시각을 동시에 만족시켰고, 진가는 국풍 81에서 결정적으로 맛과 명성의 고지에 올려놓았다.[32]

15) 일본 작가 나카가미와 비빔밥

국풍 81이 열릴 때 신군부 정권은 대대적인 선전을 전개했다. 언론을 총동원하고 외국 문화예술가들도 대거 초청했다. 그중에 일본의 저명작가인 나카가미 겐지中上健次(1946~1992)도 있었다. 허문도 정무비서관의 초청이었다. 나카가미 겐지는 일찍이 일본 최대의 문학상인 아쿠타가와상을 수상했고 일본 최고의 유명 작가다. 그가 초청받아 국풍 81을 구경하고 취재하면서 음식들을 시식했다.

원래 씨름선수를 지망할 정도로 몸이 건장하고 힘이 센 그는 평상시 식도락가로 유명했다. 여의도에서 춘천막국수, 대구 따로국밥, 함흥냉면, 서울 설렁탕 등을 맛보던 중에 전주비빔밥을 먹게 되었다. 매운 것을 즐기는 그는 고추장을 듬뿍 쳐서 먹고 난 후 세상에 이렇게

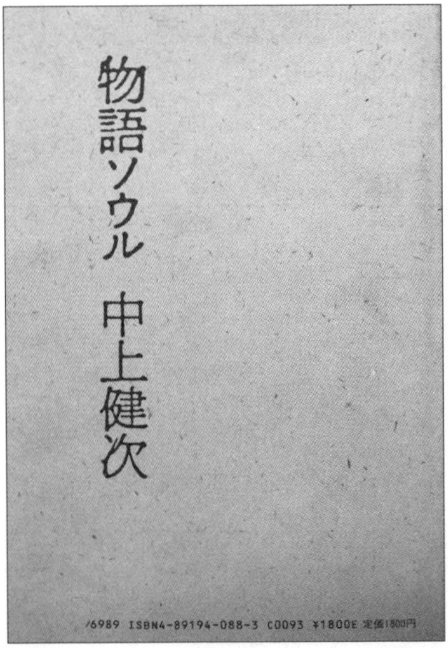

8일본 최고 작가 나카가미 겐지는 친한파다. 1981년 여의도 국풍 81을 보고 간 후 다시 한국에 와서 보고 느낀 수상집을 일본에서 간행한 것이 《이야깃거리 서울》이다.

맛있는 음식도 있느냐고 반문했다. 일본에 귀국해서는 비빔밥 전도사가 된다.

"아~ 비빔밥이여!"

누가 조리했으며 전주가 어디냐고 물었다. 한국문화를 열심히 공부하던 그는 국풍 81이 끝나자마자 비빔밥의 고장인 전주로 향했다. 첫째는 본고장의 비빔밥을 먹기 위함이고, 둘째는 동학농민혁명의 진원지인 고부를 보고자 함이며, 셋째는 남원에 가서 춘향을 만나보려는 생각에서였다.

그는 전주에 도착하자마자 점심으로 비빔밥을 먹었다. 이어서 고부로 달려가 정읍 황토현 광장의 전적지를 돌아보고 전주로 나왔다. 저녁에도 비빔밥을 찾았다. 비빔밥을 하루에 두 끼나 먹은 셈이다. 마침 전주대사습대회가 열리고 있어 판소리를 실컷 듣고, 남원으로 춘향을 만나러 갔다. 당시 전주대사습대회는 전주실내체육관에서 거행되고 있었다.

16) 이양지와 비빔밥

나카가미 겐지는 전주실내체육관에서 열린 전주대사습대회 열기 속에 빨려 들어가 앉자마자 콧노래로 장단을 맞추며 어깨를 들썩거린다. 그만큼 판소리의 흥과 장단을 알고 있었다. 휴식시간이 되자 웬 고운 처녀가 다가오더니 나카가미 선생이시냐고 물으며 인사를 건넨다. 아는 여인은 아니나 열렬한 독자쯤으로 생각해서 반갑게 맞이한다.

이양지李良枝(1955~1992)였다. 그녀는 재일교포 2세다. 일본 와세다 대학을 다니다 말고 서울대 국문과에 다닌 유학생이었다. 자기소개를 하고 일본의 대문호를 전주에서 만나서 반갑다고 거듭 인사를 한다. 외국의 뜻밖의 장소에서 일본어가 통하는 유학생이며 자기 애독자를 만나니 나카가미는 기쁨이 가득했다.

이양지도 국풍 81에서 전주비빔밥을 먹고 감탄했다고 한다. 한국 문화의 향수병에 걸려 있는 그녀가 비빔밥 고장과 판소리 고장을 지나칠 리 없다. 혼자서 전주로 여행을 왔다. 대사습대회장에 들렀다가 선망하던 나카가미 작가를 만났고, 이것은 큰 기쁨이고 행운이다. 자연스레 나카가미의 일행이 된 그녀는 생각지도 않던 남원 춘향골까지 가게 된다.

남원의 아담한 한정식집에서 회포를 푼다. 판소리와 함께 춤판이 벌어졌다. 후식에는 비빔밥이 나왔다. 도도한 흥이 지나자 잠시 담화 시간이 되었다. 이때 이양지가 나카가미에게 묻는다. 소설을 쓰고 싶은

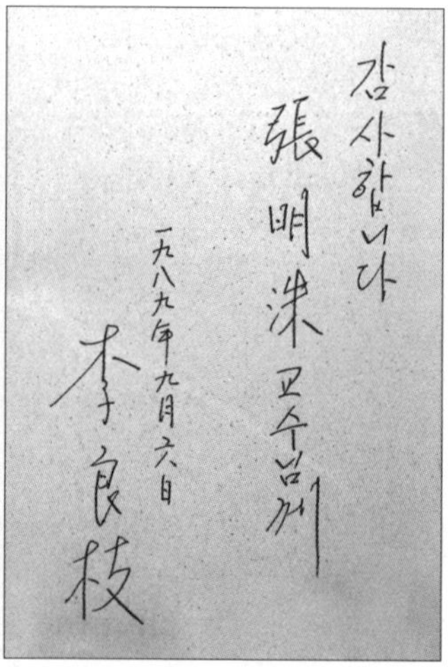

9 아쿠타가와상을 받은 이양지의 소설집 《유희(由熙)》와 저자로부터 직접 받은 친필사인

데 길을 가르쳐 달라고. 나카가미가 “소설을 써본 일이 있는가?”라고 묻자, 없지만 당장 쓸 자신이 있다고 대답한다. “그러면 일본에 가서 원고를 가져오너라. 내가 주선해보겠다”라고 나카가미가 시원하게 말한다.

이양지의 소설 원고가 나카가미의 추천을 거쳐 소설 전문지《군상群像》(일본 최대의 소설 월간지)에 실렸다. 1982년 첫 작품이《나비타령》이다. 발표되자마자 호평을 받았고, 바로 아쿠타가와상 후보에 올랐다. 1983년《잠녀潛女》를 발표하자 역시 아쿠타가와상 후보에 올랐고, 1984년《각刻》을 발표했을 때도 아쿠타가와상 후보에 연달아 올라 소설계에서 대찬사를 받았다. 이양지는 소설계의 혜성이자 기린아로 등장했다.

결국 1989년《유희由熙》로 아쿠타가와상을 수상한다. 그것도 아쿠타가와상 창설 100회라는 기념비적인 해에 수상한다. 일본 문학계가 재일동포 여성 작가 이양지에게 열광했다. 일본은 말할 것 없고 한국 언론, 문학계에서도 조명을 받았다. 재일교포로서는 두 번째였고, 여성으로서는 처음이었다.

그녀는 한국문화, 조국의 문화에 도취해 살았다. 서울대를 졸업하자 이화여대 대학원 무용과에 진학하여 살풀이를 배웠고 원 없이 춤을 추었다. 웃으며 추고, 울면서 추고 또 추었다. 그러면서 작품을 계속 썼다.《내의來意》를 끝내고,《돌의 소리》인쇄 중에 그녀는 급성 심근경색으로 불귀의 객이 되고 만다. 훗날 저자는 유고작으로 단행본을 받았다.

비빔밥을 좋아해서 비빔밥 고장을 찾았고, 나카가미의 추천으로 굴지의 작가로 살다가 나비처럼 날아 춤추다가 사라졌다. 비빔밥 국물로 나오는 콩나물국을 마실 때마다 눈을 스르르 감으면서 “이 지구상에 이렇게 맛있는 수프가 또 있을까?” 반문하고, 비빔밥을 신이 만들어낸 맛이라고 찬양하면서 먹던 그녀였다.

전주비빔밥은 아쿠타가와상 100회 상을 받고 일본의 문학계를 뒤흔든 스타를 만들어냈다. 위대한 비빔밥이다. 전주비빔밥은 이양지를 영원히 기억해야 한다.

12
한정식

1) 술과 식사를 겸한 식당

1919년 3 · 1운동 때 만세를 부른 군중 속에는 기생도 있었고 어린 여학생도 있었다. 그런데 1920년대 전주 여인 중에는 장옷을 입고 무릎쓰개를 쓰고 다닌 여인들이 있었다고 회고한다. 그런 속에서 지역 간 교류도 불어나 숙박시설이 생기고 술밥을 먹는 목로주점도 늘어난다.

하지만 그때까지도 분화가 안 되어 술 · 밥 · 숙박을 겸하고 있었다. 가게에는 화덕을 꾸려 앞에 긴 나무의자를 놓고 술 · 밥을 팔았고, 안에는 방을 들여 잠자는 숙박시설이다. 1923년 최초의 숙식 겸용 노송관老松館이 생기고, 1925년에는 진완관鎭完館이 문을 연다.

이어서 서천옥, 백운관, 팔달옥, 진안옥, 신풍옥, 남창옥, 일신옥 등이 번성하면서 1938년에는 본격적인 음식점이 63호로 성업했다. 당시는 가족동반 외식도 없을 때이고 손님이 오면 몇 명이 되건 집에서 식사대접을 했으며, 숙박도 비좁은 집에서 해결할 때다. 고급스러운 전문 음식점은 없었고, 관과 옥은 술 · 밥 · 숙박을 겸용하였고 실비집이라고도 불렀다.[1]

2) 주문배달 진기파집

손님이 오면 비좁은 집일지라도 숙식은 전적으로 자기 집에서 해결해야 한다. 특히 식사 준비만큼은 먹음직스럽게 하기가 여간 어렵고 부담스러운 것이 아니다. 갑자기 오는 손님도 있고 여러 명이 한꺼번에 오는 수도 얼마든지 있다. 이때 식사대접을 수월하게 해주는 '주문집'이 있었다. 가서 먹기도 했으나 주로 주문이 전문이다.

주문집은 1930년대 완산동에 있었으며 주문하면 종업원들이 수건을 비비 틀어 머리에 괸 후, 교자상을 이고 신선로는 들고 온다. 백반이나 한정식이라는 명칭이 나오기 전인지라 한 상, 두 상으로 주문하면 배달해줬다.

아마도 콩나물국밥을 팔던 전주의 진기파집도 서울 혜천관을 모방했지 않나 생각된다. 꽤 인기가 있었고 맛있는 한 상이었다. 전화가 없던 시절이라 주문하려면 사전에 직접 가서 아무개집에 배달해달라고 발품을 팔아서 주문해야 한다. 7, 8세 때 주문집에 심부름을 다녔고, 교자상은 완산동에서 서천교를 건너 다가동 영신당 한약국 옆에까지 왔다. 심부름 다니던 꼬마는 87세의 노년에 접어들어 증언한 장경순이다.[2] 소중한 기억이다.

서울에는 고급요리점으로 1891년 혜천관惠泉館과 1905년 명월관이 쌍벽을 이루고 있었다. 명월관은 기생술집이고 혜천관은 상류급 사랑방에 교자상 요리를 배달하는 주문집이다.

음식배달은 조선 시대부터 있어왔다. 새벽 5경5更(3~5시)이 되어 통행금지 해제를 알리는 파루 종소리가 나면 한양의 사대문이 열리고 성밖 배달집에서 해장국이 사대문 안 대갓집으로 배달되어 지난밤 술로 시달린 사대부들의 쓰린 속을 달래주었다. 이때 배달된 해장국은 효종갱曉鐘羹(국갱)이다. 갖은 재료를 넣고 밤새 끓이다가 새벽녘에 배달했다. 우리나라 배달음식의 원조라 할 만하다(예종석, 음식평론가, 《한식을 생각한다》 중에서).

3) 악극단의 여관 밥상

맛있는 한상밥은 1950년대로 이어진다. 1950년 9월 28일 UN군의 진격으로 서울이 수복되었다. 전선은 중부와 북부로 옮아가고 남한 일대에는 평화가 찾아왔다. 학살당한 가족은 한탄에 빠졌고, 경제적 어려움과 식량 부족에 시달렸다. 주변 산간부는 미수복 상태여서 도처에 패잔 인민군과 빨치산 습격이 일어났다.

민심은 흉흉하고 생활은 암담하며 문화도 오락도 없는 암울한 사회였다. 민심수습이 절대적으로 필요했고, 민 · 관 · 군 · 경의 활동이 시작되었다. 공보처가 예술인들 중심의 교화대로 움직이고, 경찰국 공보실 선무공작대의 공연과 영화반이 순회했다. 남원에 11사단의 사단

본부가 주둔했고, 각 연대도 정훈부와 군예대를 두고 연예인들이 악극단을 조직하여 각지에서 공연을 한다.

민간 악극단도 군예대 군속 신분으로 군복을 착용하고 군 트럭을 이용하여 군을 위문하고 민간극장에서도 공연했다. 군 소속 악극단이라 '군예대 KAS'라고 했다.[3]

피난 나온 연예인들이고 생활은 악극단 공연으로 꾸려갔다. 6 · 25 전에 악극단 활동이 활발했던 터라 라미라, 반도, 백조 등 새로 발족된 것도 10여 개나 된다. 악극단의 무대 공연 구성은 1부 반공극, 2부 가요쇼였고, 60여 곡이 연주되었다. "나는 이렇게 싸웠다. 네가 빨치산이냐?" 등의 선무 반공극이다. 공연이 끝나면 군용 트럭을 타고 다음 공연지로 간다. 도로는 포장이 안 되어 있었고, 숙식도 열악했다. 전주 같은 도시조차 술 · 밥 · 숙박 겸용인 관과 옥이고 여관으로 분업된 곳도 7~8군데에 불과하다.[4]

악극단은 이동하는 인원만 50~60명 정도여서 초기에는 여러 군데의 소규모 여관에 분산되어 숙식했다. 재빨리 중규모의 여관 10여 곳이 신축되었고 악극단은 시설 좋은 신축 여관에 투숙했다. 대개 이틀간 공연하며 전날 도착하면 3~4박을 묵게 된다. 식사는 1박에 석식과 조식 2식이다. 공연을 마치면 바로 떠나야 했다. 1주일이면 토, 일요일에는 3~4회로 연속 공연을 하고, 주중까지 공연하는 극단도 있었다. 대략 1951년부터 1955년까지 5년간의 최전성기였다.

신축된 여관에 군인, 공무원들의 빈번한 출장과 숙식에서도 그렇거니와 더구나 악극단 50~60명의 단원이 월 4회 공연이면 매달 200~300명이 숙식했고, 연으로 보면 2~3천여 명의 새로운 손님들이 머물게 된다. 극장은 불과 두 군데였다.

비포장도로로 이동하다 보면 흙먼지를 뒤집어쓰고 굴풋하던 차에 전주에서 맛보는 2인 한상의 밥상은 진수성찬이었다. 문자 그대로 유랑극단 단원들은 여기저기 타지에서 다양한 음식을 먹어봤기 때문에 전주 음식의 가치와 맛깔스러운 특유의 맛에 찬탄하기 일쑤였다.

아마도 전주 음식 맛의 소문이 난 첫 출발이었다 할 것이다. 당시에는 대구로, 부산으로, 환도 후에는 서울로 퍼져나갔고, 단박에 전주는 맛의 고장으로 부상했다. 전주에서 단기간에 몇백 명의 타지 손님을 맞이하는 경우는 그렇게 흔치 않았기에 전주 음식 맛의 소문은 더욱더 빨리, 널리 퍼져갔다.[5]

4) 백반상

(1) 옴팡집

1950년대 중반으로 치달으며 사회는 조금씩 안정되고 방문객의 증가와 직장인 및 가족의 외식이 늘어났다. 식당에는 백반상이 팔리고 있었다. 보리밥과 잡곡밥이 일상일 때 쌀밥은 귀했다. 쌀밥 자체만으로 선망의 대상인지라 국과 반찬 십여 가지가 올라간 백반상은 고귀했다.

비빔밥으로 이름이 날 무렵의 도로보다 낮고 초가집 식당인 옴팡집은 이미 소개했다. 처음에는 비빔밥집으로 알려졌다. 짭짤하고도 감칠맛이 도는 백반상을 받으려면 옴팡집에 가야 했다. 주인 마담이 직접 손으로 반찬의 간을 맞추고 주물러 무쳐 내놓았다. 찌개와 구이 등은 특별한 양념을 했다.

주문을 받고서야 모든 음식을 만드는 식이어서 시간이 많이 걸리는 집이었다. 하지만 특유의 맛 때문에 옴팡집 백반상은 모두가 인정한 특미였다. 그러다가 1960년대 중반에 소문 없이 사라졌다.[6]

(2) 칠봉옥

칠봉옥은 1950년대 중반 삼례 한내 골재 채취장에서 시작하여 천어탕으로 이름을 올렸고, 후에 홍어탕, 홍어찜을 하다가 비빔밥으로 전환했다. 1958년에 백번집으로 이름을 바꾸고 새롭게 문을 열었다. 탁자 3개로 시작한 칠봉옥에서 지금의 한정식을 파는 백번집으로 번창했다. 과도기적 시기에 칠봉옥은 옴팡집과 함께 두 집밖에 없는 백반명식을 파는 집이었다.

간장, 된장, 고추장을 만들어왔고, 지금도 만든다. 소금은 신안산을 5~6년 묵혀 간수를 뺀 후 사용했다. 배추시래기, 민물새우가 들어간 된장찌개 등은 지금도 유명하지만 이미 백반상 때부터 계승된 반찬들이다.[7]

5) 부월옥의 한정식

부월옥은 장국밥, 곰탕, 선짓국을 팔던 집이다. 1947년 개업해서 독상, 겸상 등 밥상밥도 팔았다. 솜씨가 좋아 맛있다는 입소문이 나면서 주위 식객들이 제대로 된 음식으로 백반상을 해보라는 권고를 한다. 1955년 최복운崔福雲 할머니는 경원동우체국 골목 입구, 4칸 겹집 한옥에서 한상차림을 시작한다. 집에서 맛보지 못하던 음식에 미식가들 사이에 화제를 불러일으켰다. 최복운 할머니는 정식으로 요리를 배워본 일이 없다. 어깨 너머로 할머니와 어머니 손맛을 익힌 것으로, 친정음식 기반에 내림음식 맛을 익혔을 뿐이다.[8]

교자상에 45~46가지 반찬이 색깔별로 놓여 있고 감칠맛 도는 음식에 모두 눈이 휘둥그레졌다. 부월옥 밥상은 대단한 화제를 불러일으켰다. 더러는 "부월옥 점심 먹어봤느냐?"는 수인사修人事가 오고갈 정도였고, 도청의 고급 손님은 부월옥에 모셨다. 한번은 먹고 반찬맛 이야기를 해야만 미식가로 존경받고 체면치레도 할 수 있었다. 이 밥상을 '한정식'이라 부르게 된다.

(1) 전주 한정식의 탄생

부월옥 밥상을 한정식이라 부르기까지는 시간이 필요했다. 1945년 해방되고, 1955년이면 10년이 된다. 하지만 일본문화의 잔재가 남아 있는데다 북한 공산군과 전쟁을 치른 마당이라 '인민'과 '동무'라는 단어는 북한에 빼앗겼고, 조선 사람, 조선식(대한민국 수립이

1948년이다. 조선인민공화국 수립이 1947년이고, 특히 1950년 전쟁 후 조선이라는 단어를 사용하면 빨갱이로 몰리기 일쑤였다) 하다가 대한민국의 한국, 한식이 완전히 정착되지 못했고 한문자漢文字가 판을 치던 때다.

일본식당과 일본식사가 만연한 속에서 일본의 한상차림을 정식定食[데이쇼쿠: 최고의 일본 한상차림으로 혼젠(本膳)요리임]이라는 명칭으로 부르던 때다. 그렇다. 저 맛있는 한상은 일본식으로 한다면 정식인데, 한국식韓國式 또는 한식韓食 같은 정식이다. 굳이 한자로 쓴다면 한식정식韓食定食이고 줄이면 한정식韓定食이 된다. 공론에 의한 명명이 아니라 입에서 입으로 대략 이상과 같은 경로와 경과를 거쳐 한정식으로 진화 고착된 것으로 추정된다.

(2) 한정식의 탄생 경과

'데이쇼쿠'라는 일본 단어가 한정식으로 한국화한 것은 1950년대 중반까지의 시대적 배경이 있었다. 해방된 지 15년이 지났음에도 일본의 식민지 잔재가 짙게 남아 있었기 때문이다. 한 예를 보면 1957년 전북경찰청에서 음악점, 레코드 판매점, 접객업소 등에서 일본 음반을 철저히 단속하고 일본어로 기입된 문패나 선전광고, 비석 등을 말소시키겠다는 엄명이 내려졌다. 1961년 1월 30일자 《전북일보》를 보면 경찰에서 악기점, 다방 등지의 일본 음반을 압수하고 있다. 일본판(LP)은 전부가 밀수품으로 백번악기점을 필두로 아담, 비비 등 다방에서 공공연히 일본 엔카를 틀고 있었기 때문에 압수한 것이다. 이러한 시대적 상황인지라 일본 정식定食이 익숙하던 시대에 한국식 정식인 한정식으로

변화된 것이다.[9]

그런데 송화섭은 "한국의 한식과 일본 정식의 합성어는 일제강점기에 한식이 일본인의 취향에 따라 만들어진 술상이고, 일본 자본가들이 한정식집에서 기생을 끼고 유흥을 즐긴 기생집이므로 한정식집은 기생집이며 한정식은 술상으로, 한정식집을 방석집이라 비하하는 것도 그러한 이유다"라고 주장하고 있다.[10]

일본 요정이 1911년에 들어왔고, 그 후 10여 군데가 중앙동, 다가동 주요 지점에 자리했다. 정원을 낀 아름다운 요정 건물에서 성업을 했고, 일본 게이샤(기생)가 접대한 고급요정들이 있었다. 1930년대가 되어 조선 요릿집은 남문 근처 값싼 땅에 처음에는 식도원과 요릿집 몇 집이 개업했으니 더러는 일본인이 출입했겠지만, 조선식이라면 몰라도 한식 중 '한韓'이라는 단어는 사용하지도 않았고 그런 단어조차 없던 시절이다. 그러니 한식과 일본 정식의 합성어인 한정식이 성립될 수 없다.

한정식집이 없었으니 한정식집이 기생집이라 할 수 없고, 한정식이 술상이라 할 수 없다. 한정식집을 '방석집'이라 비하했다고 하는데, 방석집이란 1970년대 이후 파생한 단어이기 때문에 일제강점기에는 방석집이라는 단어가 없었다. 따라서 한정식이 일제강점기에 일본인의 취향에 따라 만들어진 술상이라는 것은 전혀 이치에 맞지 않는다. 한정식이 일본 단어와 합성되었으니 부끄러운 일이라고 지적할 수는 있으나, 일제강점기 때 합성어로 만들어진 단어라는 것은 시대상으로 볼 때 앞뒤가 맞지 않는다. 한정식이 자랑스런 밥상이 된 이 마당에 이처럼 허구적 상상력으로 만들어지는 오류는 바로잡아야 한다.

(3) 서울한정식 탄생

전주 부월옥의 한정식 성립 과정과 비슷한 시기에 서울에서도 한정식이 등장한다. 주영하 교수의 설명은 다음과 같다. 1958년 서울 청진동에 '장원'이라는 요정이 문을 연다. 광주권번 출신의 주정순이 미모가 출중하고 화술이 교양적이며 음식솜씨 또한 뛰어나 직접 요정을 냈다. 1950년대 말 자유당 정권의 거물 정치인과 고급 관리들이 드나들어 유명해졌다.

5 · 16 이후 비상시국이라 1964년에 교자상으로 한상차림의 밥집으로 전환되었으나 명성은 이전 요정 때에 버금갔다. 짜고 매운 전라도 음식에 열 가지가 넘는 양념을 써서 입속이 얼얼하면서도 독특한 맛과 향을 냈다. 장원은 '장원대학'이라 불릴 정도로 마담 양성소였고 이들이 독립해서 운영하는 요정이나 요릿집들의 맛은 저절로 전라도식으로 만들어졌다.

장원에서 차린 음식들은 화려한 양념과 고루 갖춘 전라도식 한정식이라 했다. 한정식의 맛은 전라도 중심으로 맛의 통일이 일어났고, 특히 김치는 어느 지방이나 전라도식으로 담그는 곳이 많아졌다고 주장한다. 전라도식 맛이라 하더라도 전라남도 맛이다. 남도 맛과 북도 맛은 젓갈 종류와 맛에서부터 다르다. 사실 전라도 맛이면서도 남도 맛이 서울을 석권했다.[11]

전주 부월옥이 1955년부터 맛깔스런 밥상을 차려냈다. 서울 장원이 1958년부터 화려한 밥상으로 문을 열었다. 그 밥상들을 '한정식'으로 불렀다. 내는 쪽에서 먼저 명명했는지 손님들이 그렇게 불렀는지는 구분 짓기 어렵다. 그러나 시간적으로 전주가 3년의 세월이 빠르며, 부월이 먼저다. 한정식이라는 단어는 사전에도 없는 말이고 누가 어디서 부르게 되었는지 모르지만 어원은 전주가 분명하다.

다만 한정식이라는 단어는 행정적 편의를 위해 행정당국에서 정착시킨 말이다. 1980년대 들어와 86아시안게임과 88올림픽대회를 준비하면서 행안부(당시는 내무부)에서 지방문화 육성, 향토전통음식 보존과 세원 발굴을 위해서도 음식 종류에서 한정식을 행정적으로 분류했다. 이 무렵 술 종류도 향토술 육성을 위해 소주, 맥주만 고집하던 차에 문광부에서 향토술 제조판매를 장려했다. 전주의 이강주도 이때 탄생했다.[12]

(4) 부월옥의 옹고집

① 술과 담배

부월옥에는 특이하게 접대부도 없었고 술을 팔지 않았다. 애주가들에게도 반주조차 팔지 않았다. 양조장 술은 질이 나빠 찾지도 않거니와 팔 수도 없었다. 가용주라고 해서 식당에서 담근 술이 아니라 외부에서 담가 식당에 배달하던 시대다. 이것이 모두 밀주로 간주되어 세무서의 단속 대상이었고, 실제로 가끔 단속반이 들이닥쳐 여러 곳에서 벌금을 냈다.

맥주나 양주도 정식 수입품이 없던 때다. 미군 PX에서 흘러나온 것들이라 밀수로 간주되어 판매할 수 없다. 간혹 세도가들이 손님으로 와서 마신 양주는 자기들이 가져온 것인지라 주인과는 무관한 술이라 관여하지 않았다.

담배도 애연가들이 국산 담배를 피우기는 하지만 풋내가 나서 부유층은 양담배를 피웠다. 양담배는 미국 PX에서 몰래 뒷거래로 나온 것으로 단속 대상이다. 타 고급업소에서는 양담배를 확보했다가 손님에게 팔았다. 그러나 양담배를 팔거나 피우다가 적발되면 처벌을 받았다. 1961년의 경우 적발자가 1,446명이었고, 때로는 명단을 공개하기도 했으며, 공무원은 면직되는 경우도 있었다.[13]

이런 까닭에 부월옥에서는 술도 양담배도 팔지 않았다. 찾는 사람이 투덜댈 때도 있지만 아랑곳하지 않았다. 접대하는 여자도 없고, 술도 담배도 안 파는 집인데도 손님이 많았으니 이상할 노릇이다. 손님이 많은 이유는 오로지 음식 맛이다.

② 외상을 안 주다

'외상을 긋다'는 말을 쓴다. 옛 선술집 주인들은 글자를 모르는 사람이 대부분이었다. "외상은 소도 잡아먹는다"는 말이 있듯이 외상은 있기 마련이고 벽에다 작대기로 마신 술잔만큼 하나, 둘 표시를 했다. 바로 외상을 그었다. 지금이야 카드로 긁지만 그 시대는 우선 외상으로 먹고 돈이 되면 갚던 시대다.

외상은 밥집, 술집, 다방 할 것 없이 신용거래인 셈이다. 봉급날이 되면 각 업소에서는 각 직장마다 외상장부를 가지고 외상 손님을 찾아다닌다. 외상 손님들의 푸념도 "절반만 갚자"거나 "이번 달은 곤란하다. 내달에 주겠다"는 등 다양하다. 큰 직장에서 그은 외상은 총무과에서 일괄로 공제하듯 수급원에게 건네기도 한다. 그런데 부월옥은 받으러 다닐 사람도 없고 받으러 다니지도 않는다. 그러니 일체 외상을 주지 않는다. 외상 운운하면 대놓고 투덜댄다.

"지가 무엇이여, 지사면 뭣이여, 신문기자면 뭣인데. 먹었으면 돈을 내야지 외상이라니 나는 물만 먹고 사는 줄 아냐?"[14]

도무지 고집불통이니 손님들은 감히 외상을 할 생각도 않고 하지도 못했다. 부월옥은 외상이 안 통하던 집이다.

③ 당신 뭐하는 사람이야?

《전북일보》 논설위원 이치백이 전화를 받는다. "이치백 씨요?" 묻더니 대뜸 "당신 뭐하는 사람이야?" 하고 쏘아붙인다. 《조선일보》 주필 선우휘와 소설가 황순원이 전주 부월옥에서 점심을 먹으려고 광주에서 밥도 굶고 왔더니 부월옥이 폐업을 하고 없어져버렸다고 난리다. 서로 교류가 있던 사이라 흉허물 없는 대화로 힐책한 것이다.

"앞으로 남고 뒤로 밑진다"는 말이 있듯이 어찌된 일인지 부월옥이 문을 닫았다. 이미 유명한 식당인지라 광주에서부터 달려온 그들은 얼마나 허탈했겠는가? 향토음식문화를 지키지 못한 값으로 호통을 받을 만했다. 언론계와 행정이 합심해서 행정적 · 세제적 지원으로 부월옥이 다시 재개업을 한다. 그 후 경기전 북쪽으로 이전했다가 삼천동에 터를 잡아 전라회관으로 3대째 계승하고 있다.[15]

1950년대 중반 이후 한상차림의 밥이 한정식으로 진화한 곳이 부월옥이다(1955~1970년까지 영업, 그 후 2대 전라회관으로 넘어가고 지금은 외손자로 3대다).

요릿집 잔해가 남아 있는 만성한정식과 무궁화한정식집 등이 남아 있다. 나아가 한정식은 백반으로 이어진다.

6) 백반 정식

1960년 통계를 보면 다방이 28개소, 식당이 123개소다. 1960~1970년대 고급음식점은 부월옥, 백번집, 금화집, 금수장, 삼오정, 동명집, 대구집, 2820집, 앉기로집 등이다. 그럼에도 밥상은 잡곡밥이 많고, 흰쌀밥은 먹기 힘들었다. 빈곤층 학생들은 점심을 굶고 배고프면 물을 실컷 들이마셔 물배를 채운다. 꽁보리밥 투성이라 노년이 되어서도 보리밥을 보면 고개를 돌리며 징그럽다는 말을 할 정도다.

이런 세태 속에서 부월옥은 전주 명식이고 전국적 명성을 얻은 고급 한정식집이다. 가격이 비싸고 고관만 가는 잔치음식이 차려지는 집이어서 서민은 접근이 어려운 집으로 여겨졌다. 가격이 조금이라도 저렴하면서 음식은 맛있고 고급스러운 기분으로 먹을 수 있는 분위기 있는 식당이 요구되기 시작했다.

이때 등장한 식당이 죽림竹林집이다. 대중적으로 꾸미되, 서민 누구나 값싸고 가볍게 고급 밥상을 받을 수 있는 식당으로 차린 것이다. 이미 1956년 전동에서 얼갈이김치에 명물 추어탕을 팔고 있던 차에 1967년에는 (구)도청 서편에 백반집을 재개업한다.

백반상은 옴팡집, 칠봉옥 등으로부터 계승되어왔던 터라 그 바탕 위에 맛깔스럽고 독특한 반찬이 걸판지게 차려진다. 30여 가지 반찬 가운데 찌개 투가리, 고등어무조림, 돼지찌개, 새우찌개와 청국장이 곁들여져 평소 먹던 백반이지만 풍성하고 고급스러워졌다.

가격은 저렴하고(당시 부월옥 교자상이 2~3만 원, 1인당 5천 원 내외 할 때 죽림집이 1인당 천 원을 호가했다. 지금 죽림집은 백반정식이 8천 원이다) 한정식을 닮은 밥상이 격식을 갖췄으니 단박에 소문이 나 식당은 만원이 된다. 특히 전북도청이 가까워 사람이 모이기 마련이어서 몇 군데의 백반집이 몰려왔다. 한국식당, 지연식당 등이 서로 얽혀 성업을 하고 있다.[16]

처음에는 '백반집'이라 하다가 한정식이라는 밥상 이름이 굳어지니 '백반정식'이라 했다. 백반정식은 현재 개업 중인 전주 식당의 30~40%를 차지할 정도로 선호한다. 백반정식이 인기를 끌자 이젠 '백반 한정식'이라는 비약된 단어마저 쓸 정도로 백반상을 선호하고 사랑한다.

7) 한정식의 원류 학인당 밥상

(1) 영빈관 학인당

학인당은 교동 한옥마을의 상징적 건물이다. 유일하게 100년이 넘은 정통 대규모 한옥으로, 1905~1908년에 완성된 수원백씨 문중의 한옥이다. 1976년에는 전라북도 민속문화재 제8호로 지정되었다.

판소리를 애호하던 전라감영의 이방 백진수는 대원군이 어려운 시절 후원을 했고, 대원군이 관찰사에게 대사습대회를 관장케 하여 전주 판소리가 육성되기도 했다.[17]

학인당은 백진수의 아들 백낙중이 건립했다. 부의 대물림보다 문화재 건물을 남겨주었다. 2천 평(현재는 492평) 대지에 사랑채 120평, 본채 63평에 28칸으로 건축된다. 목재는 오대산 등에서 구입하여 압록강 뗏목을 타고 왔고, 목수는 4,280명이 동원된다. 건물은 문을 위에 매달면 넓은 공간이 형성되어 공연장소로 무대가 마련된다. 100명 전후의 좌석이 마련되고 밖에서도 서서 구경할 수 있다. 판소리 공연 공간이다.[18]

종손 백창현(1954년생, 2007년 구술)에 의하면 증조부 백낙중과 조부 백남혁은 문화예술을 애호하여 판소리, 가야금, 풍악 등의 공연을 해왔다. 서화인과의 교류가 빈번했고 이들에 대한 경제적 후원도 아끼지 않았다. 명창으로는 임방울, 박녹주, 김연수, 박초월, 김소희 등과 서화가로 청전 이상범李象範, 의재 허백련許百鍊, 금추 이남호李南浩, 효산 이광열李光烈, 유당 김희순金熙舜 등이 출입했다. 예술인들은 때로는 보름, 한 달씩 식객으로 묵어가기도 했다.[19]

8·15해방 후에는 호텔도 없었을 때여서 큰손님이 오면 학인당에서 모셨다. 대표적인 인물로는 독립운동가 김구金九 선생과 신익희申翼熙 선생을 모셨으며, 임정 요인들이 침식했다. 미군정 민정 장관이던

1 1905~1908년에 지어진 멋드러진 학인당 건물

안재홍安在鴻도 이 집에서 머물렀다. 학인당은 전주의 영빈관이었다. 안으로는 내빈을 위한 영빈관이고, 밖으로는 봉제사 접빈객이라 할 만큼 드나드는 방문객이 많아 손님 접대를 위한 음식도 발달했다.[20]

(2) 학인당의 접대와 밑반찬

잦은 관혼상제 행사에다 끊임없는 손님접대뿐만 아니라 과객과 식객을 치러야 한다. 반모, 찬모, 식모 등의 아랫사람들과 집안 여자들의 조력이 있을 때이지만 안방에서 모든 것을 챙겨야 했던 학인당 1대 백낙중의 안주인에 대한 기록은 따로 없다. 3대 종부 고정환高鼎煥(1933년생, 2007년 구술)은 2대인 시어머니는 집안 대소사를 다 치르면서 시집살이만 하다가 가셨다고 애통해하며 회고했다.

3대 종부 고정환은 시어머니로부터 집안 제반사를 전수받았다. 돌상, 생신상, 환갑상, 제사상에 노상 들이닥치는 손님과 장기투숙 식객상까지 오만 상을 다 차린다. 대소사에 따라 다르지만 행사와 잔치를 치르려면 기본 준비가 필요하다.

시어머니인 2대 종부에게 배운 대로 기초음식은 미리 만들어놓는다. 쌀 서 말, 녹두 한 말, 참기름 서 말을 짠다. 전날 찬모부터 집안 여자들이 모여든다. 일은 분업화되어 있어 종일 확독만 가는 사람, 전 부치는 사람, 나물 무치는 사람 등이 각기 일을 맡아 착착 진행한다.

기본 반찬과 밑반찬은 미리 만들고, 다음과 같은 음식이다. 고정환의 전주한정식 상차림이다.[21]

- **집장**: 고추장도 된장도 아니다. 무말랭이, 가지 말린 것, 고춧잎 등 미리 말려놓은 것을 넣어 장을 담는다.
- **맛나지**: 기름기 없는 고기를 어슷어슷하게 썰어서 간장, 참기름, 통마늘을 넣고 조려서 만든다.
- **백김치**: 실고추, 잣, 석이버섯 등을 넣어서 맑게 가라앉힌 젓국에 절인 배추를 담가둔다.
- **동치미**: 적당한 크기의 무를 소금에 둥글려서 2~3일 놓아두었다가 끓는 물을 식혀 무에다 붓고 간하지 않은 배추를 넣고 양념들을 통째로 넣어서 담는다.
- **누르미**: 애호박, 표고버섯, 고사리, 도라지, 파, 고기 등을 순서대로 꼬챙이에 꿰어서 양념에 재워 부치는 산적이다. 양념으로는 깨소금, 마늘, 참기름을 사용했다.
- **부각**: '깨송이'라고도 했다.
- **한채**: 무, 배를 가늘게 채를 치고, 석류도 넣어 식초, 소금, 설탕을 적당하게 가미해서 새콤달콤한 맛을 내 겨울에 시원하게 먹는다.
- **밤조란**: 밤을 삶아 찧어 체에 내려서 경단 모양으로 만들어 꽃모양으로 얹었다. 다식같이 판에 찍는 것이 아니라 손으로 만든다.
- **대추조란**: 대추를 깎아서 씨를 빼고 밤을 삶아 찧은 것에 함께 넣어 만든다.
- **약과**: 밀가루를 체에 내려 정종, 생강즙, 꿀, 참기름을 부어 반죽해서 모양을 만들고 기름에 튀겨낸다.

떡도 몇 가지씩 해서 준비한 음식 모두를 차려내어 잔치를 치렀다. 잔치가 끝나면 일을 도와주신 분, 손님, 동네 사람들까지 나눠 먹는다. 음식을 많이 하는 것은 몇 상을 올리는 것보다 나눠주는 데 필요해서다. 음식을 차리는 것보다 나누는 것이 더 힘들었다고 회고한다.

(3) 학인당의 전통 손님 밥상

4대 종부 서화순(59세)은 2013년 10월 30일 학인당에서 농촌진흥청 국립농업과학원 주최 학인당 종부 손님접대밥상으로 관광자원화를 위한 시식회를 개최했다. 서화순은 3대 종부 시어머니 고정환에게 전수받아 집안 대대로 내려온 음식과 이야기 그리고 조리과정에 대한 설명부터 시작했다. 국내외 교수, 요리전문가, 음식 칼럼니스트 등 10여 명이 참가했다. 진행순서는 식전, 주요리, 후식으로 구분되었는데, 모두 유기그릇에 담았고, 독상차림으로 차렸다. 다음은 서화순의 전주한정식 상차림이다.[22]

- **식전**: 식전주와 대하잣죽무침, 흰살생선전
- **주요리**: 떡갈비 송이버섯구이, 차조밥과 소고기 맑은 무국, 고들빼기김치, 월과채, 더덕구이, 생합작, 한채, 청주
- **후식**: 달빛차(집안에서 발효)

한상차림 기본에 추가 음식이 하나씩 제공되는 동안 아름다운 고명과 깊은 맛에 모두 감탄했다. 프랑스 출신 모니크 레브랑시는 고들빼기 맛이 특이하다고 했고, 가을무를 채 썰고 석류즙으로 색을 내 잣

2학인당 4대 종부 서화순으로 이어지는 종가음식

을 띄운 한채는 참가자 모두가 감탄했다.

농촌진흥청 국립농업과학원은 2014년부터 종가음식을 발굴해왔다. 60가문 134종을 재현했고, 조리법을 표준화한 것은 6종이다. 이 중에서 학인당 것으로 채택된 것이 2종이다.

맛나지와 무채말랭이 삼색무침, 무채말랭이김밥도 포함되어 있다. 현대식 음식 조리법은 다음과 같다.

- **맛나지:** 기름이 없는 쇠고기 사태를 삶아서 얇고 길게 잘라 양념 재료(간장, 배즙, 꿀, 설탕, 매실청, 청주, 참기름)에 넣고 강불에서 15분간 조린다. 깐마늘을 넣고 강불에서 5분간 더 조린다.
- **무채말랭이 삼색무침:** 무채말랭이를 미지근한 물에 20분간 불린다. 소금 양념(설탕, 소금, 참기름, 깨소금), 간장 양념(동일 양념), 고춧가루 양념(동일 양념)을 각각 넣어 조물조물 무친다.

학인당 손님밥상은 3탕 7첩의 전형적인 반상차림으로 전통음식에 지대한 영향을 주었고, 식당 한정식의 한상차림으로 계승되었다.

(4) 향천 양조장의 접대 손님상

한량이라면 돈 잘 쓰고 잘 노는 사람을 일컬었으나, 오늘날에는 사어가 되었다. 유지有志는 지식과 재력을 지니고 지역사회 일에 적극적으로 참여하는 사람들이다. 그런데 이 역시 사어가 되어 찾아볼 수 없다. 1950~1960년대까지도 전주 유지들이 사회발전에 공헌하던 시대다. 바로 교동 향천주장 백남석이 대표적인 유지였다. 학인당 백남혁의 아우 집으로, 학인당의 뒤를 이어 향천 영빈관 역할을 한다. 백남혁의 건강이 악화된 이후 1950년대부터 1960년대까지 10여 년간 대부노릇을 했고 전주한정식을 계승했다.

향천 영빈관의 2대 백한기가 80세가 넘는 나이에 당시를 생생하게 기억하고 증언한다. 지체 높은 손님의 숙박과 외식이 마땅찮은 사회상에 외부에서 접대를 꺼리는 경향이 있을 때다. 전주에 온 공 · 사의 고위직 귀빈을 이틀 걸러 하루 간격으로 향천 영빈관에서 접대했다. 화려한 손님상은 안주인과 종부가 학인당에게 계승받았다.

1961년 5 · 16 군사정변 직후 국전 지방순회 전시가 전주에서 있었을 때 국전 심사위원과 문공부 간부를 향천 영빈관에서 맞이했다. 후에 전북지사를 지낸 이춘성이 문공부 국장 재직 시 국전을 고향으로 초대한다. 절친한 친구인 전북일보 편집국장 진기풍이 주선하여 전주의 전통적인 손님 접대상을 향천주장에서 대접하게 된다.[23]

맛있다는 찬사가 쏟아졌고 귀경 후에도 두고두고 전주한식 자랑이 이어졌다. 1950년대 초 악극단 예술인들의 전주 음식 찬양이 있은 뒤, 1960년대 초 한국 최고의 문화예술인들의 전주 음식 칭송이 서울 여러 곳에 퍼졌다. 전주 음식의 진가가 인정되는 두 번째 마디다.

전주 접대 음식상을 차렸던 향천 접빈 손님상이 마지막을 장식한다. 감사의 3탕 9첩 반상에서 이어진 3탕 7첩의 영집과 아전 밥상에 이어지고 나서 지주밥상은 막을 내렸다. 가느다랗게 외식의 한정식에 계승되었다.

13
전주 음식문화 계보

1) 왕의 음식 정치

역사적으로 의식주는 계급에 따라 차이가 있었다. 옷은 몸을 보호하기 위한 것이지만 아름답게 입으려는 욕망 외에 계급에 따라 관복과 평민복은 달랐다. 음식에도 식재료의 종류와 상차림에서 엄연한 구분이 있었다. 주거 역시 택지부터 가옥까지 면적과 크기와 재료에 이르기까지 계급에 따라 달리했다.

음식에 있어 역사적으로 로마와 중국 황제 요리부터 조선의 궁중요리에 이르기까지 계급적 차별이 있었다. 조선의 왕은 만백성의 어버이이고 궁궐은 정치, 경제, 사회, 문화의 중심이었다. 임금에 대한 충성 중 신하들의 가장 큰 관심은 식사였다. 수라상은 5탕 12첩으로 12가지 반찬이 오른다. '12'라는 숫자는 열두 달, 12간지 등 특별한 의미가 있었고 황제를 의미하는 숫자였다.

왕은 수라상을 받으면서 밥상 정치를 겸했다. 위민정신의 발로이기도 했다. 가뭄거나 흉년이 들면 백성을 생각해서 음식을 줄이는 감선이나 아예 굶는 철선을 단행했다. 또한 어버이로서 자식들인 백성이 바치는 음식물을 받기만 한 것이 아니라, 백성을 돕고 먹여주는 음식 정치가 있었다. 몇 가지를 살펴보면 다음과 같다.

(1) 신하와 백성에게 베푸는 음식

① 사여급식賜與給食

구휼의 의미보다는 신하와 백성의 노고를 위로하고 공로를 치하하는 뜻으로 음식을 베푸는 경우도 있었다. 전·현직 대신, 성균관 학생, 노고가 많은 특정 관청, 전국의 효자와 효부, 장수 노인 등이다. 내려주는 음식으로는 술과 고기, 쌀과 콩이며 쉽게 구할 수 없는 제주도에서 올라온 귤과 일본에서 수입된 후추도 있었다. 이와 같은 사여급식은 임금의 식사와 대궐 안의 식사 공급에 관한 일을 담당하는 기관인 사옹원에서 직접 내려 보냈다.

궁중으로 진상되어 들어온 8도의 맛좋은 음식물을 임금의 자비로 백성에게 베풀어준 것이다.[1]

② 휼전급식恤典給食

홍수, 화재, 산사태, 흉년 등의 자연재해를 당한 백성이나 의지할 곳이 없는 환과고독鰥寡孤獨(홀아비, 과부, 고아, 독거노인) 계층에게 쌀과 잡곡 등을 지원했다. 쌀은 돈이다. 크게는 마을단위에서 작게는 가족단위로 재난을 겪은 백성에게 국정에 따라 직접적으로 음식물을 준비하여 식사를 마련해주는 경우도 있었다.

(2) 봉송奉送, 封送

왕은 혼자 배부르게 먹지 않고 만백성과 더불어 먹는 밥상의 도를 갖추었다. 경사스러운 날에는 궁궐 내 정1품부터 종9품까지의 관리들이 순서대로 왕의 수라상을 물려받아 식사를 한다. 왕이 수라를 들고 난 다음이다. 하급관리들은 남은 음식을 싸가지고 집으로 갔다.

왕이 음식 정치로 나누어준 음식들은 양반들과 그 가족들이 먹으면서 임금의 은덕에 감읍하고, 각 가정의 부엌에서는 궁중요리의 종류와 만드는 방법들이 학습되어 양반집 밥상 맛을 돋우었다. 또한 양반은 임금이 나누어준 것처럼 아랫사람들과 나누어 먹는 미덕을 베풀게 된다.[2]

(3) 꾸러미

양반이 평민에게 물려주는 밥상이다. 양반의 집안 잔칫날에는 친족과 이웃을 부르고 노비들에게 음식을 배불리 먹도록 한다. 물이 위에서 아래로 흐르듯 임금은 신하에게, 신하는 밑으로 내려가며 음식으로 선심을 베푼다. 봉송은 궁궐과 양반에게 이어지고, 양반은 궁중과 혼인관계 등이 맺어질 때 음식을 진상하여 평민의 음식도 때로는 궁중에서 호평을 받아 궁중음식이 되기도 한다.

양반이 꾸러미로 평민에게 베풀 때는 중인도 초청된다. 궁중요리에서 영향을 받은 양반집 음식이 중인집으로 전수되어 이후에는 한양의 중산층 음식이 형성되었다. 오늘날 서울음식의 뿌리는 여기에 있다고 본다. 역관, 의관 등의 중인은 재정이 풍부했기 때문에 가능한 일이었다. 결국 궁중음식은 양반집, 중인집으로 이어지고, 한양음식이 되어 한식의 한 주류를 이룬다.[3]

2) 관찰사의 영고청

전주는 양남[湖南, 嶺南]의 거진巨鎭(큰 도시)으로 전라도 감영이 있는 곳이다. 전라도 관찰사는 왕권의 대행자로 행정권, 군사권, 감찰권, 수령 감독권을 지니고 있었다. 56개 군현의 수령, 병영, 산성, 수영, 진포를 거느리고 생사여탈권을 가진 최대 권력자였다. 감영에는 831명의 관리, 읍성 내에는 2,450명의 관리가 근무하고 있었다. 당시 전주부 인구는 1만 5천 명 내외였다.[4]

전라도 최고의 권력자였던 감사는 감영 내 내아內衙에서 생활하며 그의 식사만 전담하는 주방이 따로 있었으니 '영주營廚'라 했다. 또 '영고청營庫廳', '반빗간'이라고도 했다. 주방관리소인 주색직소廚色直所가 따로 있어 주리廚吏가 근무했다. 책임자인 관청 및 관청빗[官廳色]과 부책 별관청빗[別官廳色]이 각 1명씩 있고 그 밑에 주노廚奴들이 근무했다.

주노는 창고지기[官廳庫子](관청 고자), 칼자이[刀尺], 육고기 담당[肉色](육색), 채소 담당[園婢](원비), 반빗아치[飯婢](반비), 무자이(밥 짓고 물 긷는

水汲婢) 등이다. 칼자이가 주방장 격이라면 반빗아치와 무자이는 심부름꾼으로 다수가 조력했다. 각 관아마다 관부엌[官廚]이 있어 명칭이 다르고 종업원 숫자가 다를 뿐이다. 감영의 영주가 가장 크고, 일하는 이도 많았다.[5]

음식은 외적으로 보면 지극히 사적인 영역이다. 왕의 수라도 사적인 성격이 강하지만 내적으로는 음식을 베풀어 통치했고, 왕의 시혜를 보여주었다. 음식은 통치수단인 셈이다. 감사도 음식으로 고을 백성과 관리를 다스리는 통치수단으로 활용했다. 나아가 왕의 시혜를 백성의 말단 조직까지 보여주는 매개로 이용했다.

3) 관찰사의 밥상

감사의 밥상은 3탕 9첩이었다. 양반 계급인 당상관의 관례에 따른 것이다. 하지만 감사의 밥상에 오른 반찬이 어떤 종류인지는 알지 못한다. 어디에도 기록이 없다. 또 전라도 관찰사를 지낸 미암 유희춘의 《미암일기》(1567~1577)에도 술상은 있으나 밥상은 없다. 전라도 관찰사를 지낸 서유구가 감사 생활을 일지로 펴낸 《완영일록》(1833~1834)에도 여러 가지 기록이 나오지만 식사, 음식에 관한 내용은 없다.

점잖은 양반들은 탐식은 하지만 음식 만드는 방법은 기록하지 않았기 때문이다. 그래서 감사 밥상에 어떤 음식이 올랐는지 아무도 모른다.

하지만 감사의 밥상 위에 오른 음식과 반찬에 대한 연구는 필요하다. 마치 궁중음식이 양반과 중인을 거쳐 서울음식과 한식이 되었듯이 전라도 음식과 전주한식의 원류는 감사의 밥상에 있기 때문이다.

감사의 음식은 다른 기록과 고증에서 찾을 수밖에 없다. 감사는 외관직 문관의 종2품 벼슬이다. 왕권 대행자로서 지방을 통치하는 최고의 벼슬자리다. 이에 상응하는 음식 대우가 따랐다. 한양 궁궐의 임금은 12첩이고, 지방의 감사는 양반으로서 9첩 반상이다. 궁중음식 인간문화재 황혜성이 1800년 말엽 조리서인 《시의전서是議全書》의 3첩, 5첩, 7첩, 9첩 반상을 두고 수라상을 12첩으로 제시한 데 대해 《조선시대의 음식문화》 저자 김상보는 매우 변질되어 있다고 신랄하게 평가한다.[6] 하지만 《왕의 밥상》을 지은 함규진은 황혜성의 학설을 지지한다.[7]

나아가 《조선왕실의 밥상》의 저자 정혜경은 반가의 9첩 반상과 차별되는 왕실음식의 권위를 상징하는 상차림이 통용된 것으로 보인다고 했으며, 이후 왕실 수라상이 12첩 반상이라는 것이 정설로 인정되어 국정 가사 교과서에 실렸고 오늘날까지 이른 것으로 판단된다고 했다.[8]

《주례周禮》(유교 경전의 하나)에도 천자, 제후, 대부에 따라 솥 정鼎 자를 써서 12정, 9정, 7정이라 했다. 《예기》에도 천자 밥상에 두豆의 수는 26개, 제공 16개, 제후 12개, 상대부 8개, 하대부 6개라 했으니 만약 12두가 12첩에 대응한다면 12정과 12두가 12첩에 해당하여 12첩은 예법에 따라 황제의 밥상일 수 있다. 고종이 1897년 황제에 올랐으니 《시의전서》에서 유추한 12첩 수라상은 예법에 따른 것으로 보인다는 설명이다.[9]

중국 고전에도 3, 9, 12 수리 철학이 있다. 《주례고공기周禮考工記》(기술백과사전)의 도성 건설 이론에 따르면 9리里 네모꼴에 각 변에는 3성문을 두고 종횡에는 9개 가로를 개설한다. 사방에 3문이 있으면 12문이며 12자子(12辰은 아들)에 통했다고 하여 3문, 9리, 9경, 12자의 숫자는 중국 고대로부터의 철학이다. 이에 따라 황제의 12첩과 관찰사의 9첩은 예법에 따랐다는 설명이 가능하다.

감사의 밥상 3탕 9첩은 《시의전서》에서 예시했다. 황혜성이 9첩 반상을 예시한 것을 참고하여 감사의 밥상을 나열해보면 다음과 같다.

반, 갱, 육구이, 젓갈, 생선구이, 맑은 조치, 초장, 계자(겨자), 좌반, 전유어, 지렁(간장), 양복기, 생선조치, 쌈, 나물, 회, 김치, 숙육 등

그런데 이상의 반찬 종류는 탕(갱)과 섞여 있어 구분하기가 매우 어렵다. 3탕 9첩을 알기 쉽게 분해해보면 다음과 같다.

- 3탕: 맑은 조치, 생선조치, 양조치
- 9첩: 나물, 생채, 육구이, 생선구이, 전유어, 조림, 회, 좌반, 숙육

반찬의 종류와 가짓수는 계절과 아침, 저녁에 따라 각기 다르게 차려질 것이다.[10]

4) 감사 밥상은 한정식의 원류

임금이 만백성에게 하듯 감사도 왕권 대행자로서 도의 백성을 대

한다. 가물어 땅이 타들어가면 부덕의 소치로 하늘이 노했다고 생각하여 기둥에 피가 나도록 머리를 찧어 하늘에 용서를 구한다. 흉년이 들면 임금이 감선, 철선을 하는데 감사도 당연히 밥을 먹을 수 없다. 똑같이 감선하고 굶는다. 임금이 휼전급식하듯 감사도 가뭄, 홍수, 화재 등 재난에 백성에게 식량과 거처를 마련해주는 구제를 폈다.

임금이 사여급식하듯 같은 방법으로 80세 이상 고령자를 대상으로 경로잔치를 하고 세시잔치를 열었다. 설날, 보름날, 단옷날, 복날(초복, 중복, 말복), 동지가 대표적인데 동지에는 콩죽과 팥죽을, 복날에는 영계와 떡을 챙긴다. 섣달그믐날에는 육방 관속에게 쇠고기를 나눠준다. 특히 통인청에서 행하던 대사습대회 때는 수령에게 모두 알려 경제적 지원을 하도록 하고 스스로도 후원자 노릇을 한다.

5) 상물림

임금의 봉송과 같은 것이 감사의 상물림이다. 감사가 시행해야 할 국가적 의식이 많았다. 더구나 주민의 신앙 체계까지 관권 주도다. 문묘(향교), 경기전, 사직, 성황사(사직, 성황사는 판관의 몫이다) 등의 제례, 초하루와 보름날에 임금에게 예를 갖추는 망궐례는 필수다. 임금과 왕비, 세자의 생일에는 축하조회를 하고 상전문을 올린다. 때로는 본인이나 부인의 생일에도 잔치를 베푼다. 이런 날은 감영 주방에서 여러 맛있는 음식을 평상시보다 많이 만든다.

감사는 내외의 큰 행사를 끝내고 푸짐하고도 화려한 진짓상을 받는다. 감사가 먹고 난 상을 물리고 나면 육방 관속[이방(吏房) · 호방(戶房) · 예방(禮房) · 병방(兵房) · 형방(刑房) · 공방(工房)]을 선화당에 모이도록 한다. 물린 상은 이방, 호방 등 육방과 비장이 먹고 나고 다시 상을 물린다. 영리, 통인들이 먹을 차례다. 마지막으로 상이 주방까지 물러나오면 주방관리부터 노비들이 먹게 된다. 이와 같은 상물림은 4시간 내외가 걸린다. 남은 음식은 유지에 싸가지고 집으로 가져간다.[11]

궁중에서는 왕족과 양반가에 음식을 봉송했다. 심지어 고배상 음식도 무너지지 않게 그대로 싸서 보냈다. 사대부들은 중인과 평민에게 꾸러미를 베풀어 음식을 나누어 먹으며 소통했다. 궁중요리는 양반가와 중인가가 공유하며 음식의 종류와 맛도 공식共食했다. 조선 시대 왕실의 음식은 곧 서울 음식의 원류였다.

감사는 유림들의 시회詩會, 단풍놀이 등 행사 때 영주방에서 만든 음식을 가자架子에 싣고 갔다. 악공과 기녀도 동반한다. 권농일에는 돈, 바늘, 담배도 나누어준다. 감사의 행하行賀(보상)와 은사품은 임금의 시혜가 백성에게 고루 퍼지도록 하는 적절한 보상과 격려다. 감사의 상물림은 음식 정치로 보이지만, 음식을 내려줌으로써 감영의 주방에서 만든 최고의 음식이 중인집과 평민집에까지 전수되는 결과를 낳았다. 이런 것으로 볼 때 감사의 밥상은 전주 한정식의 뿌리이고 원류다.[12]

6) 영집의 밥상

'영'이란 영문營門을 줄인 말이다. 영문이란 '군문軍門'이라는 뜻이다. 감영이란 행정권과 군사권을 가진 감사의 영문이라는 의미다. 각 고을의 수령이 주재하는 곳도 행정권, 군사권을 동시에 가진 군문이기 때문에 구례영, 고창영이라 했다. 고을 수령은 출장차 감영과 서울을 다닐 일이 많다. 전주 부근의 가까운 군현과 바다 건너 제주군현을 빼놓고 나머지 군현 수령은 전주에서 숙박을 해야 한다.

수령이 출장차 전주에 머무르는 집이 영집[營邸]이다. 영집은 50개 내외가 있었고, 경비는 각 고을(군현) 영문에서 지급한다. 경영은 주로 아전들이 맡았고, 영주인이라 했다. 반관반민 수령들의 이른바 '전주 관사'라고 할 수 있다. 영집 운영은 상당한 이권이 있어 경쟁이 치열했고, 영주인은 나름대로 권한을 휘둘렀다.

영집은 수령의 숙박이 주다. 또 하나의 기능은 공문서 전달과 각 고을의 업무를 분담한다. 감영은 각 고을에 매일 공문을 하달하고 답장을 받는다. 공문의 송 · 하달은 영저리청에서 행하고, 각 영문에서 파견된 하급관리는 영집에서 기식한다. 각 영의 세금, 환금, 진상품 전달과 수령의 뒷바라지를 한다. 각 영문에는 친척, 공 · 사의 손님들이 드나든다. 이들도 중간 숙식은 영집에서 한다.

영집에서는 수령의 잠자리와 식사를 극진히 챙긴다. 수령들의 근무처인 각 관아 주방 음식보다 맛있게 만들어내야 하고, 또 다른 영집보다 맛있어야 한다. 영집에서는 감영 음식을 관찰하고, 무엇보다 다른 영문보다 맛있게 만들려는 경쟁이 생긴다.[13] 이런 경쟁은 다른 영집의 칼자이와 반빗아치를 스카우트하는 일까지 생기게 한다. 그러나 아무리 맛있게 차린다 해도 수령의 입맛에 맞아야 한다. 수령이 어느 지방 출신이냐에 따라 식재료와 맛은 달라진다. 서울 출신은 짜고 맵다고 하고, 영남 출신은 게심심하다고 한다. 영집들은 수령의 입맛에 맞추어야 하기 때문에 시간이 지날수록 경쟁적으로 진미를 개발한다.

결국 영집 밥상으로 인해 전주 음식이 발달하게 되었으며, 특유한 음식문화가 생기게 되었다.

7) 수령의 밥상

수령이 백성을 위해 시정을 펴는 동안 수령의 사적 거처인 내아도 영문에서 지원한다. 관아 시설 속에 있는 관 주방은 수령의 식사를 대접하고 가솔들이 거주하는 내아를 관리한다. 수령의 밥상은 3탕 5첩 내외였다.

19세기 후반 영남의 수령으로 부임한 오횡묵吳宖默(1834~1906)이 1894년 고성 부사로 있으면서 쓴 일기가 《총쇄록叢瑣錄》이다. 경북대 영남문화연구원이 일기 속에 나오는 수령의 밥상을 잘 설명한다.

수령은 하루 두 끼만 먹는다. 각 밥상은 3탕이 기본으로 밥, 국, 김치, 장이다. 4첩으로는 구운 고기, 마른 고기, 절인 나물, 젓갈 각 한 접시다. 이 정도면 먹을 만하나 3탕 4첩이다. 음식에는 계급이 있다고 했다. 감사는 종2품의 당상관堂上官으로 9첩이다. 수령도 각 고을마다 계급이 다르고 반찬 가짓수가 달라진다. 남원, 순천, 담양은 종3품 도호부사이고, 군수는 종4품으로 전라도에 12군데이고 나머지는 종5품으로 현령이다. 종3품, 종4품 이상은 3탕 9첩 밥상이지만, 종5품은 5첩 반상이다. 고령 군수 오횡묵은 종5품 현령이다. 그래서 3탕 4첩인데, 1첩이 많고 적음은 수량의 재량과 절약성에도 있었던 것 같다.[14]

수령의 생일이나 동지 등의 특별한 날에 먹었던 특식은 해마다 다르지만, 종류별로 보면 다음과 같다.

- 초 · 중 · 말복: 백숙, 콩죽, 떡
- 동지: 팥죽, 대구탕
- 수령 생일: 쌀밥, 고깃국, 국수, 떡, 탕, 나물
- 임금 탄신일: 떡, 국수, 과일 등[15]

8) 아전의 밥상

영집은 향리, 즉 아전이 운영한다. 집 소유는 아전이지만 운영은 각 영문에서 지원하는 재정으로 경영된다. 그래서 영집은 반관반민이다. 수령에 따르는 가족, 친척 등의 사빈, 한양에서 내려오는 공빈, 영문의 하급관리들이 숙식을 한다. 식사에는 계급이 있기 때문에 먼저 수령의 밥상이 정중하게 차려지고 방문자의 신분에 따라 마련된다. 각 영에서 영집에 파견된 통인 등의 하급관리는 낮춰진 밥상을 받는다.

그렇다면 영집 안에 함께 거주하면서 영집을 운영하는 향리인 아전의 밥상은 어땠을까? 수령이 5첩 내외였다면 아전은 3첩으로 내려가고, 노비는 2첩 이하로 내려가야 마땅하다. 하지만 수령의 밥상이 5첩으로 차려지는데 영주인, 즉 집주인도 한 가정의 가장으로서 수령의 밥상과 동등하게 먹었을 것이다. 기실 수령 밥상 못지않게 잘 먹었다. 감사의 밥상에서 상물림하여 육방 관속과 아전이 먹었고, 영집을

경영하면서 수령의 밥상과 동등하게 먹었던 영집 아전들의 밥상은 수준급이었으며, 중류의 잘 차려진 밥상이었다. 이 밥상이 서서히 평민에게 영향을 주고 전주한정식의 계보로 이어진 셈이다.

9) 평민의 밥상

백성이 먹는 평민의 밥상에 관한 기록도 따로 없다. 조선 말엽 주막집에서 먹었던 음식 종류와 기록에 남아 있는 대목과 대비하여 평민 밥상을 생각해보자.

프랑스의 달레 신부가 1874년 《조선교회사》를 출판했고, 그 안에 음식이 나온다. 밥상은 독상이고 둥글며, 높이가 30~50cm다. 사기나 유기그릇이고 놋수저와 젓가락이 놓여 있다. 쌀, 고추, 채소가 주이고 조금의 개고기가 올라간다. 깨, 아주까리, 박하를 기름으로 튀긴다. 채소로는 순무, 배추, 질경이, 고사리 등의 나물이 나온다. 음료는 밥을 끓인 물(숭늉)이다.

영국의 탐험가 비숍 여사가 1894~1897년 사이에 네 차례 조선을 견문하고 조선의 지리, 풍속, 생활문화를 기록했다. 기록에는 주막의 음식이 나온다. 밥, 달걀, 채소, 국, 국수, 마른 해초(미역인 듯) 등에 밀가루, 설탕, 기름을 섞어 만든 반죽을 튀긴 음식 등이다. 고기 반찬의 종류에는 닭, 꿩, 돼지고기와 개고기가 흔했다.[16]

미국 선교사 알렌은 1884년 조선에 들어와서 1905년까지 체류했고, 1892년에 《조선견문기》를 펴냈다. 이 책에 음식에 관한 기록이 있

다. 쌀이 주식으로 밥에 국물, 김치, 생선, 소금에 절인 배추와 둥근 무가 있다.[17]

이상으로 서민과 주막의 반찬 경향을 살펴보았다. 평민은 1국 3첩이다. 1국에 기본적으로 밥, 국, 김치, 장류, 찜, 찌개와 3첩으로 생채, 구이, 젓갈 등이다. 잘 조화하면 먹을 만하다. 평균적인 밥상의 경우다.

어느 꼼꼼한 이의 조사에 의하면, 지난 2천 년간 평균 6년에 한 번 기근이 들었다고 한다. 사람을 잡아먹을 정도의 초대기근은 23회이며, 흉년이 거듭되면 사방에 굶어 죽는 사람으로 뒤덮이던 때다. 국가에서 진휼미를 마련하거나 대책을 세우지만 역부족이다. 구황식품으로 연명할 뿐이다. 쑥, 솔잎, 소나무 껍질, 느릅나무 껍질, 도토리, 칡뿌리 등을 먹었다. 솔잎은 쪄서 말린 다음 가루로 만들어 콩가루 등과 섞어 먹었다. 솔잎을 많이 먹으면 변비에 걸리는데, "찢어지게 가난하다"는 말은 여기에서 유래되었다.[18]

10) 지주의 밥상

1910년 치욕적인 한일강제병합이 체결되면서 감영도 영집도 사라졌다. 향리층과 영집 등의 후예로 형성된 지주와 부유층은 신사조를 타고 한양이나 동경으로 유학을 다녀와 전문직이 되어 새로운 신흥계급으로 떠오른다.

이들은 1920년대부터 다가동 부근에 형성된 한옥마을에 자리 잡게 된다. 일명 지주들의 한옥마을이며, 이곳 지주집의 음식은 영집 음식의 계승으로 나타난다. 영집의 소멸로 주방의 조리인들이 서서히 지주집 부엌으로 재취업하며 솜씨를 발휘하게 된다. 영집의 요리는 지주집으로 계승되고 진화 · 완성된다.

진화되고 완성된 뒤안길에는 몇 가지 뒷받침된 것이 있다. 구 계급사회가 무너지면서 규제가 철폐된 사실이다. 조선왕조의 의식주는 계급에 따라 철저히 규제되었다. 음식의 반찬 가짓수와 식기마저 구분되었다. 하지만 일제강점기의 식민지 사회는 밥상 위 반찬을 규제하는 사람이 없었다. 마음대로 만들 수 있고, 새로운 부를 형성하여 경제력만 뒤따른다면 누구나 호사스럽게 먹을 수 있었다.

또 교통과 수송이 원활해져 식자재가 풍부해졌다. 그 과정을 보면 음식 맛의 근본이 되는 소금과 젓갈은 서해안에서 생산되어 배에 실려 만경강을 거슬러 올라가 목천포나 초포 같은 포구에 내려졌다. 다시 소 등에 싣거나 지게로 전주에까지 들어왔다. 이후에는 신작로가 뚫려서 군산에서 달구지를 통해, 나중에는 자동차와 기차로 삽시간에 대량 반입되었다.

서울과의 빈번한 교류는 서울 상류층의 고급음식이 자연스럽게 전달되는 계기가 되었다. 말로만 듣던 궁중음식과 양반음식을 전주에서도 먹을 수 있게 되었고, 식재료와 요리법이 지주 음식에 침투되어 왔다. 또한 신식 요리법이 가미되어 전주한식은 더욱 진화되고 맛을 더해갔다.

대표적인 것이 관혼상제에서 밤, 대추, 과자 등을 높이 쌓아올린 고배상인데, 이는 잔치음식과 함께 왕실의 전유물이었다. 이것이 양반가에 내려간 것이다. 궁중에서 괸 높이는 최고 30~51cm였다. 잔치음식과 고배로 차린 음식을 헐지 않고 그대로 한지에 싸서 가자架子에 실

어 종친이나 고관대작 집으로 사송賜送했고, 사대부집에서도 이를 모방했다.[19]

향리집 잔치에는 감히 고배상이 있을 리 없고 영집에도 없었다. 하지만 지주집은 규제에 얽매이지 않기 때문에 고배상을 도입하여 성행하게 된다. 고임은 앞줄 13줄, 뒷줄까지 하면 26줄이다. 고임 재료는 밤, 대추, 사과, 곶감, 은행, 정과, 사탕, 다식 등이고 고이는 데는 고도의 기술이 필요하기 때문에 전문적으로 쌓는 사람을 별도로 초대한다.[20]

특히 밤은 고이기 전에 껍질을 깐 다음 칼로 속살을 보기 좋게 깎아내야 한다. 밤을 왼손으로 잡고 오른손에 쥔 칼로 착착 깎아내는 솜씨는 기계처럼 정교하다. 예쁘게 깎인 밤은 규격품처럼 같다. 밤을 칼로 치고 고이는 전문가는 칼집이 달린 작은 칼을 지니고 다닌다. 사탕이나 다식을 고이는 데는 꼬챙이로 꿰고 위로 올려서 가로, 세로 줄을 맞추고 대각선으로 색깔을 맞춰서 완전한 예술조각품처럼 만들어낸다. 이 모두 지주집에서 조성된 음식 작품들이다. 지주집은 관혼상제의 잔치가 많다. 잔치는 가족, 친척만이 아니라 이웃까지 불러서 선심을 베푸는 일이다. 양반집 꾸러미와 같은 형식이다. 지주집은 언제나 넉넉하여 없는 사람들이 동경하는 집이었다. 하지만 지주집도 1945년 8 · 15해방과 더불어 고난의 길로 들어서게 된다.

1947년 토지개혁으로 지가증권화한 정부의 보상금은 기업경영으로 전환하지 못하고 인플레로 재산잠식을 감당하지 못한다. 6 · 25전쟁 후에는 폐허화된 국토와 지주계급의 몰락으로 마감하게 된다.

영집의 맛깔스런 밥상이 지주집으로 계승되어 한층 화려한 밥상으로 발전했으나, 지주의 몰락으로 사라져버렸다.

11) 맛 소문이 퍼지다

(1) 학인당 지주 밥상의 맛 소문

1908년 완공된 학인당 건물은 두 가지 특징을 가지고 있다. 하나는 본채가 67평의 큰 건물로, 좌우 팔문합문을 들어 올리거나 철거하면 가변형 구조로 공연장이 된다. 둘째는 방들의 내부 문에 그림을 붙여서 전시공간으로 사용했다.

학인당 주인 백남혁은 만석꾼집 자손이었다. 동경 유학생으로 문화예술에 심취하여 그들을 지원했다. 국악인들을 초청하여 공연하고 서화인들의 전시를 했다. 그들이 오면 일주일이고 열흘이고 묵고 갈 수 있도록 해주었으며 여비까지 챙겨주었다. 일제강점기 때의 일이다.

8 · 15 이후 호텔도 없고 여관밖에 없어 숙식이 빈약할 때 학인당은 영빈관이 되어 김구 선생, 신익희 선생, 안재홍 선생 등과 같은 거물 정치인과 지식인들을 영접했다. 또한 일행 수십 명도 대접했다.

호화로운 성찬을 자랑하는 지주 밥상은 예술인들은 말할 것도 없고 국가적 귀빈과 일행들의 찬사를 받았다. 전주 지주 밥상의 감칠맛은 학인당이 원류가 되어 전국에 소문이 퍼졌고 서울의 요로에서 찬탄했다. 지주 밥상은 일상생활에서 흔히 7첩 반상이라고 불렀지만, 예외적으로는 호화스러웠다. 학인당 지주 밥상은 대표적으로 전주 음식 맛을 소문으로 발신했다.

(2) 향천주조장 밥상의 맛 소문

학인당은 일제강점기에 서화인, 국악인들을 대접했다. 8 · 15 후에는 김구 선생 등 정계 거물을 접대하는 영빈관 역할을 했다. 집주인 백남혁의 건강 악화로 제씨인 백남석이 영빈관을 계승했다. 그는 부모의 유산을 많이 받았고 양조장을 경영하면서 시의원을 지낸 유지였다.

거의 매일 공 · 사로 전주에 들르는 귀빈들을 하루 간격으로 향천 영빈관에서 접대했다. 1950년대에서 1960년대에 이르는 시기였다. 손님상은 기실 지주 밥상의 계승으로, 안주인과 종부가 담당했다.

특히 1961년 5 · 16 직후 국전 지방순회 전시가 전주에서 있었다. 국전 심사위원과 문광부 고위 공직자, 함께한 언론인들을 향천 영빈관에서 맞이했다.

맛있다는 찬사가 쏟아졌고 귀경 후에도 두고두고 전주 음식 자랑이 이어졌다. 1960년대 초 한국 최고의 문화예술인들의 칭송이 서울 여러 곳에서 퍼져갔다. 지주 밥상이고 전주의 음식 맛 소문이다.

일제강점기와 8 · 15 이후 학인당 영빈관을 찾은 최고 정치인 일행의 맛 평가, 1950년대 초 연예인들의 음식 맛 평가, 1960년대 초 문화예술인들과 언론인들의 전주 음식 맛 평가와 소문은 후에 비빔밥 평가와 소문으로 이어져 전주 음식은 확고한 위치를 점하게 된다.

이것이 곧 "전주는 음식이다"라는 명성을 갖게 된 배경이다.

(3) 깔끔한 여관 밥상의 맛 소문

호텔은 요금을 지급하면 1박과 아침식사가 제공된다. 모텔이 천지여서 여관은 보이지도 않지만, 잠만 잘 뿐 아침식사는 아예 없다. 옛날의 여관은 1박 2식이었다. 저녁에 들러 저녁상을 받고 아침밥도 먹었다.

전주는 1945년에 여관이 8개소였는데 1951년에는 27개소로 늘어났다. 교통이 불편할 때라 시 · 군에서 도청과 상급기관에 온 공무원과 주민의 편익 도모 때문에 숙박소가 늘어나기도 했다. 그보다는 문화도 오락도 없을 때 빨치산 토벌을 하던 군경을 위문하는 군예대와 민간 공연용 악극단의 전주공연이 주중, 주말에 있었기 때문이다.

악극단 일행은 50~60명이 군 트럭을 타고 도착하여 3~4박을 하는 동안 여관 밥상이 제공된다. 멀리서 달려와 허기가 져 있으니 음식이 더욱 맛있을 수밖에 없다. 더구나 이들 일행은 여러 곳에서 음식을 먹어왔기 때문에 타 지역과 비교한다. 이때 전주 음식에 대한 찬사가 쏟아졌고 타지에 가서는 전주 음식 자랑을 하곤 했다. 한 달이면 200명 내외이고 중복되기는 하나 1년이면 2천여 명의 연예인이 입을 모아 전주 음식을 칭찬한 셈이다.

여관 밥상은 후에 외식 한정식으로 이어지기도 한다. 여관 밥상을 맛본 연예인들이 전주 음식 맛을 널리 퍼뜨린 셈이다.

12) 한정식의 출현

인구가 많지 않은 도시에서 일상식은 집밥이 중심이다. 외식이라고 해봐야 식당의 탕이나 중국집의 자장면, 짬뽕 정도다. 친척은 말할 것도 없고 어려운 손님도 집에서 숙식하고 대접했다. 한국의 중소도시에서는 1950년대 중반쯤에도 모두 그랬다.

사회가 다양화되고 외식이 성행하게 되면서 보편적인 식당 외에 고급 접대집이 필요해졌다. 1947년에 개업한 부월옥은 곰탕과 장국밥을 주로 팔았고, 비빔밥 밥상도 팔았다. 맛이 좋아 식객이 늘어나면서 백반상도 해보라는 권유를 받는다. 1955년에 이전하면서 친정과 시집의 맛있는 음식만을 골라 한상을 차려냈다. 이른바 위에서 아래로 내려온 내림솜씨 상이다. 이 내림솜씨 상은 더 거슬러 올라가면 지주집에서 중산층으로 전수된 친정과 시집의 밥상이 재현된 것이다. 사람들은 이를 '한정식'이라 부르기 시작했다.

부월옥 음식은 화학조미료가 나오기 전인지라 양념으로만 맛을 냈다. 전주천에서 자란 모래무지를 무와 함께 조린 모래무지조림과 직접 몇 년 걸려 만드는 토하젓과 석화젓이 특징이며 새우찌개가 일품이다. 게장, 쇠고기자장조림, 백합 껍질에 쇠고기와 속살을 다져 넣어 부친 조개부침 등 일반 가정에서는 쉽사리 볼 수도 먹을 수도 없는 음식들이다. 두 사람이 들고 들어오는 밥상의 음식은 계절에 따라 약간의 변동은 있지만, 기본은 다음과 같다.[21]

- 생합, 황포묵, 더덕, 죽순, 고기적반, 생선적반, 석화젓, 토하젓, 버섯, 물고기조림, 낙지, 갈비찜, 불고기, 민물새우찌개, 육회, 나

물, 회, 된장, 청국장, 김, 미나리, 고사리, 동치미, 김치, 계절별 국류

- 봄철: 두릅나물, 취나물, 냉이국, 돌나물
- 여름철: 삼계탕, 머위탕
- 가을철: 송이버섯구이, 싸리버섯구이, 꽃버섯구이
- 겨울철: 참게장, 생굴, 토란탕, 달래나물

감사 밥상에서 영집 밥상, 아전집의 맛있는 밥상이 지주집으로 계승되었다. 지주층의 몰락으로 지주 밥상은 중산층의 밥상으로 이어져 왔다.

집밥 위주의 식사에서 외식이 성행하면서 부월옥의 한정식이 전주밥상을 재현하고 계승했다. 전주 음식의 계보는 한정식으로 이어져 오늘날 전주 맛이 꽃피고 있다.

13) 비빔밥의 명성

(1) 대통령 연두순시

1920년대 월간잡지 《별건곤》에 각 지방 유명음식을 게재한 일이 있었다. 서울은 설렁탕, 진주는 비빔밥, 전주는 콩나물국밥이 소개되었다. 한데 세월이 지나다 보니 전주는 비빔밥으로 유명해졌다.

산간부와 평야에 접해 있어 식재료가 좋고, 여인네 음식 솜씨가

좋아서 비빔밥이 감칠맛이 나는 것도 사실이다. 하지만 명성이 날때까지는 숨은 곡절도 있다. 음식의 가치는 많은 이들이 먹어주고 찾아주고 권해야 하는 것이기 때문이다.

박정희 대통령은 개발시대에 공업화와 수출 촉진을 위해 1년에 한 번 연초에 각 도를 순시한다. 대통령과 비서실, 경호실, 수행원, 각부 장관, 관계자, 언론인과 지방 유지 등 수백 명이 참석하여 도정 발표와 그에 대한 평가를 받고 점심식사에 들어간다. 전주에서의 식사는 유명 음식점에서 준비한 비빔밥이다.

1970년부터 1979년까지 약 10년간의 일이다. 맛있는 비빔밥 소문은 서울의 정계, 관계, 언론계에 널리 퍼져 전주 하면 비빔밥이 되었다. 맛자랑은 입소문을 타고 오래전부터 여러 분야에 전파되었다. 전주비빔밥 명성이 전 국토에 울려 퍼진 것이다.

(2) 서울 진출과 여의도 국풍 81

1970년대 들어 경제적 향상과 소비의 고급화로 미식가는 늘어나고 음식경연대회가 도처에서 벌어졌다. 출품된 전주비빔밥은 특상을 수상하고 서울에서 새로이 개업을 하거나 기존 음식점이 분점(그때는 프랜차이즈 제도가 없었다)을 내서 식객이 운집했다.

경제성장으로 사회적 소비가 고급화하면서 고급 백화점과 식당가가 개업하게 된다. 1974년 신세계 식당가에 중앙회관 입점, 1980년 롯데백화점 식당가에 한국집이 진출한다. 그것도 초대되어 개업하게 된다.

더욱 결정적인 계기는 1981년 여의도에서 열린 국풍 81이다. 여의도 16만 평에서 축제가 열렸다. 각 지방의 특산품 판매, 일류 연예인의 공연, 특히 향토음식 전시 판매장에 사람이 몰렸다.

1천만 명에 달하는 축제 인파 속에서 전주비빔밥은 인기가 있고 맛이 돋보여 매일 긴 줄을 섰다. 지방에서 서울로 입소문과 칭찬으로 이어져오다가 비빔밥집의 서울 진출, 국풍 81에서 판매된 비빔밥의 명성으로 최고조에 달한다.

비빔밥 맛에 매료된 식객들의 입을 통해 "전주 하면 비빔밥", "전주 하면 음식"이라는 수식어로 전주 음식의 대단원이 열렸다.

14) 역사 밥상

2013년 일본음식인 와쇼쿠和食가 유네스코 무형문화유산에 등재되었다. 1즙 3채一汁三菜 밥상이다. 밥, 국, 쓰케모노漬物(소금절임)인 무, 배추, 오이가 놓인 집밥 밥상이다. 일본음식 하면 스시, 돈가스, 덴푸라 등이 널리 알려져 있어 일본음식은 시시한 것 같고 흔히 낮춰보는 경향이 있다.

그러나 위에 나열한 일본음식은 서민음식이다. 일본은 왕실이 위축되어 있어 궁중요리는 별것 없다. 과거 막부가 정권을 잡고 있었을 때는 수뇌인 장군의 밥상이 최고였다. 장군의 식사를 위해 주방에서는 160여 명이 요리를 하고, 142종의 식자재로 16첩의 밥상을 차린다. 우리의 궁중음식과 비슷하다.[22]

1일본의 역사적 스토리텔링을 주제로 개발한 화려한 레키쇼쿠(歷食) 밥상

그럼에도 1즙 3채로 차려진 서민 밥상이 유네스코 무형문화유산으로 등록되었다. 우리 서민 밥상의 1국 3첩과 똑같다. 우리는 궁중요리를 등록하려다 실패했고, 후에 등록된 것은 김장문화다. 그것도 김치가 아닌 공동체가 만들어내는 김장문화를 등록한 셈이다.

2010년 유네스코 무형문화유산으로 등재된 프랑스의 미식美食 문화, 2013년에는 터키식 커피 문화와 전통, 2017년 은시마, 말라위의 전통요리와 피자이올로, 나폴리피자 요리 기술 등도 등록이 완료되었다.

일본은 천년의 음식문화를 자랑하는 교토의 전통요리 '교료리京料理'가 있다. 유네스코 등재와는 관계없이 '역식歷食'이라는 것을 만들어내 지역을 알리고 인지도를 높여 관광객을 유치하고 있다. 역식은 문헌과 전승을 고증하여 요즘 만들어진 전통으로 장군 밥상, 다이묘大名(영주) 밥상, 역사 향토밥상 등을 전국 12개 도시에서 재현하고 있다. 멋대로 만들어지는 것이 아니라 역식 심사위원회의 인정을 받아야 한다. 한상에 16첩, 10첩 등 세 코스로 제공되며 시내 숙박 시설에서도 시식해볼 수 있도록 했다.[23]

우리는 한식의 세계화를 부르짖으면서도 한식으로는 유네스코 등재를 못하고 있다. 궁중음식은 특수층만이 먹던 음식이고, 한정식은 원형이 없어 예비심사도 통과하지 못한다. 그러나 역사적 밥상은 전주에서도 찾을 수 있다. 유구한 천년의 역사도시를 조감할 필요가 있다는 의미다.

이원호 작가의 《불멸의 백제》라는 역사소설 속에 완산칠봉 성주 계백이 나온다. 그가 먹는 밥상은 세 다리 소반에 조밥 한 그릇, 소금에 절인 돼지고기, 말려놓았다가 더운물에 불린 산채 한 접시다. 작가의 상상력으로 그려낸 것으로 본다. 어떤 기록에서도 완산칠봉에는 산성이 안 나오고, 백제 장군 밥상이나 백제 백성의 음식은 없다.

후백제에는 도읍지가 있었다. 중바위 북쪽 분지에 산성이 있고, 남노송동 골짜기에서 물왕물까지가 백성이 사는 도읍지였던 것으로 추정된다. 산성에는 견훤이 후백제 왕으로 군림했다. 궁중 속 견훤의 수라상도 있었건만 아무런 기록이 없다. 조선 시대 감영에는 감사 밥상이 있었고 영집에는 수령 밥상이 있다.

동학농민혁명 때 부성을 점령하고 전봉준이 집강소를 마련한다. 농민군은 주먹밥이나 비빔밥을 주로 먹었을 것이다. 그렇다면 전봉준 비빔밥도 존재한다. 이를 바탕으로 몇 가지 나물로 무쳐진 비빔밥, 맛깔스러우면서도 먹음직스러운 비빔밥을 선보일 필요가 있다.

이미 유명세를 치른 콩나물국밥, 비빔밥, 한정식, 백반정식을 이어 우리만의 역사 밥상도 고증하여 관광객을 맞이해보자. 백제 계백 밥상, 견훤 밥상, 전봉준 비빔밥, 감사 밥상, 수령 밥상, 지주 밥상 등을 역사 밥상이라 할 수 있다.

15) 전주 8미, 전주 8경

(1) 맛의 원천, 전주 8미

전주 8미는 음식이 아니라 식재료다. 우리가 맛있게 먹고 있고 맛을 내는 식재료로서 전주 맛이 옹골지게 담겨 있다. 한데 전주 8미가 언제 만들어져 어떻게 내려왔는지 아무도 모른다.

식재료 중에서 먹을 수 없는데도 맛으로 표현되고 있는 담배가 포함된 것을 보면 정조 이후인 1800년도 이후에 만들어졌음을 알 수 있다. 그렇다면 200년의 역사적 흐름으로 볼 때 8미는 전주 음식과 맛의 계보에 포함되어야 마땅한 일이다.

'8미'라는 용어는 청요리 8미에서 왔다. 전주 8미에서 청요리 8미의 식자재는 하나도 포함되어 있지 않다. 하지만 8미라는 상징적인 단어가 청요리에서 왔기 때문에 중국요리의 형성과정을 보기로 하자.

중국요리의 성가成家와 전성기는 송 · 당을 거쳐 청나라 시대였다. 청의 개방성은 중국요리의 다양성을 가져왔다. 대표적인 것이 청나라 황실요리인 만한전석滿漢全席(만주족과 한족의 요리를 복합한 음식)이다. 한족과 만주족 요리사들이 서로 솜씨를 뽐내며 개발하여 예술적 경지로 끌어올린 총 108가지의 화려한 음식이다.[24] 청나라의 만한전석 요리는 중국요리의 결정판으로, 최고조에 달한 것은 건륭제乾隆帝(1711~1799) 시대였다.

청요리 8미처럼 전주에도 8미가 있다. 내용은 다르지만, '8미'라는 용어와 발상은 같다. 반면 중국 8경과 전주 8경은 내용이 상당히 비슷하다. 이와 같은 중국의 8미와 8경이 언제부터 정해져서 내려오는지는 모르나 전주 8미와 8경은 이를 모방했다.

전주 8경景은 중국 소상 8경瀟相八景에서 가져왔고, 전주 8미는 청나라 8미에서 가져왔다.

(2) 전주 8경

소상 8경은 중국 후난성 퉁팅호 남쪽 소수에서 흘러내리는 물과 상강相江이 합류하는 곳에 있는 대표적인 8가지 아름다운 경치다. 여기에서 내용 중 지명은 생략하고 의미만 보면 청람靑嵐(아지랑이), 저녁노을(석연, 夕煙), 밤비(야우, 夜雨), 귀범歸帆, 만종晩鐘, 가을달秋月, 기러기(낙안, 落雁) 등이다.[25]

전주 8경을 보자. 한벽 청연晴烟, 기린 토월吐月(석연의 반대), 동포 귀범歸帆, 남고 만종晩鐘, 비비 낙안落雁, 다가 사후射侯, 덕진 채련採蓮, 위봉 폭포瀑布로 지명만 다를 뿐 거의 같은 내용이다.[26]

8경 중 초포는 동포, 비비정은 삼례, 위봉은 소양으로 완주군이 포함되어 있다. 이것은 조선 말엽까지 완주군이 전주부에 속해 있었기 때문이다.

(3) 전주 8미

만한전석의 8미는 하늘, 땅, 바다, 동물, 식물 재료에서 진미를 뽑아냈다. 곰발바닥, 고양이 내장, 원숭이 입술, 산고양이 고기, 사슴 꼬

리, 코끼리 코, 표범 태아, 호랑이 무릎 등 고대로부터 칭송되어온 식재료에서 8미를 꼽았다.[27]

전주 8미는 파라시[八月柿], 열무, 녹두묵, 애호박, 모자, 게, 무, 서초西草(담배. 서양에서 건너왔다 해서 이름 붙여짐)다. 콩나물과 미나리가 더해져 10미이며, 모두 채소다. 특히 서초가 이색적이다. 담배는 먹을 수 없는데 왜 포함되었을까? 정조(1752~1800) 임금이 소화가 잘되고 건강에 좋다고 칭송하는 바람에 8미에 끼었다.[28]

정조는 지독한 골초였고, 담배가 추위와 더위를 막아주며 불면증 해소에 좋다면서 평소 신하들에게 담배의 유익한 점을 역설했다. 정조는 어떻게 하면 백성에게 담배를 피우게 할 것인지 대책을 제시하라는 시험문제까지 냈다. 규장각에 발탁한 젊은 문신을 대상으로 정책 자문을 구하는 시험문제였으니 남령초南靈草 책문策問이 그것이다. 1796년의 일이다. 이는 성균관대학교 안대희 교수가 규장각에서 찾아낸 내용이다.[29]

담배는 콜럼버스가 신대륙에서 들여와 유럽을 거쳐 우리나라까지 들어왔다. 조선에 전래되어 기생충 구제 등 의약품이나 기호품으로 애용되었다. 남녀, 어린이도 애용한다. 어른 앞에서 안 피우는 예절은 지켰으나 어린이까지 담뱃대를 물고 피우는 모습, 연기 등 담배로 인한 폐해는 한둘이 아니다. 한말 선교사들은 조선인의 도박, 음주, 흡연을 악습으로 규정하고 신자에게는 흡연을 금지했다.

전주 10미 중 서초는 정조 때 유입되어 권장되었으니, 전주 10미의 기록 역시 1800년도 이후에 작성되었음을 알 수 있다. 전주 10미 중 서초는 예부터의 기록인지라 받아들이기는 하지만 계륵鷄肋 같은 존재다.

16) 신 8미, 신 8경

(1) 신 8미

전주는 예부터 8미가 있었다. 언제, 누가, 어떻게 만들었는지 아무도 모른다. 그저 전해 내려왔고 흔히 자랑스럽게 내세울 뿐이다. 종류를 보면 열무(기린봉 열무수), 파라시(성황골), 녹두묵(자만동), 모자(전주천), 애호박(송천동), 게(한내), 무(무수, 삼례 일원), 서초(담배, 소양)에 콩나물(사정골)과 미나리(서원 넘어)를 포함하여 10미다. 그런데 맛 미味 자를 쓰다 보니 마치 음식같이 생각되지만 식재료에 지나지 않고, 식재료를 활용하여 음식을 만든다면 맛있는 음식이 될 수 있을 것이다. 8미는 음식이 아니라 식재료일 뿐이다.

식재료의 산지를 보면 지금의 완주군이 포함되어 있다. 본시 전주부라면 남으로 임실 못가 슬치재부터 북으로 여산, 동으로 고산, 서로 금구까지였기에 완주군 소재 식재가 전주에 속해 있는 것이다. 그래서 원래는 '전주 8미'가 아니라 '완산 8미'가 맞다.

시대가 흘러 8미의 식재료도 사라지고 그 맛도 변하여 본래의 8미를 맛볼 수 없기에 전주문화재단에서 신 8미를 찾았다. 전주문화재단은 시민을 대상으로 전주를 대표하는 식재료가 아닌 음식으로 신 8미를 선정한 바 있다. 신 8미는 다음과 같다.

비빔밥, 콩나물국밥, 한정식, 백반, 돌솥밥, 순두부찌개, 오모가리탕, 미나리복탕 등이 음식과 맛이 전주 시민의 입맛에 맞는 음식인지, 아니면 외래객 또는 관광객에게도 맞는지는 다시 관광객에게 물어봐야 할 사항이다. 그럼에도 2007년에 신 8미를 정한 것인지라 강산이 변하는 시간이 흘렀거나 앞으로 더 흐른다면 또다시 신 8미가 필요할지 모를 일이다.

아울러 신 5찬이 있으니 황포묵무침, 미나리무침, 도토리무침, 고들빼기김치, 참게장이다.

더불어 신 3술이 있으니 막걸리, 모주, 이강주다.[30]

(2) 신 8경

8미와 8경은 쌍으로 존재를 알린다. 전주 8경은 중국 소상 8경에서 모방되어왔다. 한벽 청연, 기린 토월, 남고 모종, 다가 사후, 덕진 채련, 동포 귀범, 비비 낙안, 위봉 폭포다. 완주군 소재가 포함되어 있고 자연풍경을 노래했다. 자연은 그대로 있는 것 같지만 기후 변화가 있고 수목이 우거져 모습이 달라지며, 국토개발과 도시화에 따라 지형이 변화한다. 또 새로운 건물이 건립되고 이미지가 생겨 시대 변천에 따라 경치와 경관은 달라진다. 그렇다면 8경도 변하기 마련이다.

시민과 관광객의 설문조사를 통해 새로 선정한 8경은 다음과 같다.

한옥마을, 덕진공원, 경기전, 전동성당, 월드컵경기장, 풍남문, 동물원, 객사 등

세계적이거나 아시아적 명소, 명물, 명품이 새로 생긴다면 신 8경

도 따라서 변할 수 있다.

원 8경, 신 8경, 신신 8경으로 변해가는 파노라마를 보면서 시간과 세월을 맞이해야 한다.

14
전라도와 경상도 맛

1) 전라도 음식 맛

전라도가 시작된 해가 1018년이니 2018년은 천년이 되는 해다. 강남도江南道의 전주와 해양도海陽道의 나주가 합하여 전라도가 되었다. 고려 현종 때의 일이다. 전라도에는 안찰사按察使가 6개월간 순행했다. 고려 말엽이 되어 행정구역인 도道가 설치되고, 도에 부임된 관찰사를 통해 군현을 다스렸다.

전주는 역사적으로 큰 고을이었고 정치, 행정, 경제, 문화의 중심 읍성이었다. 전통문화가 발전함에 따라 음식문화가 명성을 얻게 되었다. 음식 맛은 하루아침에 이룩된 것이 아니라 오랜 역사가 이끼처럼 쌓여 빚어진 맛이다.

(1) 천년의 맛

차곡차곡 쌓인 음식 맛에는 오랜 역사가 숨어 있음을 알 수 있다. 신라 통일 후 757년 경덕왕 때 전 국토가 9주로 책정되면서 '전주'라는 지명과 행정구역이 탄생했다. 이후 고려가 통일된 후 1018년에는 전주와 나주가 합쳐져 전라도가 되고 수부는 전주였다. 조선 시대에는 전주에 전라도 감영이 설치되고 전라도 모든 군현을 통치하는 곳이었다.

'전주' 지명으로는 1,250여 년이 되었고, '전라도' 중심 고을로는 천년이 되었다. 천여 년 동안 변함 없이 정치, 행정, 경제, 문화 등 제반에 걸쳐 중심 도시이고 생활의 터전을 이어오면서 음식은 화려해지고 맛이 축적되어 독특한 음식문화를 만들어왔다. 이른바 전주의 맛은 천년의 맛이다.

(2) 소금 맛

전라도는 음식의 간을 맞추면서 맛을 내는 소금이 풍부하게 생산되는 지역이다. 이 세상의 가장 원초적인 맛은 소금 맛이다. 모든 음식은 소금을 쳐야 맛이 난다. 음식의 맛을 돋우기 위해 쓰는 기름, 마늘, 고추, 파, 후춧가루 따위의 양념이 있으나 으뜸이 소금이다. 간장, 된장, 고추장 등의 발효식품의 근본 역시 소금이다.

소금을 쳐 짭짜름한 음식이 되어야 더 맛있고 당기는 이유는 우리 몸에 반드시 필요한 물질이기 때문이다. 소금은 바위에서 나오는 암염과 호수에서 캐내는 호염 등이 있다. 우리나라의 전통적인 소금 생산

방식은 자염煮鹽이었다. 갯벌의 흙을 갈아 햇볕에 말리면 염도가 높아진다. 이 흙을 미리 파놓은 구덩이에 채운다. 바닷물이 들어오면서 이 흙구덩이를 통과하면 평균 3°C의 바닷물이 12~17°C로 높아진다. 이것을 끓여 소금을 얻는데, 자염이다.[1] 자염은 갯벌이 많은 서해안에서 많이 생산되었다.

짠 바닷물을 커다란 무쇠 솥에 끓이려면 막대한 양의 연료와 노동력이 투입된다. 따라서 자염 생산에 가장 중요한 것이 바로 연료 확보의 용이성에 있다. 유럽, 일본에서는 목재 대신 석탄을 원료로 사용했지만, 한국은 소나무를 비롯한 갈대, 억새, 건초 등을 사용했다. 그러나 해변가의 나무는 벌써 다 베어다 땠고 먼 곳에서 운반해야 하는 상황이다.

이렇게 연료비와 인건비가 많이 투자된 자염은 쌀과 더불어 고가일 수밖에 없다. 쌀은 인근에서 생산되지만 소금은 반드시 바다를 끼어야 하고 육지까지 운반해야 하는 어려움도 있다. 소금은 대단히 비싸고 고귀한 식재료로 국가의 전매품이었다.

1896년부터 서울 주재 공사관보로 일했던 일본인 와카마쓰 도사부로若松兎三郎가 1904년 목포 영사로 부임하여 서해안 일대 갯벌에 천일염 생산방식을 도입하게 된다.

1907년 천일염전을 인천 주안, 평양 광양만 지역에 조성하게 되고, 일제강점기에는 1939년 삼양사가 고창 갯벌에 염전을 개척하여 본격적으로 소금의 생산 방식이 자염에서 천일염으로 바뀌면서 대량생산도 가능해졌다. 물론 소금도 값싸게 얻을 수 있었다. 따라서 자염은 자연적으로 경쟁력을 잃어 도태되었다.

그러나 이는 일제가 소금 생산의 독점으로 세입을 확보하고자 한 의

1 생명의 원천인 소금을 생산하는 천일염 제조 광경

지였으며, 식민지 조선을 원료 생산기지로 구축하고자 했기 때문이다.

1907년의 천일염 생산 자료를 살펴보면 전남 지역이 전국 생산량의 40.4%를 차지하고 있었다. 2017년 전국적으로 염전은 1,121개소인데, 전남이 1,025개소로 91%를 차지하고 있다. 이로써 예나 지금이나 소금은 서해안 일대 전라도에서 많이 생산되고 있음을 알 수 있다.[2]

소금의 맛은 나트륨에서 나온다. 나트륨은 생명유지에 필수한 영양소이지만 과다하면 우리 몸을 망가뜨리는 주범으로 널리 알려져 짜게 먹으면 안 된다고 도처에서 견제한다. 한국인의 하루 평균 나트륨 섭취량은 12g이다. 세계보건기구WHO에서 제시하는 5g보다 훨씬 많다. 짤수록 입맛이 당기나 짜게 먹으면 성인병에 걸린다고 해서 싱겁게 먹어야 한다는 논리다. 그러나 너무 싱겁게 먹으면 염분 부족 현상이 나타난다. 눈꺼풀이 파르르 떨리고 한여름에 흘린 땀으로 염분이 많이

빠져나가면 맥없이 쓰러져 심지어 저염증 환자가 나타나기도 한다.[3]

간을 잘 맞춰야 맛이 나고 몸에 해롭지도 않다. 게심심하고 맛이 안 나는 것은 싱겁다는 말이다. 서해안의 값싸고 다달보름한 소금이 있었기에 전라도 고유의 맛을 낼 수 있었다.

소금을 살 때는 당연히 짠맛인 줄 알면서도 찍어 먹어보고 샀다. 간수가 빠져 좋으면 다달보름하다고 했다.

전라도 여인네들은 부엌에서 손으로 음식을 주무르고 비비며 손가락으로 찍어 먹으며 간을 맞췄고, 버무리는 동안 손바닥 땀샘에서 필수아미노산이 나온 결과의 맛이 전라도 맛이다. 이는 과학적으로도 증명된 바 있다.

서정주 시인의 노래처럼 "섭섭하게 그러나 아주 섭섭하지는 말고 좀 섭섭한 듯만" 하면 간이 딱 맞다고 말하는 이도 있다.

쉬운 듯 어려운 간 맞추기에 도통한 전라도 여인들이 낸 전라도 맛은 손과 소금 맛이다.

(3) 젓갈 맛

소금이 제1맛이라면 양념이 제2맛이고, 제3맛은 젓갈 맛으로 발효음식의 맛이다. 젓갈은 소금으로 담그며 유산균, 비타민, 무기질의 양과 질이 우수한 식품으로 공인받고 있다. 다만, 염분이 20% 이상 함유되어 있어 줄여야 한다는 논란이 있다.

젓갈은 《삼국사기》에 기록되어 있을 만큼 오래된 전통음식이고, 그 종류도 매우 다양하다. 서해안을 중심으로 새우젓, 명란젓, 조개젓,

2 맛은 젓갈에서 묻어나온다. 수많은 젓갈 중에서 새우젓이 으뜸이다.

낙지젓, 갈치속젓, 아가미젓, 창란젓, 황석어젓, 꼴뚜기젓, 밴댕이젓, 토하젓 등이 사랑받고 있다.[4]

젓갈은 김치와 밀접한 관계가 있으며, 젓갈 중에서도 새우젓을 많이 넣는다. 《경도잡지》에는 "(서울의) 막김장은 새우젓으로 끓인 국물에 무, 배추, 마늘, 고춧가루, 소라, 전복, 조기 등을 넣어 버무려 독 속에서 겨울 동안 묵힌 것으로 맛이 매우 맵다"라고 했다. 서울의 겨울김장을 앞두고 새우젓을 실은 젓갈배가 황해도 연안으로부터 마포강으로 수없이 들어왔기에 가능한 맛이다.

서유구의 《난호어묵지》와 《임원경제지》를 보면 "팔역八域에 흘러넘치는 새우젓은 모두 서해의 강하糠鰕(젓새우)이며 속칭 세하細鰕라 한다", "무릇 지금 나라에 흘러넘치는 것은 모두 서남해안 새우다"라는 기록이 있다.

전라도 김치도 지역에서 흔한 새우젓을 기본으로 하여 맛을 내고 있다. 새우젓은 서해안 일대에서 담갔는데 그중에서도 전라도 서해안에서 가장 많이 생산된다. 2005년 통계로 전국의 젓새우 생산량은 7,352톤이며 이 중 전북이 246톤, 전남이 6,097톤으로 전라도에서 생산된 양이 전체의 86%에 이른다. 젓새우로 담근 젓갈도 음력으로 5월에 담근 오젓, 6월에 담근 육젓, 가을에 담근 추젓 등으로 명칭과 맛이 각기 다르다.[5]

새우젓이 맛있기로는 소금이 한몫을 차지했는데, 특히 서해안의 갯벌 천일염이 주역이다. 조선 시대에는 전라도를 '갯땅에서 일하는 마당쇠'라는 뜻으로 '갯땅쇠'로 비하하여 불렀다. 이는 갯땅, 즉 갯벌이 많아서였다. 지금 이 갯벌은 뜨거운 햇볕과 바람으로 만드는 천일염 소금 밭이 되었다.

세계적으로 이름 난 갯벌 천일염으로는 프랑스의 게랑드 소금이 있다. 유럽을 등진 역사성 때문에 유명하지만, 미네랄 성분은 전라도 천일염에 칼슘과 마그네슘이 3배 더 많다고 평가받고 있다.

경상도 음식이 맛이 없다고 말하는데, 그 원인은 소금과 새우젓갈에 있다고 본다. 맛있는 젓갈이 적으면 맛을 낼 수 없다. 서해안은 젓새우가 많았고, 천일염 또한 맛이 좋다. 이는 전라도 음식 맛과도 연관된다.

2) 경상도 음식 맛

기네스북에 등재된 세계에서 가장 오래된 레스토랑은 '아르콜 레스토랑d'Arcole Restaurant'이다. 1512년에 문을 열어 지금까지 명성을 이어오고 있는 파리에 있는 한 식당이다.

2012년 한식재단(현, 한식진흥원)에서 펴낸 《오래된 한식당》에 따르면 우리나라에서 가장 오래된 식당은 1904년에 문을 연 서울의 이문설농탕이다. 이제 115년차다. 아르콜 레스토랑의 500년 역사에 비해 우리나라는 100년 이상 된 식당을 찾기가 힘들다. 80~90년 된 식당도 많지 않다. 50년 넘는 식당도 160여 곳 정도다.[6]

맛은 전라도가 으뜸이어서 오래된 식당이 많을 것 같지만, 상권이 크게 형성되지 못해 생각보다 적다. 서울이 28곳으로 가장 많고 부산이 11곳이다. 경남은 9곳으로 의외로 경상도가 많다. 이는 6 · 25전쟁 이후 북한 동포가 대구, 부산 등지로 피난을 와서 정착하여 경상도에 새로운 음식문화가 발전하게 된 것으로 본다. 특히 기존의 진주비빔밥과 어우러져 경상도 특유의 맛을 내고 있다.

(1) 경상도 음식이 맛이 없다는데…

그럼에도 경상도 맛이 떨어진다는 말은 오래전부터 있어왔다. 그 예로 조선의 탐식가 허균(1569~1618)의 전라도와 경상도 맛을 비교한 예를 들 수 있다. 허균은 어린 시절 아버지 허엽(1517~1580)이 경상도 관찰사를 할 때 따라가 경상도 음식 맛을 본 바 있다. 그 후 허균은 큰형 허성(1548~1612)이 전라도 관찰사로 부임할 때 전주에 내려와 전라도 맛을 봤다. 나름 경상도의 음식과 전라도의 음식을 비교했을 것이다. 그 결과는 《도문대작》에서 찾을 수 있다. 《도문대작》은 허균이 1610년 유배되어 전라도 함열 땅에서 지은 조선 최초의 음식 칼럼집이다. 여기에서 8도 토산품과 별미음식을 소개했는데, 경상도는 10개, 전라도는 17개를 꼽았다. 전라도 음식이 경상도 음식에 비해 입맛을

돈우는 탁월한 별미였음을 알게 한다.[7]

후대의 일로 19세기 후반 경상도 여러 곳에서 수령을 지낸 바 있는 오횡묵(1834~1906)의 기록에서도 경상도 음식 맛이 없음을 지적하고 있다. 오횡묵은 서울 사람이다. 고성 군수를 지내면서 기록한《총쇄록》을 보면, 경상도 음식이 짜고 시어서 입에 맞지 않아 고생한다. 서울음식을 그리워하다가 우연히 먹고 크게 감격하게 된다.[8]

그러나 오늘날 경상도 음식에는 별미가 헤아릴 수 없이 많다. 진주비빔밥, 19세기 말에 시작된 육전을 썰어 올린 진주냉면, 상주의 헛제삿밥이 있다. 또 1929년《별건곤》에 실려 있는 대구의 자랑인 탕반은 바로 육개장이다. 대구 육개장은 따로국밥, 선지해장국 등으로 분화·진화하여 전국적 명성이 있다. 부산의 돼지국밥집은 설렁탕, 곰탕, 돼지국밥에 이르기까지 다양한 음식으로 프랜차이즈화되어 여성과 젊은이들을 공략하고 있다.

6·25전쟁 이후 평안도, 함경도, 황해도에서 대거 경상도로 피난을 왔다. 특히 대구, 부산의 음식은 전래의 음식과 이식 음식이 융합되어 독특한 종류와 맛을 내고 있다. 그럼에도 편견 때문일 수 있으나 흔히 경상도 음식은 맛이 없다고 한다. 개그맨 김영철은 "나도 경상도 출신이지만, 경상도 음식은 짜고 매워 추천할 음식이 하나도 없다"라고 주장한 바 있다.[9]

(2) 감영 이전으로 맛 축적 미숙

경상도는 안동 도산 지역의 퇴계 이황이 주자학의 대가를 이룩하며 영남의 유교문화를 꽃피웠다. 퇴계학의 맥은 역사적으로 퇴계학파를 형성했다. 가장 큰 맥락은 김성일과 류성룡 계열이고, 조목과 정구 및 장현관 등이 뚜렷한 계열을 형성했다. 당시 시대 상황에서 유학의 가르침을 세상에 널리 펴는 방법은 과거를 통해 관직에 진출하는 방법 밖에 없었다. 정치적 부침을 크게 겪기는 했으나 영남은 권세의 원천이었다.[10]

가장 많은 유림이 경북 지역에 분포되어 있으며 안동문화권을 형성했다. 전국적으로 보면 안동을 중심으로 한 명문 종가가 경상도는 46%인 반면은 전라도는 7%에 불과하다.

안동의 전통 고택을 살펴보면 100년 넘은 문화재가 296동으로 가장 많다. 안동의 하회마을은 100년 넘은 한옥이 100동으로 한국 최고의 전통한옥마을이다. 1999년에는 엘리자베스 2세 영국 여왕이 다녀가기도 했다. 이후 20년 후인 2019년 5월에는 엘리자베스 2세 여왕의 차남 앤드루 왕자가 어머니가 방문했던 발자취를 따라 안동을 방문했다.

이렇듯 안동은 어느 지역보다 문화유산이 풍부한 고장으로 알려져 있다. 특히 10대 이상의 조상 제사를 모시는 전통고택의 종가 며느리 음식은 어느 고장보다 멋스러우며 맛도 좋다.[11]

그런데도 경상도 음식 맛이 없다는 역설적 사실에는 배경이 있기 마련이다. 어느 시대나 지역 중심 도시는 정치, 경제, 문화가 발전하고 사람들이 많이 모이는 곳에 음식문화도 따라서 발달하게 된다. 그런데 경상도의 감영은 경주, 상주, 성주, 달성, 안동, 대구 등으로 옮겨 1314년에야 경주와 상주가 합해져 경상도가 되었고 대구 감영도 1601년에야 설치되었다.

전주가 감영 도시로 천년이 넘는 것에 비해 대구는 400년이 채 안 되었다. 음식문화가 축적되는 시간이 전주에 비해 경상도 각 도시는 매우 짧다는 사실이다. 왕조시대의 지방관은 국가 재정으로 '관주'라는 주방에서 만들어진 최고의 음식이 제공되었던 사실에 비추어보면 음식 맛이 발전되는 기반이 미약했음을 알 수 있다.

(3) 소금 생산의 부족

다음으로 맛있는 소금 생산이 부족했다는 사실이다. 무쇠솥에 끓여 만든 자염 시대에 서남해안 자염은 한 솥에서 하루에 두 번 끓여 만들었다. 동해안 자염은 하루에 한 솥밖에 만들지 못했다. 그것은 서남해안은 갯벌 갈아엎기를 반복하여 농후한 함수鹹水를 채취하여 끓였기 때문이다.

반면 동해안은 바닷물을 솥에 담아 하루 밤낮으로 달여야 소금이 생산되었다. 서남해안에 비해 시간과 노력과 연료가 곱절로 투입되었다. 천일염 시대가 되면서 서남해안의 갯벌은 대량생산이 감행되는데 동해안은 갯벌이 없으니 생산을 할 수도 없고, 먼 곳에서 비싼 운임으로 소금을 들여와야 했다. 이런 상황에서 경상도는 맛없는 소금을 비싸게 사 먹을 수밖에 없었다.[12]

젓갈을 음식 맛의 시원이라 했다. 김장김치용 젓갈은 서울에서 전라도까지 새우젓으로 담가 맛을 낸다. 그런데 동해안은 새우가 잡히지 않아 먼 곳에서 비싼 운임으로 사와야 했다. 소금과 젓갈은 맛의 원천인데, 경상도는 이 두 가지를 먼 곳에서 비싸게 사와야 했다. 특히 간장, 된장도 소금이 있어야 하는데 이와 같은 천연조미료의 부족으로 경상도 음식은 맛이 없게 된 것이다.

예부터 바느질과 음식은 딸과 며느리들이 갖추어야 할 필수 교양이었다. 옷은 바느질로 해 입어왔으나, 음식은 소금, 젓갈의 부족으로 제대로 맛을 내지 못했다.

음식 맛은 손가락으로 찍어 먹어 간을 맞추고, 손으로 주물러야 땀샘으로부터 필수아미노산이 나와 맛이 난다. 경상도 아가씨는 음식을 많이 만들어보지 못해서 맛을 낼 줄 몰랐다. 천연조미료 부족과 작업시간의 부족이 역사적으로 경상도 음식 맛이 없다는 평가를 받은 것으로 추정된다.

15
지켜야 할 전주의 맛

1) 지주집 잔치, 손님상을 찾아

세상은 넓고 먹을 것도 많다. 세상은 변하고 먹을 것도 맛도 변한다. 그러나 변하지 않는 맛도 있다. 집에서 어머니가 만들어주신 음식에 깃든 손맛은 기억에서 사라지지도 변하지도 않는다. 아무리 요리점과 음식점에서 맛있게 먹었던 음식도 어머니의 손맛과는 비교할 수 없다. 그러나 요즘에 와서는 가정에서 먹었던 요리와 음식도 많이 변해가고 심지어 잃어버리는 것 같아 아쉽다.

앞서 언급했지만 학인당 2대 종부 고종환(2008)과 3대 종부 서화순(2013)이 구술로 증언한 지주집 잔칫상에는 지금까지도 계승되고 있는 음식이 있다. 하지만 이름이나 내용물이 바뀌거나 아예 잃어버린 것도 꽤 많다.

집장(고추장과 된장의 중간 — 무, 가지, 고춧잎 말린 것으로 담근다), 만나지(기름기 없는 소고기를 썰어 통마늘, 간장, 참기름을 넣어 조린다), 한채(무, 배를 채 썰어 식초와 소금으로 간을 하고 석류를 올린다), 밤조란(경단 같은 모양으로 밤을 삶고 으깨어 뭉쳐서 만든다) 등은 잃어버린 요리이고 맛이다.

3대 종부 서화순의 구술에 의하면 2대 종부와 겹치는 요리들 외에도 고들빼기김치, 무채말랭이, 삼색무침, 생합작, 월과채 등이 등장한다. 이 가운데 국립농업과학원에서 종가음식으로 조리법을 표준화한 것이 삼색무침과 맛나지다.

학인당의 잔칫상 차림에는 나름의 체계가 잡혀 있어 아랫사람, 집안 여자들 그리고 이웃들까지 어우러져 차려냈다.

향천주장의 귀빈 접대상에서도 잃어버린 음식이 여럿 발견된다. 향천 양조장의 백남석은 학인당 백남혁의 아우로서 본가인 학인당에서 살다가 가까운 교동에 신축하여 분가했다. 향천 양조장 1대 종부는 학인당 3대 종부와 동서지간이다. 향천 양조장 1대 종부 박종하는 학인당 2대 종부에게 음식솜씨를 전수받은 것도 있으나, 정읍에서 천석꾼으로 이름난 박명규 가문에서 자라서 정읍 지주 박씨네 음식솜씨가 깃들여져 있다.

향천 양조장은 학인당 뒤를 잇는 영빈관이 되어 내외 귀빈을 하루걸러 모시며 상을 차려야 했다. 모두 향천 양조장 1대 종부의 몫이었다.

1대 종부는 향촌 양조장을 설립하는 데부터 귀한 손님을 위한 상을 연거푸 차려야 함에 늘 일손이 모자랐다. 아랫사람이야 있었으나 부족하여 전문조리사, 찬모, 반모는 정읍 친정집에서 수시로 여러 명이 와야 했다. 후에는 양조장을 가동하면서 정읍에서 온 조리사 등의 자제들을 사무직 또는 배달꾼으로 고용함으로써 한 가족이 전주에 정착하게 되고 귀빈을 모시는 요리 체계도 점점 자리가 잡혀갔다.[1] 잔칫상을 많이 차려야 했던 2대 종부 박정자는 시어머니에게서 상차림을 하나씩하나씩 익혀갔다. 그럼에도 2대 종부 박정자가 알고 있는 손님맞이를 위한 향천 영빈관만의 잃어버린 요리와 맛을 정리하면 다음과 같다(박정자 구술, 2018).[2]

젓갈 중에는 민물게장(삼례산 논게 게딱지에 소고기, 고추, 생강, 마늘을 넣고 실로 묶어 간장을 부어놓는다), 조기알젓을 차리고, 전복초, 갈비초(초 — 볶음 요리의 한 가지로 국물 없이 바싹 조린 음식), 북어보푸라기(북어를 보푸라기로 만든 다음 설탕, 소금, 참기름, 깨소금을 넣고 비벼 보슬보슬하게 무친다)가 더해진다.

눈사치, 입사치로 백문어오림(문어에 칼집을 내고 여러 모양으로 오린다), 곶감쌈(곶감을 펴서 앞뒤로 몇 가닥 꾼 다음 위쪽에 잣을 하나씩 꽂는다), 호두쌈(곶감을 넓게 펴 호두를 넣어 만 다음 김밥 썰듯 썬다), 꽃사지(잣사지, 색사지라고도 하며, 가는 대꼬챙이에 잣을 꿰어 꼬챙이를 다발로 묶어 다시 색색의 한지로 감싼다)가 있다.

눈사치 요리는 시중의 요정에서 계승하여 1990년대 말 요정이 사라지기 전까지 요릿상에 올랐다. 특히 화려한 꽃사지는 손님들이 양복 윗주머니에 꽂고 집으로 돌아갈 정도로 멋스러웠다.

2) 전통 음식 맛의 재발견

음식도 맛도 세월과 시대에 따라 변화하고 스스로 진화한다. 변화 중에 외국에서 들어온 것도 있지만 국내에서 자생적으로 재창조된 것도 있다. 이러한 와중에 한국음식을 세계에 알리는 '한식 세계화'도 있었다. 또 해외의 음식이 우리에게 다가와 토착화된 음식도 있다.

한정식의 시원이 된 부월옥의 밥상도 변화하여 3대째 계승되어

왔다. 계승되고 있는 주종으로는 모래무지찜, 토하젓, 진석화젓, 청포묵 등이다. 그리고 고들빼기김치는 전주의 가정집 밥상에 자주 오르던 음식이다.

(1) 고들빼기김치

고들빼기김치는 누가 언제부터 먹었는지 알 수 없다.

가을이 지나면 무와 배추는 생산되지 않았다. 이른바 가진 집은 김장김치를 넉넉하게 담글 수 있어서 이듬해 봄, 여름까지도 먹을 수 있었다. 이것도 소금으로 간을 짜게 해야만 가능했다.

그러나 없는 집은 대충 버무려놓은 김장김치를 겨우내 다 먹고 나면 마땅히 먹을 반찬이 없다. 봄이 되면 김장김치도 다 떨어진다. 고구마를 썰어 깍두기로 담가 먹기도 했다. 또 쓰디쓴 나물인 고들빼기를 소금물에서 쓴맛을 우려내어 김치로 담가먹었다. 시기로 보면 대략 1930년 이전으로 보인다.

1거무스레하나 맛은 빼어난 고들빼기 김치

당시 나무장수들은 거무튀튀하고 쓴 고들빼기김치를 도시락 반찬으로 싸와서 먹었다.

고들빼기김치는 가난한 사람들이 먹던 김치였다. 가난한 집은 나무를 직접 해다 땠다. 상관 등의 산에 들어가 나무뿐 아니라 고들빼기를 캐다가 김치로 담가 먹은 것이다. 서서히 있는 집에서도 고들빼기김치를 담가서 먹어보니 맛이 꽤 괜찮았다. 언젠가부터 있는 자나 가난한 자 모두가 즐기는 김치가 되었다.

고들빼기 특유의 쓴맛을 좋아하는 사람도 있지만 싫어하는 사람들은 고들빼기를 물에 담가 쓴맛을 우려낸다. 그러면 물이 까맣게 변할 정도로 우러나온다. 쓴물을 깨끗하게 씻어내고 김치로 담갔다. 지금은 쓴맛으로 인해 맛 좋은 김치 대접을 받고 있다.

고들빼기김치는 쓰면서도 달콤쌉싸름하다. 먹으면 먹을수록 쌉쏘름한 맛이 참 독특하다. 그런데 물에 담가 쓴맛을 전부 빼고 나면, 그냥 그런 맛이 난다. 쓴맛이 참맛이니 모두 우려내면 안 된다는 말이다. 지금의 고들빼기김치는 쓴맛이 거의 없어 아쉽다. 고들빼기가 가지고 있는 본래의 맛을 되살려 재발견하는 솜씨가 필요하다.

예전에는 고들빼기를 산에서 채취했지만 요즘은 밭에서 재배한다. 재배된 고들빼기는 향취와 쓴맛이 산채에 미치지 못해 씁쓸한 고들빼기의 맛이 사라졌다. 고들빼기 맛의 재창조 작업이 뒤따라야 한다.

오미五味는 신맛, 쓴맛, 단맛, 매운맛, 짠맛이다. 쓴맛은 엄연히 오미 중의 하나이며 강력한 소화제다.

최근 고들빼기김치로는 순천 개랭이 고들빼기가 대표주자로 자리매김하고 있다. 그런가 하면 여수 돌산갓김치, 진도 파김치도 남도의 대표음식이다. 전주의 쓴 고들빼기김치도 위치를 확고히 할 필요가 있다.

(2) 구세미 깍두기

깍두기는 무로 담근다. 무도 맛있는 무가 있다. 손으로 만져 단단하고 씹었을 때 사각거리며 적당한 단맛과 무 특유의 알싸한 매운맛을 가지고 있어야 한다. 이런 무로 깍두기를 담갔을 때 적당히 익으면 제맛을 내게 된다.

또 깍두기에는 젓갈을 넣어야 맛이 더 좋아진다. 멸치젓, 까나리액젓, 새우젓 등이 주로 활용된다. 그럼에도 최고의 맛이 나게 하는 나름의 젓갈이 있다. 구세미젓이다. 구세미는 대구 아가미다. 깍두기에 넣을 때는 아가미뼈를 다져서 넣는다.

다진 구세미젓을 넣어 새콤하게 익은 깍두기는 어디에서도 맛볼

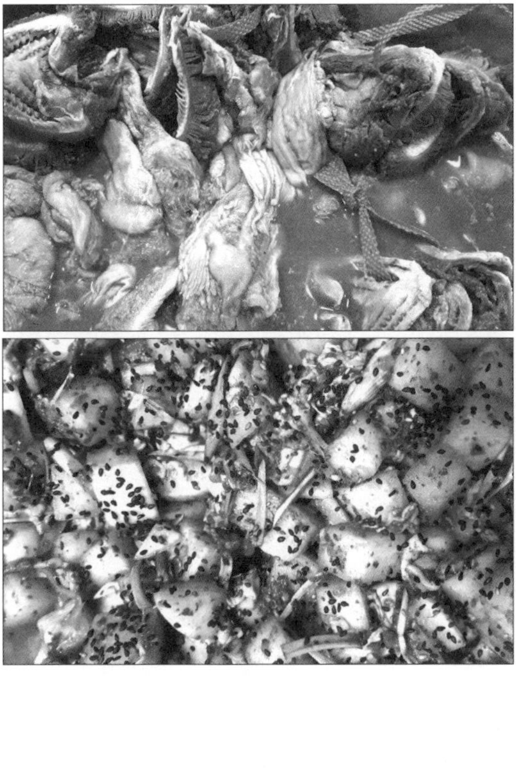

2대구 아가미를 소금과 함께
발효시킨 구세미젓갈과
구세미젓갈을 넣어 담근 깍두기

수 없는 천하일미다.

깍두기가 익으면 익을수록 국물이 시원해져 숟가락으로 빨간 국물을 떠먹는 것도 새로운 맛이다. 특히 국에 밥을 말아 먹을 때도 싱거운 듯싶으면 바로 구세미 깍두기 국물을 몇 큰술 넣으면 간이 딱 맞아 별미다. 국밥에 깍두기 국물을 쳐 먹는 식객으로는 유독 전주 사람이 많다. 깍두기에 구세미젓을 넣어 담그는 곳은 전주가 유일한 것 같다. 그럼에도 이제는 점점 전주에서도 구세미 깍두기를 담그지 않는 것 같다.

전주에 독특한 구세미젓 깍두기가 있듯, 북쪽에는 창난젓 깍두기가 있다. 원래는 함경도 지역의 음식이라고 하는데, 지금은 강원도 지방에서 담가 먹는 김치다. 맛에는 지역과 맛의 개념이 포함되어 있는데, 시인 백석이 1937년 함주시초咸州詩抄의 〈북관北關〉 시에서 창난젓 깍두기를 찬양하고 있다.[3]

> 명태明太 창난젓에 고추무거리에 막칼질한 무이를 뷔벼 익힌 것을
> 이 투박한 북관北關을 한없이 끼밀고 있노라면
> 쓸쓸하니 무릎은 꿇어진다

나도 구세미 깍두기를 대표적인 향수의 맛으로 아끼고 싶다. 그런데 지금은 시장에서 구세미젓을 구하기가 매우 힘들다. 소량을 담가서 유통이 안 되는지, 아니면 구세미 젓갈 자체를 안 담그는지는 알기가 어렵다. 겨울이 되면 구세미 깍두기를 맛보고 싶으나, 구세미젓을 구할 수 없다니 문제다. 그럼에도 불구하고 올해 송영애 박사가 어렵게 구한 구세미젓으로 시원한 깍두기 맛을 보여주었다. 전주의 맛이었다.

(3) 양애

양하蘘荷(전주에서는 '양애'라고 부름)는 가을에 밭에서 캐낸 식물이다. 추석을 전후로 매우 짧은 시기에 반짝 나왔다가 사라진다. 우리나라에는 특히 전라도에서 많이 생산되고 있으며 경상도에는 없다. 추석 전후에 산적을 꿸 때 많이 사용한다. 표고, 고사리, 도라지, 파, 양애를 꿰어서 심심한 간장 양념에 재워놓았다가 기름에 지진다. 모두 맛있는 재료이지만 특히 양애를 씹을 때 식감이 약간 질긴 듯 쫄깃쫄깃하고 서서히 코로 전해지는 그 향기의 맛은 어떻게 표현할 수 없다. 딴 재료가 단순히 씹는 맛이라면, 양애는 씹는 향이 있어 좋다.

우리 음식의 맛을 돋우는 양념과 향신료로는 마늘, 파, 생강, 후추 등이다. 강한 맛과 향으로 맛을 낸다. 하지만 양애의 향은 따라올 수 없다.

양애를 칼로 잘게 다져 양념으로 넣으면 진하지는 않지만 간혹 씹힐 때마다 나는 향에 놀라곤 한다. 양애의 향은 먹어보고 기억하고 있는 사람만이 알 것이다.

그런데 이제는 양애를 음식에 사용하지 않는다. 몰라서도 그렇고 생산되지 않아서도 그렇다. 앞으로는 요리를 할 때 양애의 사용과 맛과 향을 도출하기 위한 연구가 필요하다.

(4) 갈비 기름살

겨울 명태국(생태국)은 우리 국민의 국이다. 가장이 술을 한잔 거나

하게 마시고 장에서 지푸라기에 엮인 명태 몇 마리를 사서 집에 가져가는 것은 큰 선물이었다. 명태는 손질하여 무와 함께 솥에서 푹 끓인다. 이때 맛을 더하기 위해 넣는 것이 소갈비 기름이다. 기름이라고 해봐야 손톱만 한 작은 조각이다. 단골 고깃집에서 소고기를 살 때면 기름과 힘줄이 붙어 있는 작은 덩어리를 덤으로 얹어준다. 일명 '기름살'이다.

작은 기름살을 몇 개만 넣어도 생태국의 맛이 한결 깊어지고 진해진다. 전주 가정집에서는 노상 해먹던 방법이지만, 언제부터 넣어 끓였는지는 알 수 없다. 순 해물에 육고기 한 조각을 넣어 맛을 돋우는 이치는 있을 만한 일이다. 요 근래는 기름살을 거의 잊어버리고 넣는 방법을 모른다.

기름살을 넣어 생태탕을 끓이는 유일한 곳이라야 3대째 60년 동안 성업 중인 금일옥 식당뿐이다. 2인분 생태탕을 끓일 때면 손톱만 한 기름살이 3~4개 정도 들어간다.[4]

금일옥에서도 언제부터 넣어 끓였는지 모른다. '기름살'의 정확한 이름도 모르고 할머니 대부터 넣어서 끓여왔기 때문에 지금도 넣고 있다고 한다. 이름은 모르고 소갈비 기름 조각이라 '갈비 기름살'이라 해둘 수밖에 없다. 음식학자들이 현명하게 이름을 붙이고 해석해주기 바란다.

(5) 잰 육수 조미료

지금이야 흔하디흔한 고기가 소고기지만, 예전에는 큰 잔치에나 쓸 수 있는 것이 바로 소고기였다. 용도는 국, 찌개, 산적, 불고기 등 다양하다. 큰 잔치가 있기 전에 미리미리 소고기장수에게 주문을 한다. 냉장고가 없던 시대라서 고기를 보에 싸고 쇠망에 넣어 물에 닿지 않게 우물에 매달아놓았다가 꺼내 요리하곤 했다.

요리에 쓸 갈비 쪽 부위는 항아리 반데기(뚜껑)에다 양념해서 빙 둘러가면서 재어놓는다. 살코기도 양념해서 옴박지에 차곡차곡 쌓아 재워놓는다. 요리를 하거나 굽고 산적을 할 때 양념이 스며들어 맛이 난다. 양념에 재워두면 소고기에서 육수가 나온다. 보통의 고기는 붉은 물이 나와 보기가 안 좋지만, 양념해서 재워둔 고기는 색깔도 연한 간장색으로 우러나온다. 이때 나온 육수를 별도의 그릇에 담았다가 다른 음식을 볶거나 끓일 때 조미료로 사용한다. 육수는 잔치 내내 긴요하게 쓰였다.

인공조미료도 있는데 붉은 피가 섞인 육수를 썼을까 의아해할 수도 있다. 조미료는 1909년에 일본에서 출시된 아지노모토가 있다. 일제강점기에 우리나라에도 들어왔지만, 값이 비싸서 일반 가정에서는 쉽게 쓸 수 없었다. 심지어 조미료에는 뱀가루가 들어갔다던가, 몸에 해로운 화학조미료라던가 해서 주부들은 사용하기를 꺼렸다. 또한 화학조미료는 게으른 주부나 사용하는 것으로 알려져 사용하지 않았으며, 소고기를 재워두었다가 나온 육수를 천연조미료로 사용해왔다.

요즘은 집에서 잔치를 치를 일이 없어 많은 고기를 재워놓는 일도 없거니와 육수를 조미료로 사용하는 것 자체를 잃어버렸다. 천연조미료 격인 고기육수가 있었다는 것을 상기하면서 재활용해보기 바란다.

3) 감칠맛, 개미

맛은 물리적이거나 화학적인 구성물이 아니라 문화적 결과물이다. 맛은 느끼는 감정에 따라 조금씩 다르다. 그 감정에 따라 고소한 것이 느끼한 것으로 느껴지기도 한다. 감정과 관계없는 더 좋은 맛을 만들기 위한 갖가지 방법이 동원된다. 바로 양념이다. 맛의 기본은 소금과 기름이라고 했다. 그래서 소금이 약처럼 맛을 냈다고 해서 약염藥鹽이 변화되어 '양념'이 된 것으로도 해석된다.

맛을 돋우는 양념은 소금, 간장, 마늘, 고추, 파, 후추, 식초, 꿀, 설탕 등 모두가 천연재료다. 식재료에 약념을 넣고, 약손과 맛손으로 비비고, 버무리고, 무치고, 담가야 제 맛이 난다. 맛은 오미五味에서 파생된 상큼한 맛, 칼칼한 맛, 고소한 맛, 느끼한 맛, 개운한 맛이 있다. 맛은 이에 국한되지 않고 씁쌀, 달착지근, 떨떠름, 매콤한 맛 등 이루 헤아릴 수 없이 많다.

1960년대 들어 우리의 천연적 · 자연적 맛에 난데없는 외래 맛이 침투하여 맛이 식민지화된 일이 있다. 1908년 일본의 화학자가 제5의 맛이라는 우아미旨味, umami를 만들어냈다. 이른바 글루탐산모노나트륨MSG을 합성하는 데 성공한 것이다. 1909년 이 물질을 주성분으로 아지노모토味の素를 제조 판매했다. 이때 조선인의 입맛을 사로잡았다.[5]

해방 후에는 동아화성공업주식회사가 일본의 아지노모토 제조방법을 배워 미원味元을 생산했으며, 이는 우리나라 최초의 조미료공장에서 만든 조미료다. 결과는 한국인의 입맛을 완전히 사로잡았다.

미원으로 인해 맛의 전국 통일이 이루어져 지역적, 가정적, 전통 맛이나 솜씨는 간데없고 온통 미원 맛 하나였다. 더구나 상표 미원이

미풍과 맞붙어 불꽃 튀는 경쟁 속에서도 주부들은 한결같이 미원의 손을 들어주었으며 음식은 미원으로 맛을 냈다.

미원의 열기가 가시면서 화학조미료에 대한 분석과 검증이 뒤따랐다. 인공조미료에 나트륨이 너무 많이 들어가 소금을 잔뜩 먹는 거나 마찬가지이며 먹지 말아야 한다는 성토였다. 인공조미료가 워낙 맛이 좋다 보니 식당에서는 안 넣는다고 해놓고 감춰놓고 꺼내 듬뿍 쳐대는 광경이 종종 나타났다. 미원을 치는 음식점에는 안 가겠다는 여론이 빗발치면서 인공조미료의 덧붙인 맛은 차차 천연양념으로 환원되어갔다.

바로 이 천연조미료로 솜씨껏 맛을 내는 음식에는 '개미가 있다'고 말한다. 개미는 순 전주 토종말이라 사전에도 등재되어 있지 않고, 대표적인 포털 검색사이트에만 나온다. 개미라는 단어의 정확한 개념은 전주음식을 먹어보고 느껴본 사람만 알 수 있다.

개미는 맛깔스러운 맛이라기보다는 감칠맛이 적합하다. 음식을 먹은 뒤에도 혀에 감기듯이 남아 있는 뒷맛이다. 맛과 추억을 동시에 먹는다고나 할까? 음식 한 그릇, 추억 한 사발이다.

개미는 가미佳味(좋고 훌륭한 맛) 또는 가미嘉味(아름답고 즐거운 맛)라는 단어가 변화되어 개미가 되었다고 탯말학자 이태영 교수는 말하고(2018) 있다.

전라도 방언에 음식의 맛, 국물이 입맛에 맞아 시원하거나 맑은 느낌이 들 때 '개운하다'를 '개완허다'라고 말한다. 개완한 맛[味]이 개미로 변했는지도 모르겠다.[6]

하여튼 전주 맛은 개미가 있어야 한다. 개미가 없는 맛은 전주 맛이 아니라는 말이다. 요리와 맛이 서양화 · 퓨전화 · 패션화되어가고,

이탈리아 레스토랑이 판을 치고, 베트남 쌀국수가 퍼져간들 우리의 입맛에 맞지 않으면 먹을 맛이 나겠는가? 맛은 재료나 기술이 아니라 머리와 마음에서 결정된다. 뇌의 본질은 기억이고 맛의 본질도 기억이다.[7] 어렸을 때부터 음식 냄새를 맡으며 맛보고 기억한 입맛은 평생 간다. 버리고 싶고, 바꾸고 싶어도 할 수 없다. 어머니 손맛은 눈으로 귀로 혀로 흘러가서 맛의 기억과 추억이 되고 개미가 된다. 개미는 감칠맛으로 우리의 영원한 맛의 고향이고 영혼이다.

지금까지 전주 음식문화사와 맛을 쓴다고 했지만, 실은 개미를 찾아 헤맸다고 하는 게 옳다. 개미여 영원하여라. 나아가 개미가 있는 전주 음식이여 영원하여라.

미주

I. 전라감영 시대

1. 전라 감사와 음식 통치

1 허균이 전주에 온 것은 1601년 큰형 허성이 관찰사로 부임했을 때다. 1611년에 다시 찾았다는 것은 필자가 픽션으로 엮어보았다.

2 김미녀, 《감추어진 식탁》, 인포그룹느루, 2014, 39쪽

3 김정호, 《조선의 탐식가들》, 따비, 2012, 214-221쪽

4 윤국일 역, 《경국대전》 권3, 병전, 성문을 여닫는 규례, 386쪽

5 경북대학교출판부, 《수령의 사생활》, 2010, 309-310쪽

6 《경국대전》, 앞의 책, 381쪽

7 정약용, 《목민심서》, 노태준 역서, 홍신문화사, 1991, 163쪽

8 조현범, 《문명과 야만》, 책세상, 2008, 73쪽

9 김정호, 앞의 책, 14쪽

10 송영애, 〈전라감영 관찰사 음식 기초 자료조사 결과보고서〉, 2019

11 이훈종, 《민족생활어사전》, 한길사, 1992, 84쪽

12 송영애, 〈전라감영의 관찰사 밥상과 외국인 접대상〉, 세미나 발표논문, 2019

13 《경국대전》, 앞의 책, 268쪽

14 경북대학교출판부, 앞의 책, 88-90쪽

15 古川昭,《湖南の日本人》, 2005, 153쪽

16 경북대학교출판부, 앞의 책, 43쪽

17 경북대학교출판부, 앞의 책, 41-46쪽

18 풍석문화재단,《역주 완영일록》, 2016, 34쪽

19 풍석문화재단, 앞의 책, 26쪽

20 황미연,《전북 국악사》, 석북집 해설 참조. 황미연(2012)이《석북집(石北集)》(석북 신광수가 1712~1775년에 지은 시문집) 등을 참고하여 한벽당의 연회를 기록하고 있다.

21 황미연,《국악본향 전주》, 전주문화재단, 2015, 149쪽

22 홍현식,《전주시사》, 전주시, 1997, 505쪽

23 홍현식, 앞의 책, 513쪽

24 古川昭, 앞의 책, 21쪽

25 홍현식, 앞의 책, 509쪽

26 안길정,《관아를 통해 본 조선시대 생활사》, 사계절, 2000, 65-66쪽

27 경북대학교출판부, 앞의 책, 321쪽

28 경북대학교출판부, 앞의 책, 320쪽

29 진기풍(2013)이 백남석에게 전해 듣고 구술

30 김경은,《밥상문화》, 이가서, 2012, 70-71쪽

31 정창권,《홀로 벼슬하며 그대를 생각하노라》, 사계절, 2003, 223쪽

32 이철수,《전주야사》, 전주관광협회, 1967, 127쪽

33 尹瑞石,《韓國食品史, 韓國文化史》, 民族文化研究所, 1979, 273쪽

34 김상보,《조선시대의 음식문화》, 가람, 2008, 112-113쪽
동아출판사,《백과사전》, 1982, 242쪽

35 尹瑞石, 앞의 책, 268쪽
김상보, 앞의 책, 112쪽

36 尹瑞石, 앞의 책, 268쪽

2. 감영에 딸린 관료와 성 안팎 음식

1 이철수, 앞의 책, 269쪽

2 경북대학교출판부, 앞의 책, 294쪽

3 경북대학교출판부, 앞의 책, 327쪽

4 홍현식, 앞의 책, 532쪽

5 이철수, 앞의 책, 292쪽

6 김현영, 《전라감영연구》, 전주역사박물관, 2008, 211쪽

7 홍현식, 앞의 책, 532쪽

8 경북대학교출판부, 앞의 책, 55쪽

9 《경국대전》, 앞의 책, 233쪽

10 《경국대전》, 앞의 책, 440쪽

11 《경국대전》, 앞의 책, 264쪽

3. 성 안팎 사람들의 음식

1 장명수, 《성곽발달과 도시계획 연구》, 학연문화사, 1994, 94쪽

2 안길정, 앞의 책, 29쪽

3 노대준, 《목민심서》, 홍신문화사, 173쪽

4 윤홍길, 《전주이야기》, 신아출판사, 1999, 14쪽

5 한국고문서학회, 《조선시대의 생활사》, 역사비평사, 1996, 215쪽

6 자급자족적 백성의 살림살이를 필자가 취합한 결과물이다.

7 윤숙자, 《한국음식의 사계》, 2006 서울세계음식관광음식박람회, 78쪽

8 한국고문서학회, 앞의 책, 326쪽

9 전주부성 내외 기관에 소속된 관노비를 열거한 숫자다.

10 한국고문서학회, 앞의 책, 323쪽

11 황현, 《매천야록》 권2, 2006, 97쪽

12 장명수, 앞의 책, 122쪽

13 이하곤 · 이상주 역, 《호남기행》, 이화출판, 2003, 158쪽

14 소순열 · 원용찬, 《전북의 시장 경제사》, 신아, 2003, 158쪽

15 샤를르 달레, 정기수 역, 《조선교회사서론》, 탐구당, 1966, 285쪽

16 N. H. 알렌, 신복룡 역, 《조선견문기》, 박영사, 1979, 121쪽

17 I. B. 비숍, 신복룡 역, 《조선과 그 이웃나라들》, 집문당, 125-126쪽

18 전주문화재단,《일제전주침탈과 식민시대 구술실록》, 2006, 427쪽

19 송영상,《전주천변》, 전주문화원, 1995, 23쪽

II. 식민지 근대화 시대

4. 지주의 밥상

1 신용하,《조선토지조사사업연구》, 지식산업사, 1979, 서문 3쪽, 본문 16쪽

2 원용찬,《일제하 전북의 농업수탈사》, 신아, 2004, 45쪽

3 조용헌,《조용헌의 명문가》, 랜덤하우스코리아, 2009, 206쪽

4 조병희,《완산고을의 맥박》, 신아, 2001, 338쪽

5 전주부사, 앞의 책, 666쪽

6 전주문화재단, 앞의 책, 418쪽

7 양미경,《전주한옥마을과 전주비빔밥의 문화자원화과정》, 한국학중앙연구원 박사학위 논문, 2012

8 필자의 고모할머니가 망성댁이고, 어렸을 때 목격한 장면이다.

9 필자의 고모할머니가 망성댁이고, 어렸을 때 목격한 장면이다.

10 필자가 어렸을 때 목격한 장면이다.

11 조병희, 앞의 책, 428-451쪽

5. 일본 요정

1 仲尾宏,《朝鮮通信使》, 明石書店, 2007, 147쪽

2 田代知生,《倭飯》, 文芸春秋, 2002, 184-208쪽

3 김정호, 앞의 책, 265-266쪽

4 中江克己,《江戸の暮らし》, 青春出版, 2009, 144쪽

5 小泉武夫,《幼の料亭 · 日本橋「百川」》, 新湖社, 2016 참조
山田順子,《江戸の庶民は時間に正確だったのか?》, 2008, 160-161쪽

6 임종국, 《밤의 일제 침략사》, 한빛문화사, 2004, 15-19쪽
7 임종국, 앞의 책, 68쪽
8 김영정 외 3인, 《근대 항구도시 군산의 형성과 변화》, 한울, 2006, 51쪽
9 高山奇宗司, 이규수 역, 《식민지 조선의 일본인들》, 역사비평사, 2006, 82쪽
10 古川昭, 《群山開港史》, ふるかわ海事事務所, 1999, 66, 89쪽
11 古川昭, 앞의 책, 92쪽
12 군산부, 《군산부사》, 1942, 308쪽
13 古川昭, 앞의 책, 22쪽
14 전주부사, 앞의 책, 703쪽
15 전주부사, 앞의 책, 666쪽
16 전주부사, 앞의 책, 607쪽
17 조병희, 앞의 책, 338쪽
18 맛은 체험적 평가이고, 자전거 배달은 필자가 목격한 기억이다.
19 정대성, 《일본으로 건너간 한국음식》, 솔, 2000, 107쪽

6. 조선 요릿집

1 강명관, 《조선의 뒷골목 풍경》, 푸른역사, 2003, 143쪽
2 이규태, 《600년 서울》, 조선일보사, 1993, 253쪽
3 주영하, 《음식인문학》, Humanist, 2001, 275-276쪽
4 김정동, 《일본 속의 한국 근대화 현장》, 하늘재, 2001, 198쪽
5 김정동, 앞의 책, 200쪽
6 양태자, 《중세의 뒷골목 풍경》, 이랑, 2011, 72쪽
7 中江克己, 앞의 책, 198쪽
8 임종국, 앞의 책, 26-29쪽
9 신현규, 《기생, 조선을 사로잡다》, 어문학사, 2010, 57쪽
10 주영하, 앞의 책, 277쪽
11 황미연, 《권번과 기생으로 본 식민지 근대성》, 전북대학교 박사학위논문, 2010, 114쪽
12 三村三茶, 유재순 역, 《妓生》, 소담, 2002, 169쪽

13 황미연, 앞의 책, 114쪽

14 황미연, 앞의 책, 111쪽

15 황미연, 앞의 책, 114쪽

16 필자가 직접 등기부등본 열람

17 황미연, 앞의 책, 115쪽

18 홍현식, 《전주시사》, 1997, 533쪽

19 황미연, 앞의 책, 179, 181쪽

20 식도원 기록은 어디에도 없고, 1931년 제작된 전주안내도에서 처음 발견했다.

21 石毛直道, 한복진 역, 《일본의 식문화》, 어문학사, 2015, 177쪽

22 전주부사, 앞의 책, 605쪽

23 전주부사, 앞의 책, 607쪽

24 장명수, 앞의 책, 399쪽

25 전주부사, 앞의 책, 705쪽

26 전주부사, 앞의 책, 698쪽

27 탁광, 《전북영화 이면사》, 영화인협회, 95쪽

7. 청요릿집

1 기전 100주년 기념사업회, 《사랑을 심는 사람들》, 2000, 25쪽

2 장명수, 앞의 책, 205쪽

3 장명수, 앞의 책, 382쪽(왕국민 구술)

4 가쓰미 요이치, 임정은 역, 《혁명의 맛》, 교양인, 2015, 123쪽

5 朝日新聞, 2015년 5월 27일 기사

6 張競, 앞의 책, 9쪽

7 朝日新聞, 2017년 1월 26일 기사

III. 요정과 다방 시대

8. 조선 요정

1 필자의 기억

2 필자의 기억

3 조통달 명창(박초월의 양자) 구술 증언

4 진기풍(94세) 구술 증언

5 이정민(88세) 8 · 15 전후 사재로 전주 축구를 지원한 이창재 회장 2남의 구술 증언

6 이태, 《남부군》, 두레, 1990, 142쪽

7 이태, 앞의 책, 201쪽

8 이태, 앞의 책, 219쪽

9 《전주근대생활조명 100년》, 2008, 543-545쪽

10 차길진, 《빨치산 토벌 대장 차일혁 수기》, 보안, 2002, 96쪽

11 1951년, 1952년, 《전북일보》 요정 개업 광고 전수조사

12 김두운, 《지리산 공화국》, 신세대사, 1991, 200쪽

13 朝日新聞, 2016년 6월 16일 기사

14 전북일보, 1954년 2월 1일 기사

15 전북일보, 1954년 5월 24일 기사

16 1951-1954년 《전북일보》 사회면 분석 자료, 일부 구술 증언, 필자 기억

17 1951-1954년 《전북일보》 사회면 분석 자료, 일부 구술 증언, 필자 기억

18 1951-1954년 《전북일보》 사회면 분석 자료, 일부 구술 증언, 필자 기억

19 1951-1954년 《전북일보》 사회면 분석 자료, 일부 구술 증언, 필자 기억

20 장경순, 《나는 아직도 멈출 수 없다》, 오늘, 2007, 61-62쪽

21 (사)천년전주명품사업단, 《전주한정식》, 2009, 27쪽

22 정갑순(70세) 만성장 경영주, 2018년 9월 8일 구술 증언

23 이용엽, 《전북미술약사》, 2007, 247쪽

24 《전주근대생활조명 100년》, 격동시대, 2008, 487쪽

25 이용엽, 앞의 책, 247쪽

26 주영하, 《음식전쟁 문화전쟁》, 사계절, 2000, 234쪽

27 조선일보, 1918년 10월 4일 기사

28 조선일보, 1905년 2월 27일, 도쿄 특파원 기사

29 朝日新聞, 2012년 6월 28일 기사

30 최열, 《인물미술사학》, 인물미술사학회, 2014, 람전 허산옥 행장, 242쪽

31 최열, 앞의 책, 242쪽

32 최열, 앞의 책, 4인의 논문에서 발췌

33 최열, 앞의 책, 4인의 논문에서 발췌

34 최열, 앞의 책, 224-227쪽

35 최열, 앞의 책, 213쪽

36 장명수, 《전주근대생활조명 100년》 제2권, 2009, 487쪽

37 장명수, 앞의 책, 487쪽

38 이용엽, 앞의 책, 203쪽

39 홍지석, 앞의 책, 177쪽

40 최열, 앞의 책, 215쪽

41 조병희, 《완산고을의 맥박》, 앞의 책, 470쪽

42 전북신문, 1934년 8월 30일 기사

43 장명수, 《전주근대생활조명 100년》 제2권, 2009, 446쪽
이구열, 《북한미술 50주년》, 돌베개, 2001, 256쪽

44 홍지석, 《북으로 간 미술사가와 미술 비평가들》, 2018, 22쪽

45 장명수, 앞의 책, 2009, 293쪽

46 조병희, 앞의 책, 292쪽

47 하반영, 앞의 책, 484쪽

48 김취정, 앞의 책, 141쪽

49 김화래, 《한국의 회화》, 김화래 연보, 1991에서 취합

50 박정배, 1914년 8월 27일, 《조선일보》 기사

51 주영하, 《식탁 위의 한국사》, 사계절, 2000, 172-175쪽

52 조선개통사, 전주안내도, 1931

53 황미연, 앞의 책, 126쪽

54 김문성, 권번의 작명법, 동아일보, 1918년 8월 2일 기사

55 최열, 앞의 책, 141쪽

56 홍지석, 앞의 책, 176쪽

57 최열, 앞의 책, 241쪽

58 허영숙, 앞의 책, 28쪽

59 최열, 앞의 책, 212쪽

60 최열, 앞의 책, 136쪽

61 町田貢,《日韓 インテリジエンス, 戦争》, 文芸春秋, 2011, 116쪽

9. 다방

1 石毛直道,《生活の地城史》, 山川, 2009, 83-84쪽

2 이규태,《600년 서울》, 조선일보사, 1993, 258쪽

3 김윤식,《다방》, 한겨레, 2012, 225쪽

4 《전주근대생활조명 100년》, 앞의 책, 522쪽

5 全州会,《創立25週年 記念號》, 1979, 55쪽

6 황문평,《한국대중연예사》, 1989, 332-333쪽

7 김윤식, 앞의 책, 31쪽

8 부산일보, 2005년 11월 29일 기사

9 김미현,《한국영화 역사》, 커뮤니케이션북스, 2014, 33쪽

10 이태영,〈전주문인들의 활동사〉,《전주학 연구》5집, 2011, 46-49쪽

11 《전주근대생활조명 100년》, 앞의 책, 524쪽

12 김종환,《수분낙도》, 탐진, 1993, 249쪽

13 탁광,《전북영화이면사》, 1995, 71-72쪽

14 탁광, 앞의 책, 74쪽

15 탁광, 앞의 책, 24쪽

16 김종환, 앞의 책, 279쪽

17 안진수,《매혹과 혼돈의 시대, 50년대의 한국영화》, 소도, 2003, 43-44쪽

18 이영일,《한국영화전사》, 한국영화인협회, 1969, 203쪽

19 박노홍, 《한국연극, 악극단들의 활동 무대》, 1979, 65쪽

20 石毛直道, 앞의 책, 107쪽

21 김윤식, 앞의 책, 166-167쪽

22 장명수, 앞의 책, 525쪽

23 전주시 다방협회, 다방 전화번호부, 1970년대 말

24 이원영(72세), 한일관 경영주 구술

25 엄주식(60세), 금일옥 경영주 구술

26 송화섭, 〈해장국의 발생 배경과 변천과정 — 전주콩나물국밥의 사례를 중심으로 —〉, 동아시아고대학회, 《고대학》 제47집, 2017, 316쪽

IV. 한정식 형성 시대

10. 콩나물국밥

1 박문기, 《숟가락》, 정신세계사, 1999, 26쪽

2 김은술, 《조선 백성의 밥상, 소박한 미식가 성호이익》, 한식재단, 2014, 165쪽

3 조현범, 《문명과 야만》, 책세상, 2008, 176쪽

4 권태완, 《콩건강 여행》, 성하, 1995, 190쪽

5 유장우, 《허공만 맴돈 쓴소리》, 참나무, 1999, 64쪽

6 송영상, 《전주천변》, 1995, 20쪽

7 부산대학교, 《한국 근대의 풍경과 지역의 발견》, 국학자료원, 2007, 379-380쪽

8 주영하, 《음식인문학》, Humanist, 2013, 346-347쪽

9 杉岡幸德, 《世界寄食大会》, 文芸春秋, 2009, 10쪽

10 조현범, 앞의 책, 143쪽

11 박병연(92세) 구술

12 김용신(87세) 구술

13 신호, 《아빠의 일기장》, 보광, 1973, 14쪽

14 조병희, 앞의 책, 337쪽
박병연, 앞의 책, 437쪽

15 한식재단,《오래된 한식당》, 2012, 84쪽

16 진기풍 구술

11. 비빔밥

1 주영하, 앞의 책, 150쪽

2 전주시,《우리고장 전주》, 1982, 366쪽

3 주영하, 앞의 책, 154쪽

4 朝日新聞, 1910년 10월 12일자 수상록

5 부산대학교, 앞의 책, 382쪽

6 신문기사에 났던 사실인데 기록만 해놓은 기사를 찾을 수 없다.

7 주영하, 앞의 책, 150쪽

8 최형국, 무예이야기, 1913년 3월 8일 조선일보 기사

9 전주시,《짧은 판소리》, 2010, 13쪽

10 최현식,《갑오동학혁명사》, 신아, 1980, 116쪽

11 강명관,《조선의 뒷골목 풍경》, 푸른역사, 2003, 143쪽

12 한식재단, 앞의 책, 9쪽

13 전주부사, 앞의 책, 605쪽

14 전주부사, 앞의 책, 705쪽

15 송영상, 앞의 책, 35쪽
조병희, 앞의 책, 349쪽

16 박병연, 앞의 책, 438쪽

17 조병희, 앞의 책, 343쪽

18 주영하, 앞의 책, 151쪽

19《전북일보》, 1958년 11월 19일자 "전통지키는 옴팡집"이라는 기사에서 큰 기사로 비빔밥 찬양

20 칠봉옥은 앞의 기사에서 전통 지키는 곳은 옴팡집, 칠봉옥 두 집밖에 없다고 했다. 기타 내용은 필자가 취재했다.

21 신호, 앞의 책, 16쪽

22 전주시, 《전주향토음식점 30곳》, 2011, 107쪽

23 전주시, 앞의 책, 56쪽

24 전주시, 앞의 책, 55쪽

25 주영하, 앞의 책, 152쪽

26 전주시, 앞의 책, 367쪽

27 이규태, 《한국인의 밥상문화 1 · 2》, 신원문화, 2000, 171쪽

28 조용헌, 《조용헌 살롱》, 랜덤, 2006, 78쪽

29 전북대학교, 앞의 책, 123쪽

30 전북대학교, 앞의 책, 121쪽

31 주영하, 앞의 책, 151쪽

32 송영애, 《음식이 정치다》, 채륜사, 2016, 141쪽

12. 한정식

1 전주부사, 앞의 책, 604쪽

2 장경순(87세) 구술

3 박노홍, 《한국연극 한국 악극사 9》, 1979, 44쪽

4 박노홍, 앞의 책, 45쪽

5 김행영, 8사단 군예대악장, 1960년, 구술 증언

6 전북일보, 1958년 11월 19일 기사

7 전북일보, 1958년 11월 19일 기사

8 송영상, 앞의 책, 57쪽

9 전주시, 《60년 일지 1949-2009》, 전주역사박물관, 2009, 61쪽

10 전주역사박물관, 《전주학연구》 제10집, 2016, 144쪽

11 주영하, 앞의 책, 233쪽

12 주영하, 앞의 책, 232쪽

13 조선일보, 1961년 6월 2일 기사

14 송영상, 앞의 책, 145쪽,

15 전북대학교, BK21사업단, 2009, 30쪽

16 전북대학교, 앞의 책, 32쪽

17 안길정, 《관아이야기》, 2000, 65-66쪽

18 백창현, 일제 전주침탈과 식민시대 구술실록, 앞의 책, 421쪽

19 장명수, 앞의 책, 419쪽

20 장명수, 앞의 책, 420쪽

21 고정환, 앞의 책, 439-444쪽

22 서화순, 2013년 10월 31일자 《경향신문》 기사

23 전북대학교, BK21사업단, 앞의 책, 19-20쪽

13. 전주 음식문화 계보

1 함규진, 《왕의 밥상》, 21세기북스, 2012, 296쪽

2 함규진, 앞의 책, 34쪽

3 한국고전서학회, 《조선시대생활사》, 역사비평사, 1996, 216-217쪽

4 장명수, 앞의 책, 94-95쪽

5 김상보, 앞의 책, 37-39쪽

6 김상보, 《한식의 도를 담다》, 와이즈북, 2017, 190쪽

7 함규진, 앞의 책, 229쪽

8 정혜경, 《조선왕실의 밥상》, 푸른역사, 2018. 31쪽

9 함규진, 앞의 책, 229-230쪽

10 黃慧性 · 石毛直道, 《韓國の食》, 平凡社, 2005, 64, 67쪽

11 조철권(1980~1983년 전북 도지사 재직 시), 구술 증언

12 경북대학교, 앞의 책, 321쪽

13 홍현식, 앞의 책, 532쪽

14 경북대학교, 앞의 책, 99쪽

15 경북대학교, 앞의 책, 299쪽

16 I. B. 비숍, 신복룡 역, 《조선과 그 이웃나라들》, 집문당, 2000, 126쪽

17 N. H. 알렌, 신복룡 역, 《조선견문기》, 박영사, 1979, 121-122쪽

18 김경훈, 《뜻밖의 음식사》, 오늘의책, 2005, 193쪽

19 최진옥, 앞의 책, 15, 20쪽

20 黃慧性 · 石毛直道, 앞의 책, 321쪽

21 송영상, 앞의 책, 58쪽

22 山田順子, 앞의 책, 110쪽

23 朝日新聞, 2017년 2월 20일, 21일 기사

24 西川武臣, 《開国日本と横浜中華街》, 大修館書店, 2002, 218쪽

25 東亞出版社, 《세계대백과사전》 16권, 514쪽

26 이철수, 앞의 책, 312쪽

27 杉岡幸德, 《世界寄食大会》, 文芸春秋, 2009, 243-244쪽

28 이철수, 앞의 책, 313쪽

29 안대희, 《남령초 책문해설》, 2013, 135쪽

30 전주문화재단, 《전주맛보》, 2008, 100쪽

14. 전라도와 경상도 맛

1 김건수, 《소금과 새우젓, 소금과 민족고고학》, 민속원, 2010, 18쪽

2 김충식, 《목화꽃과 그 일본인》, 메디치미디어, 2015
김건수, 앞의 책, 50쪽

3 김화선, 손님이 짜다면 짜다, 2013년 2월 7일, 동아칼럼

4 이규태, 젓갈문화론, 2004년 1월 4일, 조선일보 칼럼

5 김건수, 앞의 책, 108-109쪽

6 한식재단, 앞의 책, 4, 22쪽

7 김정호, 앞의 책, 211쪽

8 경북대학교, 앞의 책, 296쪽

9 김영철, 2017년 12월 4일, TV조선, 밤 11시 50분, 방송 내용 중에서

10 김희곤, 《한국의 종가 그 역사와 정신》, 한국국악진흥원, 2016, 116쪽

11 윤천근, 《안동의 종가》, 지식산업사, 2001, 230쪽

12 김건수, 앞의 책, 31쪽

15. 지켜야 할 전주의 맛

1 백한기(83세, 백남석 장자), 2018년 구술 증언

2 박정자(81세, 백한기 부인), 2018년 구술 증언

3 소래섭, 《18세기의 맛》, 문학동네, 2014, 311쪽

4 엄주석(57세), 금일옥 식당 경영, 2대째 영업, 2018년 구술 증언

5 주영하, 앞의 책, 121쪽

6 이태영, 방언학자, 2018년 구술

7 최낙연, 《맛의 원리》, 예문당, 2015, 4, 31쪽

그림 출처

I. 전라감영 시대

1. 전라 감사와 음식 통치

1 장명수, 《성곽발달과 도시계획 연구: 전주부성을 중심으로》, 학연문화사, 1994, 92쪽

2 이훈종, 《민족 생활어 사전》, 한길사, 1992, 199쪽

3 장명수, 앞의 책, 96쪽

4 조풍연, 《사진으로 보는 조선시대(2)》, 서문당, 1986, 31쪽

5 조풍연, 《사진으로 보는 조선시대(1)》, 서문당, 1986, 45쪽

6 송영애 재현, 김내성 촬영, 2019

7 Samuel Hawley, 〈Inside the Hermit Kingdom〉, 2007, 54쪽

8 전주시청, 〈전주음식이야기 전주맛〉, 오케이민, 2019, 3-4쪽(송영애 재현, 김내성 촬영)

9 미국 위스콘신 대학교 도서관 소장, 1884년 촬영

10 미국 위스콘신 대학교 도서관 소장, 1884년 촬영

11 강명관, 《조선풍속사 2》, 푸른역사, 2012, 315쪽

12 이훈종, 앞의 책, 238쪽

13 규장각, 〈전주지도〉, 한국학연구원, 1870

14 강명관, 《조선풍속사 3》, 푸른역사, 2012, 199쪽

15 필자 작도, 2019

16 신현규, 《기생 조선을 사로잡다》, 어문학사, 256쪽

2. 감영에 딸린 관료와 성 안팎 음식

1 장명수, 앞의 책, 101쪽

2 국립전주박물관, 《옛 사진 속의 전북》, 1998, 23쪽

3. 성 안팎 사람들의 음식

1 강명관, 《조선풍속사 1》, 푸른역사, 2012, 202쪽

2 국립전주박물관, 앞의 책, 15쪽

3 강명관, 앞의 책, 2012, 332쪽

4 서문당, 앞의 책(1), 28쪽

5 필자 촬영, 2019

6 필자 촬영, 2016

II. 식민지 근대화 시대

4. 지주의 밥상

1 작가 미상, 《시의전서》, 1800년대 말

2 서문당, 앞의 책(2), 183쪽

3 서문당, 앞의 책(2), 186쪽

5. 일본 요정

1 田代利生, 《倭館》, 文芸春秋, 2002, 215쪽

2 동아일보사, 《한국백년》, 1978, 151쪽

3 국립전주박물관, 앞의 책, 29쪽

4 이봉섭, 《전북백년》, 1976, 앞쪽 화보

5 서문당, 앞의 책(1), 21쪽

6 〈전주안내도〉, 1931년 사진 중에서

7 필자 촬영, 2019

8 朝日新聞, 2013년 3월 16일자 기사

9 필자 촬영, 2019

6. 조선 요릿집

1 신현규, 앞의 책, 16쪽

2 朝日新聞, 2018년 10월 16일자 기사

3 신현규, 앞의 책, 22쪽

4 서문당, 앞의 책(1), 180쪽

5 〈전주안내도〉, 1931, 지도에서 게재

6 朝日新聞, 2014년 6월 2일 기사

7. 청요릿집

1 전주서문교회, 《100년사》, 1994, 17쪽

2 杉岡幸德, 《世界奇食大全》, 文芸春秋, 2009, 242쪽

III. 요정과 다방 시대

8. 조선 요정

1 필자스케치, 2019

2 필자 촬영, 2016

3 필자 촬영, 2019

4 전주시청, 《全州 한식이야기 Ⅱ》, 2011, 29쪽

5 朝日新聞, 2013년 11월 7일 기사

9. 다방

1 왈츠와 닥터만 커피박물관 제공

2 필자 촬영, 2015

3 필자 소장

4 탁광, 《전북영화이면사》, 1995, 화보

5 탁광, 앞의 책, 화보

6 탁광, 앞의 책, 화보

7 김윤식, 《도시와 예술의 풍속화 다방》, 한겨레출판, 2012, 119쪽

8 장명수, 앞의 책(2권), 525쪽 참조

9 필자 스케치, 2019

10 전주역사박물관, 《옛 사진 속의 전주》, 전주사람들, 화보

11 장명수, 앞의 책(2권), 525쪽 참조

IV. 한정식 형성 시대

10. 콩나물국밥

1 국립전주박물관, 《옛 사진 속의 전북》, 1998, 15쪽

2 국립전주박물관, 《옛 사진 속의 전북》, 1998, 14쪽

3 전주상공시가도, 1958

4 한일관 제공.

5 전주시청, 앞의 책, 73쪽

11. 비빔밥

1 서문당, 앞의 책(1), 82쪽

2 필자 촬영, 2014

3 필자 촬영, 2014

4 필자 촬영, 2019

5 필자 스케치

6 미국 위스콘신 대학교 도서관 소장, 1884년 촬영

7 전주시청 제공

8 中上健次,《物語ソウル》, PARCO出版, 1984

9 李良枝,《由熙》, 講談社, 1989

12. 한정식

1 전주시청, 앞의 책, 134쪽

2 전주시청 제공

13. 전주 음식문화 계보

1 朝日新聞, 1917년 2월 21일, 기사와 사진

14. 전라도와 경상도 맛

1 국립민속박물관 제공

2 필자 촬영, 2018

15. 지켜야 할 전주의 맛

1 전주시청 제공

2 필자 촬영, 2018

찾아보기

용어 찾아보기

ㅈ

ㅊ

ㅋ

ㅌ

인명 찾아보기